人人都能做主播

网络直播、视频营销与推广一本通

李梅　编著

清华大学出版社
北京

内 容 简 介

网络主播和短视频进入门槛极低，但成功率却不高。这是因为直播达人和短视频达人并不像电视台主播一样，有专门的大学，专业的老师进行培训。达人们大多都是自己在这一行摸爬滚打，积累经验，能够撑下来不被淘汰的，才会慢慢积聚起人气，走向成功，这条路可以说走来殊为不易。

正是因为看到这一点，本书的目的就是为了让读者尽量少碰钉子、少走弯路。本书包括四个部分，分别是：

第一部分（第 1 章～第 6 章）：我要做达人。本篇主要针对新手主播、新手短视频创作者面临的各种问题进行讲解，如直播行业、短视频行业的发展，有哪些热门平台等。

第二部分（第 7 章～第 11 章）：直播室场控及变现。直播室场面的控制是很重要的，控制好了场面，直播室才能正常运作，气氛才能调动起来，这样粉丝会越来越多，刷的礼物也才越来越丰厚。本篇主要针对直播室场面控制，以及多种直播变现的方式和技巧进行了讲解。

第三部分（第 12 章～第 15 章）：短视频营销。随着移动互联网的高速发展，如今市场上最火爆的行业除了直播还有短视频。本篇从短视频营销的内容策划和拍摄、短视频的后期处理、短视频的推广运营以及短视频的平台营销等四个方面全面介绍了短视频营销的相关知识。

第四部分（第 16 章～第 19 章）：高效推广篇。在互联网时代，推广是非常重要的，对达人来说尤其如此。本篇重点讲解了达人在直播、短视频以及在微信、微博、论坛与贴吧等热门平台上进行推广与吸粉的方法与技巧，能够帮助读者全方位地扩大自己的粉丝圈，为红起来打下良好的人气基础。

本书集中了多位一线达人的宝贵意见，这些都是他们在工作中总结和提炼出的技巧和经验。阅读本书，相当于多位达人现身说法，直接传授最实用，最有效的经验，能够帮助读者在直播行业、短视频行业中走得更远，走得更稳。

本书封面贴有清华大学出版社防伪标签，无标签者不得销售。

版权所有，侵权必究。侵权举报电话：010-62782989 13701121933

图书在版编目(CIP)数据

人人都能做主播：网络直播、视频营销与推广一本通 / 李梅编著 .—北京：清华大学出版社，2020.7
ISBN 978-7-302-55107-2

Ⅰ．①人… Ⅱ．①李… Ⅲ．①网络营销 Ⅳ．① F713.365.2

中国版本图书馆 CIP 数据核字 (2020) 第 046749 号

责任编辑：栾大成
封面设计：杨玉兰
责任校对：徐俊伟
责任印制：宋 林

出版发行：清华大学出版社
    网 址：http://www.tup.com.cn，http://www.wqbook.com
    地 址：北京清华大学学研大厦 A 座   邮 编：100084
    社 总 机：010-62770175   邮 购：010-83470235
    投稿与读者服务：010-62776969，c-service@tup.tsinghua.edu.cn
    质 量 反 馈：010-62772015，zhiliang@tup.tsinghua.edu.cn
印 装 者：北京博海升彩色印刷有限公司
经 销：全国新华书店
开 本：170mm×240mm   印 张：20.75   字 数：416 千字
版 次：2020 年 8 月第 1 版   印 次：2020 年 8 月第 1 次印刷
定 价：89.00 元

产品编号：084092-01

前言

悄然之间，直播和短视频已经形成了一股席卷互联网的新浪潮，无数英才在这里找到了用武之地，如 papi 酱、PDD、李佳琦等，年收入已经达到了千万级别，成为直播、短视频行业中闪闪发亮的明灯，吸引了无数人前仆后继地加入到直播、短视频行业中来，梦想着有朝一日自己也能日进斗金，过上令人羡慕的生活，就算达不到 papi 酱的高度，至少也要成为一个收入不错的城市金领。

然而很多人进入行业中才发现，行业的门槛虽然超低，但淘汰率却很高。每天都有新人开播，也有主播消失。很多主播没人气没收入，坚持了一段时间就不得不自行退出。有的短视频持续更新，点赞量却寥寥可数。不少人都在问，究竟要怎么样才能做下去，红起来？

带着这个疑问，笔者走访了三十多位主播达人和短视频达人，详细记录了他们的经验，总结了他们成功的原因，积累了大量的资料。一位主播看过之后，竭力劝笔者将资料整理成书，方便全国新入行的主播研究。笔者心想，若是本书果真能够帮助到新人，哪怕只有一丝一毫，也是极有意义的。于是历时数月，在多位达人朋友的帮助下，本书终于面世了。

本书主要针对直播行业、短视频行业经常遇到的各种问题进行讲解，如新手主播如何选择直播平台、如何使用软硬件、如何装修直播室等，同时也对短视频的拍摄、剪辑给出了实际的建议，帮助短视频运营者了解如何进行短视频营销，熟练掌握短视频营销和推广技巧。本书内容实用、接地气，能够充分满足新手主播的需要。

由于笔者水平有限，成书时间也比较仓促，书中错漏之处在所难免，希望读者与同行能不吝赐教，邮件可发到 452009641@qq.com，笔者会尽量回复。

笔者

目 录

第4章　直播硬件不好会影响直播效果 / 43

第5章　熟练掌握直播软件的设置与使用 / 54

第6章　精心装饰直播室，给粉丝留下深刻印象 / 68

第13章　短视频后期制作 / 198

第14章　短视频营销实操技巧 / 222

第15章　多平台短视频营销 / 245

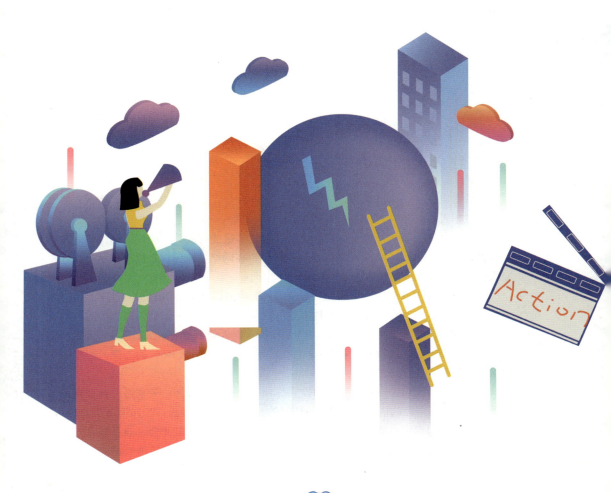

红到发烫的
直播和短视频

第1章

本章导读

　　继电商大潮之后，网络直播成为了新的互联网经济热点。主播们各显神通，在游戏讲解、秀场才艺、户外猎奇、电商直播、移动发布等方面抛洒魅力，吸引大批网民关注，从 Papi 酱的大红大紫，到土豪粉一掷万金，一次又一次地刷新了主播行业的"吸金"上限，让无数人为之惊叹。随着网络的发展，短视频行业也如同旭日一般，正在冉冉升起。由于短视频网站向微信端、微博端扩展，短视频传播渠道实现了质的飞越。不少短视频策划者，尝到了短视频带来的甜头。那么，网络直播、短视频是怎么样的？平台都有哪些？用户观看有哪些习惯？未来会有哪些发展动向？本章就会为大家一一揭晓。

1.1 红红火火的网络主播

一台电脑、一个摄像头、一个话筒、一盏台灯，足不出户秀才艺、聊天，数万粉丝竞相表白送礼……这就是时下热得发烫的职业——网络主播。

网络主播有多火？负责公司年会的行政或许最能感受到"网红"的价值。2018年初，曾有一份"2018年会艺人商演报价单"在网络上流传，报价单显示不少现象级的"网红"报价甚至超过了耳熟能详的明星。

2018年2月2日，一个名为"灵魂刀神"的主播公布了2018年1月份斗鱼500强主播的收入排行榜。斗鱼"绝地求生"版块的妃凌雪女主播凭借高强度的互动狂揽229万元，成为斗鱼"新礼物一姐"。实际上，大牌主播的年薪都达到千万级别，直逼娱乐圈明星。游戏女主播Miss的签约还引来互联网大Boss的力挺，小米的雷军就是其中之一。

淘宝直播开启"边看边买"的模式弥补了电商的短板，让买家通过直播看到主播试用、展示产品的情况，并能通过即时的互动打消购物疑虑。2016年6月20日，网红张大奕的淘宝直播结束，统计数据显示观看人数达到42.1万，点赞破百万。在不打折的情况下，商品新成交额超过2000万，刷新了淘宝直播销量记录。今年双十一，张大奕女装店当天的销售额就突破1亿元大关，超过国内外众多知名品牌，并最终与优衣库、ONLY、韩都衣舍、波司登等品牌同登女装销量TOP10。除了明星外，一位"村红"也通过淘宝直播在5秒时间内卖了40000个土鸡蛋。

从月薪2000元的小护士逆袭为年入百万的网络女主播，YY沈曼的网事更是盛传于"江湖"。2013年沈曼还只是一名社区医院的普通护士，在朋友的推荐下接触到YY娱乐，抱着试试玩的心态，向直播间里的粉丝打起招呼……如今她的忠实粉丝早已过万，每天收到礼物数以万计，在半虚拟的平台上发家致富，在新媒体聚光灯下草根明星开始熠熠发光。

知名美妆博主李佳琦之前只是欧莱雅的一个专柜销售，如今年薪入千万。李佳琦在2018年双十一期间，在淘宝直播间直播卖口红，在5分钟内就卖出15000支，创下了淘宝直播卖货的最高记录，至今无人能破。除了直播间，李佳琦还在抖音平台发布多个短视频，受到广大粉丝的喜爱。2019年三八妇女节当天，李佳琦在淘宝大学达人学院直播教学卖口红，成交量高达23000单。

在众多的网络主播当中，年薪超过百万、千万的毕竟是少数，更多的主播默默沉浸在自己的快乐中。来自沈阳的主播"姗姗"是一位大三的女生，某周六19:30分在斗鱼的直播房间中，系统显示的在线观众是2693人，半个小时候观众人数猛增到

1.3 万人。随着上线人数和互动的增加，姗姗知道必须更加卖力才能吸引更多的关注，获得更多的认可。姗姗主动预告要再唱两首新歌，并在唱歌之余与粉丝们调侃起歌词和最新的娱乐八卦。弹幕上粉丝的发言源源不断，"鱼丸""鱼翅""火箭"和"游艇"等刷屏的礼物不时显现。几分钟后，一位网友连送出 10 支"火箭"，爽朗的笑声再次从话筒中传播开来。比起刚入行时冷清的氛围和微薄的收入，姗姗现在进步明显，开播 5 个月以来，平均每天的收入超过 3000 元。相信很多主播都像姗姗一样，抱着有朝一日成为网红或明星的小梦想，紧跟时代的潮流张扬自我、分享快乐，投入这个行业当中。

1.2　惹人关注的网络直播和短视频

传统意义的网络直播是对各类体育比赛和文艺活动的直播，将相关信号实时上传网络提供给大家观看。虽然有的平台也能提供简单的交流空间，但互动性不强，大体上类似于网络电视。

时下火热的网络直播多是以视讯、音频、数据共享等方式进行网上现场互动直播。与传统的平台相比，网络直播具有更强的互动性和即时性。付费参与、打赏互动是传统平台不具备的功能。粉丝可以为平台上的主播发评论、送礼物，在互动中体验到更多的存在感、参与感。

网络主播是网络直播活动的中心人物，通常需要提供核心内容和策划，以第一人称视角担当主持和互动工作。按照直播内容可分为游戏主播、秀场主播和其他主播等。绝大部分网络主播在各大直播平台拥有自己的直播间，需要与数以万计的在线观众进行互动，因此，才艺、吸引粉丝、变现能力都是网络主播的技能。

游戏主播需要较强的专项技巧，复制难度相对较高，相关网络直播平台发展迅速。秀场主播入行的门槛较低，呈现的内容多元化，对主播的个人专项能力、沟通和应变能力要求较高。其他主播的概念相对较弱，形式和内容还在探索阶段，一般需要搭配较好的拍摄设备，规模尚未成型。

部分平台提供付费知识的直播和短视频，如小鹅通。小鹅通专注内容付费，提供音频、视频、图文、直播、社群等知识内容承载形式。专业大咖可在该平台搭建知识店铺，用户可在店铺中快速完成订购，其订购产生的收益可直接提现。

由于短视频开启了题材多元化，涉及生活、工作、学习、娱乐、社交等方方面面，使平台用户数量也不断增长。从 2016 年开始，短视频在优酷、腾讯等平台发起一轮热门话题，在微信端、微博端获得极大关注，很多资本和专业短视频团队纷纷进入短视频领域。截止到 2018 年，短视频用户规模已达 3.53 亿。根据 2019 年的互联网趋势报告显示，从 2017 年 4 月到 2019 年 4 月，中国短视频 APP 日均使用时长从不足 1 亿小时，增长到了 6 亿小时，其中抖音、快手、好看视频占据短视频 APP 排行榜前三。

1.3 行业图谱

　　网络直播已经初步形成较为完整的产业链，直播平台、主播和经纪公司（或工会）各司其职，成为行业构成的重要环节，图 1-1 所示为直播行业图谱。

图1-1　直播行业图谱

　　一般情况下，由经纪公司发布招募广告，或者由主播向经纪公司发出申请，经过经纪公司的筛选后推荐给相应的直播平台。有实力或名气的主播会成为各平台争夺的重点，越过经纪公司直接与对口平台签约的案例也有发生。

　　在线直播的主要收入来自于粉丝打赏、流量广告、会员付费、外围活动和电商导流等。部分游戏和体育平台还提供比赛竞猜等内容。目前，高黏性粉丝的打赏和流量广告是直播平台核心的盈利模式。主播在平台上秀才艺或分享经验，通过粉丝打赏或虚拟礼物取得收入。在利润分成上，平台约占六成。外围活动包括驻场推广、主题促销、中介提成等。淘宝直播作为专业的营销直播已取得不小的成功。

　　🎤 **金话筒提示**　能够不断提供优质内容的主播就可以持续吸引用户的关注，扩大平台的吸金效应。较大的直播平台也对现有的主播进行培训。为了维护用户黏性和流量的变现能力，优质的主播和内容的创新将是直播平台关注的重点。

　　短视频方面，也出现大量专业的短视频经纪公司。经纪公司将内容生产者（像艺人）进行包装，然后将这些短视频进行推广。如抖音上的文弘音乐工作室，他们利用公司录音棚配有优质的数字硬件设备和宣传渠道，对公司旗下的艺人进行音乐制作、MV 拍摄、现场扩声等服务。只有歌喉，没有或有少量粉丝的主播可以加入到这种经纪公司，由公司完成短视频的拍摄和推广。

1.4 精彩纷呈的平台

　　直播、短视频平台数量与日俱增，越来越多的开发商想从中分得蛋糕。这里主要介绍几种主流的平台。

1. 直播平台

直播平台数量众多，平台市场规模不低于 110 亿，大型平台中同时在线房间数量超过 4000 个，在线人数超过 500 万。图1-2 为某平台发起的 2019 年直播平台排行榜，其中斗鱼、虎牙直播在内容方面较为丰富，龙珠 TV、战旗 TV、映客直播和花椒直播也聚集了大量人气，都被视为直播界的主力军团。

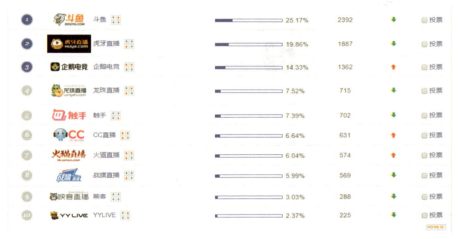

图1-2　2019年直播平台排行榜

娱乐直播方面，YY 直播和斗鱼 TV 较早介入游戏直播，已经累积起了良好的口碑；9158、六房间、YY 直播则是生活秀场知名度极高的平台；章鱼 TV 是体育直播的龙头；映客直播和花椒直播是移动直播的先锋，通过"明星＋移动终端"的模式，明星的吸引力被放大，粉丝的规模和活跃度都得到很大的提升。

消费类直播主打"边看边买"。2016 年 5 月淘宝直播正式上线，内容覆盖服装、美妆、母婴、美食等，据统计每天的直播已超过 500 场，八成用户为女性。聚美优品还推出"明星＋直播＋电商"的创新销售模式，赚足了眼球。

2. 短视频平台

从目前短视频的发展趋势来看，包括内容推荐平台、社交分享平台和综合型短视频平台。

内容推荐平台：这类平台一般本身就有很多用户，用户黏性强，典型的代表有今日头条、优酷、爱奇艺等。这些平台因为用户基数大，主要是对上传到该平台的短视频内容进行推送。

社交分享平台：这类平台的主要属性还是社交，供平台用户娱乐和互动的，所以短视频在这些平台里传播速度快、覆盖范围广。典型的社交分享平台包括微信、微博、QQ 空间等。

综合型短视频平台：这类平台主要用于短视频的制作，再分享到社交分享平台和内容推荐平台中去。用户在这类平台上可以点赞、评论、转发，也可以进行简单的短视频制作，所以用户基数还是可观。常见的综合型短视频平台包括抖音、美拍、秒拍、快手等。

如图1-3所示，为2019年短视频软件排行榜部分截图，位居前三的有抖音、快手和微视。

图1-3　2019年短视频软件排行榜部分截图

1.5　五花八门的分类

网络直播的分类方式有很多，按照游戏、秀场、生活、随拍、明星等类型，内容细分如表1-1所示。

表1-1　网络直播分类表

类型	游戏	秀场	生活	随拍	明星
内容	英雄联盟	聊天	购物	猎奇	访谈
	王者荣誉	唱歌	烹饪	展会	探班
	穿越火线	MC	美妆	拍卖	演唱会
	炉石传说	NJ	娱乐	户外	发布会
	DOTA2	舞蹈	旅游	御宅	见面会
	风暴英雄	乐器	健身	萌宠	……
	逆战	体育	放映室	……	
	魔兽世界	沙画	财经		
	传奇	二次元	科技		
	棋牌	情感	教学		
	……	……	……		

不少的直播平台都以各自主打内容为基础，在累积一定的人气后将直播范围推向多元化。例如，斗鱼以游戏直播为主，移动秀场为辅逐步向动漫、体育、娱乐、户外等领域拓展。花椒直播以资讯为基础逐步向秀场转变，近来强势引入明星助阵，吸引大批粉丝关注。从直播房间的数量来看，游戏直播的优势地位十分明显约占

80%，秀场直播的增长势头迅猛已超过 15%，其他直播约占 5%。

在短视频方面，如图 1-4 所示，主要包括生活类、娱乐类、宠物类、体育类、游戏类、科技类和军事类。

图1-4　热门短视频分类图

1.6　风生水起的平台融资

资本投资界不会错过网络直播这个大蛋糕，随着平台进入快速发展期，巨额融资接踵而来。不少平台已获得天使轮或 A 轮融资，自 2016 年完成 B 轮融资的有所增加，斗鱼更是成为率先完成 C 轮融资的平台。一些平台则被上市公司大量持股或收购，也有上市公司致力于开发自己的直播平台。

多玩 YY（欢聚时代）在 2012 年顺利登陆美国纳斯达克市场，成为业界首家上市公司，雷军的投资获得百倍回报，CEO 李学凌的身价迅速过亿。9158 所在的天鸽互动控股有限公司于 2014 年 7 月在港交所上市，募集资金 16 亿港币。2016 年 8 月，专注金融领域的进门财经在新三板上市。9 月主打游戏赛事运营与直播的 Mars TV 在新三板上市。

互联网巨头 BAT（百度、阿里巴巴、腾讯）也没有错过这轮投资良机。结合自身优势资源抢占流量入口，三巨头对直播的布局早已展开，独特的盈利模式逐渐显现。BAT 的直播布局框架如表 1-2 所示。

短视频方面，短视频行业的资本市场在 2016 年的热度上持续升温，仅 2017 年前三个季度的投融资事件次数就已经达到了 48 笔。从行业整体融资分布轮次看，79.55% 的企业集中在天使轮和 A 轮，B 轮以上的企业仅占 12.5%。

根据几大热门短视频相关公司的融资数据显示，快手截至 2018 年 1 月，获得总共近 14 亿美元投资；抖音背后的今日头条，在 5 年之间获得约 12 亿美元的投资；一下科技（秒拍母公司）截至 2016 年，获得约 8 亿美元投资。

表1-2　BAT的直播布局框架

体系	平台	投资风格
百度系	百秀直播	秀场直播，自建平台
	奇秀直播	秀场直播，爱奇艺推出
	爱奇艺直播中心	泛娱乐直播，爱奇艺推出
阿里巴巴系	淘宝直播	电商直播，自建平台，淘宝APP内
	天猫直播	电商直播，自建平台，天猫APP内
	火猫TV	游戏直播，合作投资
	来疯直播	综艺直播，自建平台，独立APP
	优酷直播	资讯直播，自建平台，优酷APP内
腾讯系	呱呱视频	秀场直播，2013年投资
	红点直播	泛教育直播，2014年投资
	龙珠TV	泛娱乐直播，2015年投资
	斗鱼TV	泛娱乐直播，2016年投资
	NOW直播	泛娱乐直播，独立APP
	QQ空间直播	泛生活直播，QQ空间APP内
	花样直播	泛娱乐直播，独立APP
	企鹅直播	体育直播，独立APP
	腾讯直播	泛娱乐直播，独立APP
	腾讯新闻直播	新闻直播，腾讯新闻APP内

1.7　直播用户都有哪些习惯

　　根据艾媒咨询数据显示，2017年中国在线直播用户规模达到3.98亿，预计2019年用户规模将突破5亿；相比2016年，2017年直播行业用户增长率为28.4%。咨询分析师认为，在线直播行业趋向稳定健康发展，增速逐步放缓。直播的工具化特征逐渐显现，未来直播将嵌入民众生活各个方面，用户规模持续稳定扩大。

　　2018年初，"直播+答题"的新玩法风靡全网。2018年1月9日，花椒《百万赢家》与美团达成百万奖金合作。截至1月22日，花椒《百万赢家》举办了160场，累计参与人数达6.8亿，奖金累计1.3亿元。这种直播答题凭借奖金福利及强互动性，速吸引大量用户参与，是2018年的新风口。答题场景的特殊性，使广告植入和产品营销效果获得更高关注度，为直播平台流量变现奠定坚实基础。用户在选择直播平台时，更加关注内容的丰富程度、主播的质量、内容直播的专业性、直播的清晰和流畅程度、明星入驻情况以及平台互动活跃度等方面。

　　在游戏直播平台中，68%的用户是19岁到35岁的青年，男女比例为4∶1，有不少网友来自三线城市。每个月看一次直播的用户数达到1亿。在某大型直播平台上，平均每天至少有900万人在线，其中20%～35%的用户会真金白银为主播赠送礼物。

移动直播方面，35岁以下的年轻人约占78%，其中男性用户约占62.5%，与游戏、秀场房间比例较高的背景相一致。从系统使用情况来看，安卓用户占有明显优势，使用比例达到81.1%。

由于平台能够提供多元的泛娱乐内容，因此吸引用户观看的主要目的是放松，其他的影响观因素如图1-5所示。

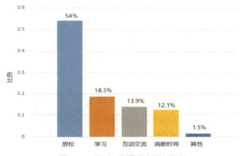

图1-5　用户观看直播的目的

在与主播互动方面，用户的理性程度较高，更多的关注主播的才艺、内容的丰富度、个性、交流、氛围营造、有效互动等方面的能力，而非简单的进行颜值比较。

现在的直播行业犹如"战国"时代，平台众多、栏目纷呈，由于泛娱乐的属相较强，观众在休息时段活跃度更高。在一周当中，工作日和周末的在线高峰各不同。总体来说，周五、周六和周日的直播在线人数高于工作日。

在工作日，直播呈现出上午相对冷清、午后持续增长的态势。上午9点开始出现增加，午间13点左右会出现在线的小高峰。不少观众喜欢在20点～24点关注直播，也有一些"夜猫子"会期待24点以后的午夜场。午后持续保持活跃可能是直播不关闭，这与看电视的习惯类似。

在每个周末，直播在线高峰在午后就会出现，并一直维持到凌晨1点。高黏性的粉丝不会错过周末的互动时光，而另一些观众则会切换不同的直播房间，寻找更感兴趣的主播。各时间段的在线关注度如图1-6所示。

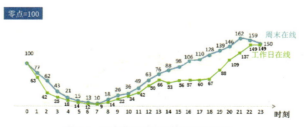

图1-6　用户关注直播时间段分布图

通常观众们会在饭后打开电视收看各类节目，还有"八点黄金档"的说法。在互联网时代，承载的媒介变成了电脑或手机，观众在网络直播的收看时段上与电视收视时段没有发生本质变化。

1.8 火爆的背后是什么

网络直播市场的火爆是当代大众需求的产物，技术进步、个人爱好与偏好、消费习惯、社会发展、商业驱动等都是促成网络直播发展变化的重要因素。随着互联网的技术进步，硬件设施的不断完善，电脑、手机等产品成本的降低，网络带宽速度及稳定性明显加强，网络直播的成本大大降低。网络服务的专业化分工也促成了技术服务商的快速成长。超过 6 亿的上网用户，智能手机和高清摄像头的逐步普及，4G+Wi-Fi 高速网络介入，使网络直播能够做到随时随地想播就播。只需一部手机一个账号，人人都可以变主播，直播的技术门槛被大大降低。

由于独生子女一代的生存环境，需要更多的同龄人、共同爱好的伙伴陪伴成长。围观、互相交流的需求在互联网时代被很好的满足，不少孤单个体可以借助网络直播群体狂欢。一起观赛、一起看秀、一起吐槽，通过直播互动营造的氛围在线下世界更是难以比拟。因此，大众的需求是直播发展的重要基石。

对另一些网民而言，直播平台给他们提供了一个展示自己的舞台。可以将擅长的唱歌、跳舞、弹琴和故事分享给更多人，屏幕外的观众可以让主播满足一下自己的明星梦。如果简单的晒、炫也能带给大家乐趣，直播一下也未尝不可。

现代娱乐正朝着多元化、张扬个性、去中心化的趋势发展，只要内容有特色、能够吸引粉丝就有关注，可以转化为收益。游戏、秀场、生活等直播正是在这样的社会氛围下得到迅速的发展。

继续互联网读图时代以后，视频加互动越来越成为当今的主流，视频直播的商业价值日益凸显。视频内容的变现方式成为投资界关注的焦点。流量变现就是将直播的流量引入游戏、购物等成本中。巨大的商机催生了电竞、秀场、教育、明星等各类直播形态，也让网络直播成为当下红火的产业。

1.9 网络直播趋势展望

网络直播这种新出现的事物，正在以一日千里的速度发展、变化。预计在今后的几年中，会有如下一些趋势。

（1）移动直播崛起，全民主播时代到来。随着移动技术和设备的不断普及，网络用户从 PC 端逐渐转移到移动端。突破原有的时空环境，更多的个人用户将参与到移动直播当中，独立 APP 直播的活跃度有望持续提升。

（2）**直播内容更加多元化，垂直直播大发展**。除占有领先优势的游戏、秀场直播之外，类似于教育、财经、电商、IT等细分市场的垂直直播可能会出现爆发式增长。以前较少进入视野的汽车、保健、住房、军事等内容会有所增加。商务会展、新品发布、现场拍卖等移动直播将逐步转为新常态。

（3）**在线用户继续增长，在线时长进一步提高**。随着直播技术的进步、行业影响力的提升和直播内容在垂直度和深度方面的发展，原有的90后、00后群体关注并进入到网络直播的趋势更加稳固，其他年龄群体多元化的内容需求也将得到不同程度的满足，在线用户在黏性和投入也将得到较大提升。

（4）**"直播＋营销"的模式促成跨界新发展**。直播平台可以为客户提供直观的展示场景，增强产品的体验感。在不断持续的互动中，商家可以实时得到客户的反馈，通过解难答疑的方式增强营销效果。除了常见的展示类营销外，配合商家的推广活动及售后服务，直播能够影响到更多的线上客户，如图1-7所示。

图1-7　淘宝直播卖货页面图

（5）**平台激烈竞争，主播争夺战持续**。主播群体的急剧扩大，各平台提供的内容同质化，面对观众求新求变的需求，直播平台竞争会更加剧烈。对于已经成型的直播形式，由于实力主播在提供内容和吸引粉丝方面的独特影响力，各大平台仍将持续进行争夺。由于资本的撬动，优质平台搭配优质主播的行业趋势不减。

（6）**专业机构参与，团队化运作**。新主播入行可能会由过去松散个人形式变成有组织、有培训的规范化方向发展。经纪公司、娱乐培训机构、孵化公司所扮演支撑作用将会进一步强化。经过训练的签约主播比例逐步增加，团队化运作，竞争淘汰机制逐步出现。与此同时，直播的内容策划、节目设计也将更加专业化、规范化。

（7）**监管力度增强，行业运营更加规范**。不可否认，在直播平台发展初期，灰色地带、内容低俗的情况时有发生，客观上起到了吸引眼球的效果，但由此产生的不良影响倍受社会诟病。随着行业的发展，加强政策面的介入和提升监管力度已经得到广泛的共识。禁止违法及低俗内容、保护知识产权和隐私等措施正在逐步加强。2016 年 4 月发布的《北京网络直播行业自律公约》已成为行业自我规范的重要标志。同年 12 月 1 日开始实施的《互联网直播服务管理规定》更是为准入资质、内容审查、实名认证、黑名单、即时阻断等监管措施提供法律依据，如图 1-8 所示。随着直播行业的发展，相信更多更新的举措也会同步跟进。

图1-8　互联网直播服务管理规定页面图

（8）监管和资本背景下的行业洗牌。随着监管的深入和法律法规的完善，网络直播门槛提高，过去粗犷化的平台发展模式面临终结，对直播内容和主播的要求也会逐步提高。资本的深度介入，持续烧钱和营收逐利的矛盾将会更加突出。优势平台将会得到更大的发展机遇，而那些不能及时跟进、缺乏核心资源、融资困难的平台将面临整合甚至退出的风险。中小平台面对新的政策和市场竞争也有可能采取抱团取暖，加速自身的融合、分化。未来不排除平台数量大幅减少，并逐渐出现多强争霸、专业争强的局面。

1.10　短视频行业的发展特点和发展方向

根据前瞻产业研究院整理显示，从 2011 年初 GIF 快手的推出，秒拍、微视、抖音等短视频平台纷纷上线。截至 2018 年初，短视频行业已经形成格局：抖音、快手在前领跑，美拍、秒拍紧跟其后。

随着发展，短视频逐渐取代图文，有望成为用户最多、最受欢迎的内容形式。那么，短视频有着什么特点呢？

- 用户流量方面：适合用户用移动设备观看，故可用碎片化时间观看。可同时查看的用户多，所以可在短时间内创造巨大的流量。
- 平台内容方面：短视频可在社交平台分享，得到迅速传播的同时，弱化广告痕迹。短视频可单独呈现，也可与长视频结合呈现，达到更好的传播效果。
- 信息流方面：多个短视频平台在观看完短视频后，会推荐相似的视频。
  短视频行业发展的三大方向如下所示：
- 专业性：目前较为主流的短视频发展方向为专业性新闻内容生产，并以全面、多元化的内容吸引用户点击观看。
- 社交性：很多短视频平台的发展方向都为广大用户提供平台，供给用户拍摄相应的短视频，记录自己的生活，参与到短视频中来，以满足更多人的社交属性。
- 垂直性：短视频的信息补充使得内容更加丰富、更加立体，也侧面体现了短视频鲜明的垂直性发展。

1.11　直播1.0时代——秀场

　　秀场直播最早开始于2005年，当时的视频网站在技术的支持下，得到了长足发展。近几年，秀场直播更是以独特的优势保持着快速的发展势头。如图1-9所示，中商情报网发布《中国秀场直播市场分析报告》显示，我国的秀场直播规模正在一步步壮大。截至2018年，秀场直播的市场规模高达150亿元，这也是其他直播很难超越的数字。

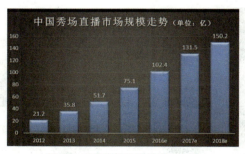

图1-9　秀场直播市场规模走势图

　　美好的事物都容易吸引眼球，很多用户都喜欢看美女主播。所以很多秀场直播平台借助美女主播来获取盈利；美女主播也能从中赚取丰厚的利润。可谓一举三得的直播形式，自然吸引着更多美女的加入。

　　秀场直播的亮点在于美女主播，用户自然是男性偏多。这些男性在观看直播时，自发地为心仪的女主播打赏礼物，而这些礼物，也是直播平台经济变现的快捷方式。美女主播吸引用户最直接的内容，就是以唱歌热舞为主的娱乐内容，其中也会伴随着聊天、讲段子、做游戏等互动性较强的内容。

不可否认，市场分量较重的秀场直播为平台和主播都带来了经济效益，同时，也存在着较为严重的监管整顿问题。如早期较为热门的9158平台，在2016年4月，就因涉暴力淫秽内容遭查处。为了避免重蹈覆辙，各个秀场直播平台都在整顿行业风气，积极遵守规章制度，对直播内容作出限制和监管，以此来帮助秀场直播向着积极、健康的方向发展。

1.12 直播2.0时代——游戏

随着互联网的发展，游戏产业得到了快速发展。以电子竞技为核心的直播平台纷纷发展起来，也伴随着电子竞技的专业化、深度化发展，使得游戏直播成为直播界的一大重心。游戏直播的范围很广，主要涉及游戏解说、音乐直播、在线教育、线上交友和商业活动等方面。

2014年1月，美国开发的LOL游戏注册用户以亿计数，引发了游戏直播，不少用户养成了观看习惯，也拓宽游戏平台的变现渠道，如打赏变现、广告变现等。也就是在2014年，国内领先的互动直播平台——虎牙直播从YY直播脱离，成为独立的直播平台。同年，斗鱼TV成立，和虎牙直播成为游戏直播的两大巨头。

图1-10所示为虎牙直播官网界面，其分类中，游戏占比巨大。为了扩展领域，虎牙直播也涉足秀场直播、电视直播、户外直播和演唱会直播等。

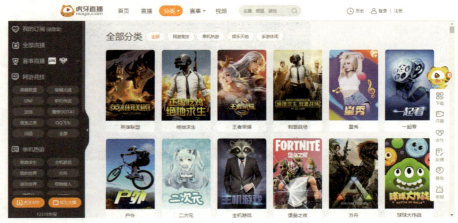

图1-10 虎牙直播分类页面图

据36氪研究院统计，截止到2016年底，我国游戏直播用户人数高达2亿；相比2016年，2017年游戏类直播用户数量增长了28%。相比其他直播，游戏直播用户黏性高、时效性强、观赏性高，成为一种新的热门直播形式。

1.13　直播3.0时代——泛娱乐

从美国的 Meerkat 和 Periscope 的上线，引发国内直播平台的效仿，引申出了多个移动直播 APP，泛娱乐直播也逐步走向正轨。泛娱乐直播，指的是直播场景多元化，如衣食住行等题材。

移动直播的休闲促进了用户数量的增长，同时，也促使直播内容多样化。为了满足各个用户的需求，各大平台都在不断改进中，推出多种多样的直播形式。也可以说泛娱乐的发展离不开 4G 网络和智能手机的发展，正是有了这些硬件支持，才使得多元化的直播场景展现在手机端上。移动直播可以实现随时随地观看，与人们生活紧密相连。

在泛娱乐的发展下，出现"直播 +"形式，使得各个行业进军直播行业。如国内较大的购物平台——淘宝，在网页首页新增"淘宝直播"版块，如图 1-11 所示。

图1-11　淘宝直播页面

正因为泛娱乐涉及方面越来越广，用户也越来越多，引得各行各业纷纷加入泛娱乐直播中来，如"直播＋教育""直播＋医疗""直播＋金融"等。

1.14　直播4.0时代——VR

虚拟实境（Virtual Reality），简称 VR 技术，指的是利用技术产生一个三度空间的虚拟世界，为使用者提供视觉、听觉、触觉等感官的模拟体验。相比平面化的视频直播，VR 直播能让用户产生更为逼真的代入感，提高用户体验。

　　最早接触 VR 直播的是花椒直播平台，2017 年 6 月，花椒直播宣布 VR 直播正式上线。在北京举办的 VR 直播平台战略发布会上，投入了 5000 万元的硬件设备，现场免费发布 10 万个 VR 眼镜以及 1000 套 VR 拍摄设备。为更好地呈现 3D 场景，花椒 VR 直播使用双目摄像头。如图 1-12 所示，为花椒直播的 VR 眼镜。

图1-12　花椒直播VR眼镜

　　VR 直播作为一种新的科学技术直播方式，在给用户带来身临其境感受的同时，也吸引着更多行业。如花椒直播在涉足 VR 直播后，就有电商、旅游业寻求合作。目前，VR 直播已应用于在线教育、演唱会、影视娱乐等多领域。

　　虽然，目前 VR 技术还不够成熟，应用范围也很有限，但随着技术的成熟，相信这种直播方式会从幕后走向台前，成为未来直播的趋势。

选择适合你的 第2章
直播与短视频平台

本章导读

　　随手打开一个直播平台，可以看到各种各样的直播类型，如才艺表演、游戏讲解、室外运动等，新人主播如何选择最适合自己的直播方向呢？可直播的平台也很多，如 YY、斗鱼、抖音、淘宝直播等，各有特点，新人主播又应该如何选择平台呢？除了直播，还有很多热门短视频平台，如抖音、快手、美拍，如何选择短视频平台发布内容呢？本章专门讲解与新人切身相关的问题，帮助新人们选择最适合自己的直播、短视频的平台。

2.1 最早的热门平台——YY直播

YY直播，是国内网络视频直播行业的奠基者，最早建立在YY语音的平台基础上。直播内容涵盖音乐、科技、户外、体育、游戏等内容，注册用户达到10亿，月活跃用户达到1.22亿。

如图2-1所示，YY直播的发展经历了几个大节点。

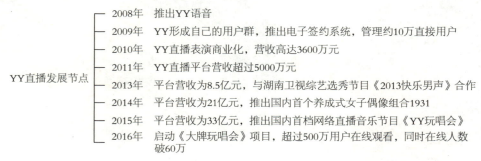

YY直播发展节点

- 2008年 推出YY语音
- 2009年 YY形成自己的用户群，推出电子签约系统，管理约10万直接用户
- 2010年 YY直播表演商业化，营收高达3600万元
- 2011年 YY直播平台营收超过5000万元
- 2013年 平台营收为8.5亿元，与湖南卫视综艺选秀节目《2013快乐男声》合作
- 2014年 平台营收为21亿元，推出国内首个养成式女子偶像组合1931
- 2015年 平台营收为33亿元，推出国内首档网络直播音乐节目《YY玩唱会》
- 2016年 启动《大牌玩唱会》项目，超过500万用户在线观看，同时在线人数破60万

图2-1 YY直播发展节点

YY语音最初旨在为广大网游用户提供语音交流。随着用户的需求日益丰富，部分用户开始在平台上聊天、唱歌。YY凭借着技术优势和商业头脑，推出YYLIVE。目前，在YYLIVE直播平台中，除了有歌舞、脱口秀、游戏等分类，还供有官方咨询、直播预告等版块，如图2-2所示。在直播中，在线用户可以通过弹幕与主播实时互动。

图2-2 YY直播首页

截至目前，YY客户端用户数量已过4亿，最高并发用户人数已达1000万，最高月度活跃用户人数已达7000万。

2.2　变革传统直播——斗鱼直播

斗鱼 TV 是一家弹幕式直播分享网站，前身为 AcFun 生放送直播，其直播内容涵盖游戏、体育、综艺、娱乐、户外等。2018 年 8 月，CB Insights 公布 2018 年全球独角兽企业榜单，斗鱼排名第 36 位。

斗鱼直播作为直播行业中第一个推出"直播+"发展战略的直播平台，成功的成为了第一个吃螃蟹的平台。为了满足用户的学习需求，斗鱼平台打造有别于传统网课的教育形式，开设"鱼教"版块，如图 2-3 所示。

图2-3　斗鱼平台"鱼教"版块

"鱼教"版块涵盖了科教、语言、艺术、心理等多方面内容，粉丝可以在线享受名师实时指导，并与其互动；而老师则可以在直播中为粉丝答疑，提高学习效率。就是这种在线教育的方式，吸引了很大一部分的名师和用户进入，成为一个变革传统的直播平台。

2.3　开启游戏直播大门——虎牙直播

虎牙直播主要是以游戏直播为主的互动直播平台，前身是 YY 直播，致力于 Web 端的发展。虎牙直播以游戏直播为主，涵盖娱乐、综艺、教育、户外、体育等内容。2018 年 9 月，中国科技互联网公司市值排名出炉，虎牙直播排名第 16 位。

虎牙直播没有游戏开发商操控，在游戏种类方面更加的多元化。《绝地求生》《英雄联盟》《炉石传说》等竞技类游戏的观众最多，对单机的支持力度也很大。虎牙为热门单机开辟了独立的版块，如《辐射 4》《饥荒》《暗黑血统》《方舟：生存进化》等。这里可以说是单机游戏爱好者聚集的天堂。

虎牙目前支持的客户端包括 iPhone、iPad、Android 和 Android Pad。主播工具方面，除了虎牙直播助手之外，还可以使用 OBS 和 XSplit 等通用工具。

随着游戏行业的发展，虎牙买进国内外赛事的直播版权，吸引众多世界级冠军战队和主播入驻，同时，也吸引了很多喜欢游戏的用户。图2-4所示为虎牙直播中的2018 KPL职业联赛秋季赛直播现场。

图2-4　虎牙直播中的2018 KPL职业联赛秋季赛直播现场

2016年8月，虎牙直播注册用户已经高达2.1亿，月度活跃用户9700万，日人均观看时长135分钟。在2018年1月，虎牙直播成为LCK职业联赛的外部独家直播平台，更是捍卫了其在游戏直播中的主要地位。

2.4　全民直播大时代——映客直播

映客是北京蜜莱坞网络科技有限公司开发的一款直播媒体，主打素人直播理念，开创"全民直播"先河。用户可通过微博、微信账号登录，操作十分便捷，让全平台用户随时随地观看、点赞、聊天，开启直播社交新模式。

映客直播主打全民直播，打造人性化的社交平台。如图2-5所示，曾在2016年8月，微博上的一份手绘映客直播说明书火了。手绘说明书详细说明了映客直播的用途、登录方式和直播程序。也就是这份说明书引发了网友的感动，映客直播从2015年5月上线，截止到2016年12月，用户量超过1.4亿，日活跃用户达到1700万。

映客直播最大的亮点在于十分关注用户需求，如映客根据年龄差异专门设计了不同的直播版块。不仅仅针对喜欢社交的年轻人，也为父母一辈的人提供了直播平台，印证了宣传语"全民直播"。

除了走全民直播外，映客直播也是及时开展"直播+"的平台，如"直播＋餐饮""直播＋明星""直播＋手游"。例如，有餐饮老板曾在映客直播，从创业故事中传达店铺的优势、特色、风格。直播过程中，老板带着员工给大家直播后厨环境、准备食材、烹饪制作到美味上桌的过程，让店铺更加公开透明。该老板不仅在映客直播平台上获赞，还收获了实体店粉丝和微博粉丝，使其在网络上火了起来。这种"直播＋餐饮"的方式值得借鉴，无论是店铺自发直播还是与主播合作直播，都可以从多个角度呈现店铺，获得更多关注。

图2-5　微博火热的"手绘映客直播说明书"

2.5　体育赛事现场——腾讯直播

腾讯直播隶属于腾讯视频，其直播内容广泛，值得一提的是体育直播内容。腾讯直播的"直播＋体育"模式最为火热，而且体育直播相对其他直播内容来说，门槛更高。不仅需要投入重金打通体育细分产业链条，对主播的要求也更为严格。

针对体育直播特殊的资金要求和主播要求，腾讯直播打造了属于自己的特色。为此，腾讯直播在选用漂亮女主播吸引眼球的同时，也邀请部分退役运动员来参与直播。在吸引眼球的同时也做到专业、强有说服力。

如图 2-6 所示，为腾讯视频的体育直播。直播现场，不仅有现场解说的主播，粉丝们还可以通过弹幕的形式参与互动。

图2-6　腾讯视频的体育直播页面

想要加入腾讯直播平台的主播，应该具备相关专业知识，了解粉丝们喜欢的解说方式，让粉丝们听得懂，并且认可主播。

2.6　购物性直播——淘宝直播

淘宝数据显示，淘宝直播于 2016 年 3 月份试运营以来，观看直播内容的移动用户超过千万，主播数量超过 1000 人，目前该平台每天直播近 500 场，其中超过一半的观众为 90 后。

淘宝数据显示，淘宝直播于 2016 年 3 月份至 2017 年 3 月，在一年 65 万场的淘宝直播中保持了 50% 以上的转化率（通过直播直接访问商品）。淘宝产品平台总监在淘宝直播一周年庆典上透露，截止到 2017 年 3 月，已有上万主播入驻淘宝直播平台，过去一年用户在淘宝观看直播的时长累计达 1.4 亿小时。图 2-7 所示为移动端淘宝直播平台的界面。

淘宝官方表示，除了普通的淘宝商家，还有一些用户耳熟能详的网红也会加入手机淘宝直播平台，这样不仅可以丰富直播内容，还能帮助商家更好地将直播内容转化为用户。未来会进一步丰富和优化直播内容。

图2-7　移动端淘宝直播平台的界面

直播已经成为电商运营的新风口。网红张大奕的一个淘宝直播，4 个小时累计观看人数达到 42.1 万，点赞破百万，在未做促销打折的情况下，店铺上新成交量约 2000 万，客单价逼近 400 元。同时，在"爱逛街""淘宝头条""微淘"等媒体的矩阵里面，张大奕的直播内容都得到了充分的展示。

2.7　走进VR时代——花椒直播

花椒直播，最大的具有强属性的移动社交直播平台，已有数百位明星入驻。花椒推出上百档自制直播节目，涵盖文化、娱乐、体育、旅游、音乐、健身、综艺节目、情景剧等多个领域。

2016 年 6 月 2 日，花椒 VR 专区上线，成为全球首个 VR 直播平台。2018 年 5 月，花椒正式宣布推出 PC 端"猫啵"直播产品，得到花椒在公会主播资源、流量、技术、运营推广等方面的全面扶持。

花椒直播有两个较为突出的特色：庞大的明星数量群和 VR 直播。特别是"直播＋旅游"的内容，加上 VR 的元素，吸引力很大一部分用户的关注。在 VR 技术被广泛使用之前，旅游行业主要依靠风景图和宣传片来吸引关注。但这种传统的宣传方式，常常引起网友的质疑，如图片过分美化，与实物相差较远等等。有了 VR，主播可以带着用户们直观地看到景点的一草一木，让用户对产品有更真实、更清晰的感受。

曾在 2016 年 5 月，途牛联手花椒直播，直播王祖蓝夫妇在马尔代夫的婚礼，在当天就获得上百万的点击量。花椒这种"直播＋旅游＋明星"的直播模式吸引了很多新用户的关注。有兴趣往户外直播方向发展的主播，可以考虑加入花椒直播中来。

"直播＋旅游"的方式需要主播真真切切地走出去，把最真实的自然风光展现在直播中，结合专业解说，得到用户认可。

🎙 **金话筒提示** "直播＋旅游"模式的主播应该注意突出四点重要内容：旅游景点的特色、旅行的路线、住宿的选择以及美食推荐。

2.8 在线移动音频分享——喜马拉雅

随着互联网的发展以及私家车数量的增多，各类新兴电台进入了人们的生活，音频平台迎来了春天。与视频相比，搭建音频自媒体更加简单，门槛也更低，基本上有自己的观点，有内容，就可以制作高质量的节目，走进大众生活。

音频营销更为简便，只需植入广告即可。并且，适宜的植入广告，相比隐形平面媒体和网络广告效果都好，且制作成本更低。音频营销效果好的原因主要体现在：

- 主播有意见领袖特征：很多音频都是靠主播表达观念和想法的，粉丝既然选择收听该音频，自然也认同主播推荐的产品。
- 声音的亲和度：音频主播无须露脸，主要靠声音收获粉丝。所以，音频主播的声音一般都有亲和度，即使偶尔植入广告，也更能深入人心。
- 粉丝的忠诚度：和网络直播一样，音频直播频道有固定的粉丝。这些粉丝大多都是因为喜欢主播才关注的，爱屋及乌，自然对主播推荐的产品有兴趣。

喜马拉雅是国内音频分享平台，总用户规模突破 4.7 亿。喜马拉雅为用户提供海量内容，在移动音频行业的市场占有率已达 73%，领军行业。

喜马拉雅 FM 界面如图 2-8 所示，版面简洁，推送内容丰富，如人文、音乐、头条、娱乐、历史、商业财经等。首页右侧还推有：听单推荐、每天听本好书、暖心情话、音乐伴我工作学习等版块，供用户点击进入。

喜马拉雅的用户不仅可以在平台中选择自己喜欢的声音和主播，还能开启属于自己的音频电台。

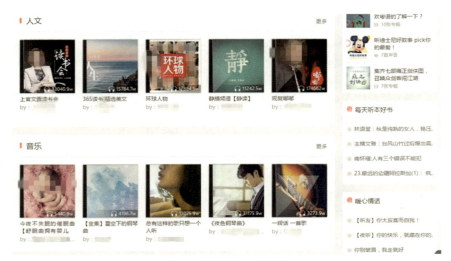

图2-8　喜马拉雅FM界面图

2.9　互联网信息聚集地——蜻蜓FM

　　蜻蜓FM发布于2011年9月，是国内首家网络音频应用。蜻蜓FM平台收录全国1500家广播电台，认证主播数超15万名，内容覆盖文化、财经、科技、音乐、有声书等多种类型。截至2019年1月，蜻蜓FM已成为国内首家生态流量破亿的在线音频平台。2018年4月，中国数字阅读大会发布《2017年度中国数字阅读白皮书》显示，近年来我国有声阅读保持30%以上的增速，移动APP成为主要载体。其中，蜻蜓FM受到资本青睐。

　　主播加入蜻蜓FM，和以往直接靠粉丝打赏变现的直播平台不同，收入主要来源于：

- 指标考核：如留存量，第一天有多少人打开，第二天有多少人继续听。主播留存量越高，得到的收益则越高。
- 粉丝指标：如订阅数量和播放数量。以上数据可通过"声价百万主播排行榜"查看，指标越高，则得到的收益越高。
- 付费节目：部分主播在获取定量粉丝后，可为收费节目。只要让粉丝感知节目内容的价值，自然愿意花钱买收听名额。

　　如图2-9所示，蜻蜓FM的分类覆盖小说、脱口秀、相声小品、情感、儿童等。每个分类下都有免费内容和付费内容。主播在选择有声平台做直播时，应选择和平时直播内容相关的分类。如在YY平台做情感节目的主播，在开启蜻蜓FM账号时，也应选择相应的情感分类。

图2-9　蜻蜓FM分类页面图

2.10　热门社交软件——抖音

近年来，随处可见美拍、火山、秒拍、小咖秀、抖音、快手等短视频。特别是抖音，作为短视频的后起之秀，实现了远超10亿的日播放量。

2016年9月，今日头条内部孵化出了抖音。2017年3月，"抖音"这个名字靠相声演员岳云鹏在个人微博上曝光，第一次收获大量粉丝。在接下来的几个月，抖音联合鹿晗等明星发出短视频，获得非常不错的播放量。

此前有抖音红人表示，抖音上500万粉丝以上的红人广告费已经超过百万元。主播完全可以考虑加入抖音短视频，收获粉丝变现。反思15秒的短视频，为什么能在短短两年内，取得如此大的市场呢？

- 黄金时间15秒。抖音时长为15秒，从工程心理学角度来看，15秒刚好是人专注力最集中的时间。

- 具冲击性的感受。文字、图片、语音的冲击性，都远远比不过视频。抖音的视频内容非常吸睛，背景音乐也基本是排行榜前几位的音乐副歌，颇具冲击性。

- 大数据实现精准推送。抖音平台会根据用户兴趣推送内容，如用户喜欢美妆，系统会在推荐栏里更多地展现美妆类点击率高的内容。

- 充分利用碎片时间。在很多人抱怨压力大的社会环境下，抖音的内容以轻松、搞笑为主，让用户利用碎片化时间来进行消遣。

- 热门事件。在信息爆炸的环境下，人们对文字逐渐失去了阅读兴趣。一般发生社会热门事件后，订阅号、头条新闻、微博等平台需要时间组织文字更新内容。短视频的快速、便捷，更好更快地将热门内容呈现在大众眼前。

■ 贴近生活、贴近普通人群。相比明星、大腕的遥不可及，抖音这些由草根分享的生活、内容，拉近了用户和主播的距离。

由此看来，抖音短视频有着市场大、用户多等优点，主播可以考虑加入短视频。再谈，很多主播关心的问题：短视频变现。实际上，短视频只要拥有了一定粉丝量，广告自然会找上门来。

某美食博主加入抖音一个月的时间，发布 60 多条制作美食视频收获 52 万粉丝，有不少广告投放主动找上门来。某模特玩抖音四个月，收获了 48 万粉丝。在她的抖音视频中，有 1 个获得了上千万的播放量，1 天内涨粉 10 万，护肤品主动找她投广告。

主播可以在手机市场里搜索"抖音短视频"下载安装，并根据提示注册个人信息。拍短视频步骤如下：

第 1 步：打开抖音短视频 APP，①点按右下角"我"；②在跳出的页面中点按"+"按钮，如图 2-10 所示。

第 2 步：选择任一音乐，根据提示完成视频拍摄即可，如图 2-11 所示。

图2-10　点按"+"号进行拍摄

图2-11　选择背景音乐

在拍摄短视频时，主播需要找好光线、角度和背景，把握好 15 秒的时长，将视频亮点完美地呈现出来。进入开拍的初始界面有极慢、慢、标准、快、极快五个选项，主播可根据音乐节奏和内容来选择拍摄速度。在拍摄视频时，应注意以下几点：

■ 根据音乐节奏快慢，平稳运动手机镜头拍摄。

■ 根据音乐节奏轨迹，利用高速移动的图像的切换达到转场效果。

■ 合理使用软件中的特效功能，优化视频效果。

■ 把握好节奏感，如手势、运镜、转场时的节奏卡。

一个 15 秒视频可能需要拍摄几个小时，主播应有耐心。在拍摄后预览一下拍摄效果，如果效果好再选择发送。

2.11　人人可参与——快手

快手是由快手科技开发的一款短视频应用 APP，可用照片和短视频记录生活，也可以通过直播与粉丝实时互动。2016 年初，快手上线直播功能。2017 年 4 月 29 日，快手注册用户超过 5 亿。

目前在快手平台，87% 以上的用户都是 90 后。快手的内容覆盖生活的方方面面，用户遍布全国各地，这些用户对新事物的接受度更强。由于用户基数大而广，部分平台商家都选择转战快手卖货。据一位在淘宝、天猫开店的商家直言"直播卖货并不是一件新鲜事，但我们在快手里找到了新的市场"。仔细询问下来，该商家说他开发快手平台的原因有三：

- 部分同行在快手挖金成功。同行做快手普遍盈利性高，即使是部分草根创业者也能取得不错的成绩。
- 平台特点：快手更平民化、生活化，很多四五六线的用户，甚至把快手当作朋友圈来用。
- 在农村或县城的用户习惯快手购物。

特别是部分在快手上的团购商品，价格和质量方面与常见的购物平台（如淘宝、京东）相比不具优势，但销量往往可观。据分析，部分农村、县城用户没有淘宝购物经历，主要用拼多多等一系列拼购网站，对于优惠促销或即时购买的行为较为敏感，这部分用户也愿意为喜欢的商品买单。所以主播在策划短视频时，可考虑投放在快手平台，在积累一定的粉丝后，进行商品推广。

2.12　10秒出大片——美拍

美拍是一款可以直播、制作小视频的软件。美拍在 2014 年 5 月上线，号称"10秒也能拍大片"，通过各种 MV 特效对普通视频进行包装，呈现极佳的视频效果。凭借高清唯美的画质，上线后连续 24 天蝉联 App Store 免费总榜冠军，并成为当月 App Store 全球非游戏类下载量第一。2016 年 1 月，美拍推出"直播"功能。强大的送礼系统决定了无论是拍摄短视频还是直播都可以直接接受粉丝的在线礼物。

美拍"短视频＋直播"的方式，营销价值主要体现在：

- 有广泛的用户规模，这决定能否影响更多的人群。
- 平台极具黏性，能保证品牌营销的转化。
- 内容的丰富程度，决定品牌是否能够融入其中，从而转化用户。

2.13 人气聚集的社交平台——陌陌直播

陌陌是 2011 年 8 月推出的一款基于地理位置的开放式移动视频社交应用，是开放式社交平台。在该平台，用户可以通过直播、视频、文字、语音、图片来展示自己，基于地理位置发现附近的人，建立真实、有效、健康的社交关系。2015 年 12 月，推出开放直播平台。陌陌直播上线 4 个月，月活用户高达 3000 万，增速远超预期。

直播模式同质化，用户规模是最关键竞争要素，陌陌在推出直播业务前，已经积累了 7000 万的 MAU（月活跃用户人数），这些用户易被转化为直播观众，是直播变现的坚实根基。在陌陌平台直播有着如下优势：

- 陌陌平台用户基数大，从而流量也就更多。特别是新手主播，在陌陌直播可迅速获得第一批来源于平台的粉丝。
- 陌陌的用户展示页，可与微博、微信、人人等社交工具进行绑定，便于信息的传播。
- 陌陌给的数据精确到米，在一定程度上增强了陌生人之间的信任感，且便于新手主播收获来源于附近的人关注。

如图 2-12 所示，陌陌直播"附近"选项下的直播，可显示精确到 1 千米左右的定位，轻松观看附近主播。如图 2-13 所示，陌陌直播"交友"选项下的直播可看到以"交友"为属性的直播内容。

图2-12 陌陌直播"附近"版块

图2-13 陌陌直播"交友"版块

陌陌用户年龄偏年轻，直播让他们有了一种新的娱乐和社交方式，告别单调的文字图片形式的沟通。对于用户来说，陌陌直播的使用门槛更低。新手主播可以考虑在陌陌平台开启直播。

2.14　让商品更加细节化——短视频

多个平台都可展现短视频，尤其在主播接广告、合作后，通过短视频推荐商品的效果往往较好。相比直播，短视频推广商品有三个优点：

- 短视频要求在短时间内表现出卖家、创意，所以质量方面更高。如果在视频中加入导购，转化不会比直播差。
- 短视频字节数占比少、加载快，方便传播。不至于让潜在消费者花长时间加载视频。
- 相比直播，短视频可以随时随地加入进来，不会出现半路加入不懂主播在说什么的情况。

可发布短视频的平台较多，如美拍、快手、抖音或电商平台。部分与电商商家合作的主播，可直接在相应平台发布短视频，如淘宝短视频。短视频重在内容策划，需要在短时间内迅速抓住用户的眼球，并实现转化。主播在拍摄短视频时，注意内容的策划和工具的选择。部分内容将在第四章进行详细讲述。

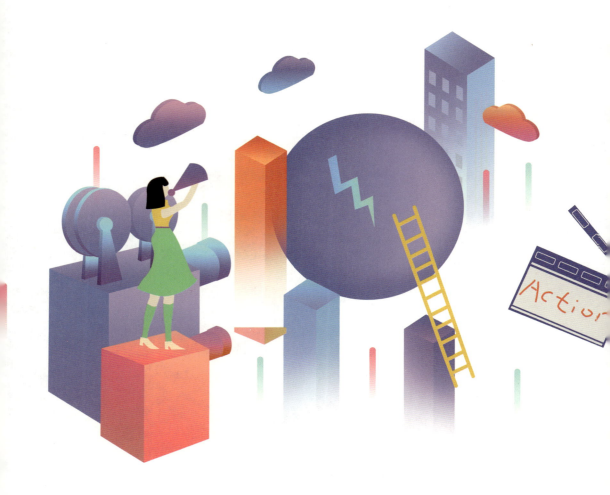

选择适合
自己的直播内容

第3章

本章导读

　　现在主播大军翻倍增长，主播门槛也越来越平民化，随便准备一套设备即可开始直播。不过很多人在尝试主播之前，可能心里都没有底，不知道自己是否适合做主播这一行，能不能够坚持下来。那么，究竟怎样才能知道自己适不适合做网络主播呢？本章将围绕这个新人关心的问题，针对直播形式进行讲解，帮助新人们选择属于自己的直播形式。

3.1　能歌善舞的直播

　　早些年大众概念里的"网络主播"，其中有很大部分是网络游戏主播，之后网络主播渐渐演变成一种在线演艺的模式，有人唱歌，有人跳舞，也有人讲笑话、脱口秀，或者纯粹跟粉丝聊天……，但在网络直播行业迅速发展的进程中，越来越多的主播开始选择以唱歌来进行在线表演。

　　酷狗直播平台上积累了两万多名主播，虽然当中也有少数是其他才艺类的表演，但绝大部分都是以歌手身份进行直播。现在各大网络直播平台上的主播在直播时大多通过唱歌的方式来展示自己的才艺，唱歌也逐渐成为网络主播们的必备才艺。如图3-1所示，一位女主播正在直播间进行唱歌表演。

图3-1　某女主播在直播间进行唱歌表演

　　近年来音乐行业的萧条，让造星这件事跟这行业距离越来越远，反而这短短几年里，网络直播平台却摸索出了一套完善的线上造星模式。无数的网络主播通过在直播中表演唱歌，成为互联网上的超级明星，拥有数以万计的粉丝，更重要的是，这些网络主播能通过唱歌赚到足够的财富。

3.2　会聊天也是一种才艺

　　网络主播与电视主播最大的不同就在于和受众群体的互动，而聊天就是最好的互动方式，因此，"会聊天"成为做网络主持人最重要的先决条件。陪聊的工作也并不是无聊没有意义的，陪聊既是一个传播媒介也是一种娱乐消遣，它和电脑游戏、电视节目的作用相似。

例如，25 岁的叶子在朋友的介绍下，成为北京一家直播公司的兼职主播，每天直播两小时。叶子学的是播音主持专业，曾经还在电视媒体工作，现在是一所职校的普通话老师。

叶子直播并不展示唱歌跳舞这样的才艺，就是纯聊天。因为知识面广，叶子和粉丝几乎什么都能聊，天南地北地聊，讲各种各样搞笑的段子，而且她不用坐在家里直播聊天，只要有网络，带着手机便可以随时随地做直播。有时，叶子可以一边和生活里的朋友吃饭，一边和粉丝们直播，此时的话题往往就是聊聊各地的美食。这说明，直播不一定非要唱歌跳舞，能用心跟观众聊天也是一种才艺，同样可以得到不少粉丝的青睐。

3.3　游戏玩得好也可以成为一种职业

网络直播的内容种类繁多，游戏是网络直播中的一个主要部分。传统的游戏内容，由于各方面的原因，很少出现在主流媒体上。但是在网络直播中，游戏却成为几大直播平台的最主要内容之一，每天吸引着上百万的用户观看。

过去，玩游戏可能会被很多人认为是不务正业，可是在互联网时代，玩游戏已经成为一种正当的职业，如果玩得好还能产生经济价值。

对于爱玩游戏的玩家来说，整天看着别人游戏直播，相信不少玩家难免也会产生自己去当主播给别的玩家解说游戏的想法。但基于种种原因最终作罢，可能是觉得太复杂，也可能是觉得需要的硬件设备成本较高。

近年来直播平台的爆发式发展，使"全民做主播"成为现实，尤其是在游戏直播方面更是进一步拉低了门槛。在之前很多游戏玩家们只能看着别人直播，现在只要有兴趣自己也可以来直播一把试试。

在直播之前玩家们只需要简单地准备一些硬件设备即可。首先需要一台电脑；其次是稳定的网速；另外还需要一只麦克风，可以让你与网友进行互动，毕竟不说话只打游戏的主播是注定没人看的；一个摄像头，这是可选配件，如果想要露露脸就可以装一个；音乐播放器，BGM 几乎已经成了游戏直播的标配。

游戏主播不需要高颜值，但最好是游戏的资深玩家，这样观众看着打游戏才有代入感，同时游戏主播也要不停地同观众交流互动。如图 3-2 所示，是时下一款热门网游的直播画面。

图3-2　某网游的直播画面

3.4　边旅游边直播，看了美景赚了人气

秀场、演艺、体育、电竞、教育、明星等各类直播形态逐渐兴起，旅游行业也加入了直播混战中。旅游网站纷纷试水直播，"直播＋旅游"似乎也正在成为各大旅游企业新一轮的掘金盛宴。

"直播＋旅游"项目的悄然兴起，给了各位旅游达人们一个分享自己旅行体验的绝佳平台。旅游变得不仅仅是现在正在旅游的那些人的事儿，而是一场线上全民的视觉盛宴。只要用户想看，主播就可以带着观众们的眼睛去旅行，把真实旅游体验通过屏幕呈现给观众。

旅行主播成为全民羡慕的对象，一边享受着在陌生地旅行游玩带给自己的新鲜感，一边还能与手机那一端的观众们互动。表面上看，是主播在孤独的旅行途中，实际上，是主播带了一群人去旅行。

"直播＋旅游"这种形式打破传统平台只能靠图片和文字对旅游这种个人体验项目描述上的单一感，加入了直播那种身临其境、所见即所得的当下体感，并且突破了时间和空间的限制。当直播与旅行发生跨界融合，人们发现，这种接地气的新媒体形式，更适合爱旅游的人走出去，边走边拍。旅游达人们通过自带讲解的视频镜头，以第一人称视角，浸入到感兴趣的地方，把鲜活生动的内容分享给更多爱旅游的人。

斗鱼直播和去哪儿网展开跨界合作，双方联合推出一系列旅游直播节目，如图3-3为斗鱼上的旅游直播活动宣传。

图3-3　斗鱼直播与去哪儿网推出旅游直播节目页面图

3.5　直播吃饭也能成为一种潮流

现在网络的主力军们，已经从80后转移至90后甚至00后，大家开始慢慢地习

惯表达自我，展现自我。所以越来越多人希望将自己的生活搬到摄像头前。通过得到大家的肯定，从而实现自我价值。而吃秀就是其中介入门槛最低、最易实现的场景直播。

吃饭类真人秀最早在韩国兴起，是由韩国的在线视频网站 Afreeca（直译为"免费直播"）推广的一项真人秀新玩法，被称为"mukbang"，即韩语"吃饭"和"直播"二词的组合，在推出以后立即风靡韩国。根据相关报道显示，很多知名"主播"一场直播下来能收获数千美金不等。

当吃秀来到中国，在直播文化聚合下，吃秀在国内迅速成为一种新兴吃秀文化。在众多直播形式中，吃秀的特点非常明显，它注重吃饭的感染力和观看者的代入感，更加亲民化、生活化，年轻人在玩，老年人也能玩，只要有时间，只要愿意秀出自己的吃饭现场。而对于大部分吃秀粉丝来说，观看吃秀更像是一种情感慰藉，是一种陪伴。

随着国内"直播吃饭"的兴起，视频软件纷纷加注，美拍、虎牙、斗鱼等直播频道相继推出吃播栏目，并举办各种吃秀比赛，扩大吃秀主播圈子，将这类人群聚在一块。阿里曾邀请斗鱼主播密子君宣传五常大米带动全民围观，这位吃秀主播在不着任何配菜的情况下，生吞了 8 斤五常大米饭。此次直播围观总人数突破 40 万。#重庆美女吃 8 斤米饭#一度成为微博热门话题，相关话题累计有 4548.5 万的阅读量，讨论达到 2998 次。

TFBOYS 组合成员王源，在国内知名直播平台美拍上进行"吃秀"直播——吃火锅，短短半个小时时间内，引发了 750 多万网友观看、7.57 亿点赞的围观效应，创下国内吃秀直播新纪录。

2016 年 7 月 7 日，直播平台美拍，为此成立了专门的"吃秀"频道，如图 3-4 所示。该频道的用户通过直播或录播的方式，结合美食介绍、美食文化传播、吃饭礼仪等内容，拍摄自己吃饭的日常，并与粉丝进行互动。

图3-4　美拍"吃秀"频道页面图

许多吃秀主播在平台力推下成为拥有数万粉丝的直播达人，这些平台也借此收获超高的人气与流量，催生出如小蛮、大胃王密子君、大胃王桐桐、馨爷等吃秀名人。

3.6　学霸也能做主播

　　如今网络直播这个行业已经被越来越多的人所熟知，有的人甚至每天都要去固定的直播平台为自己喜欢的主播捧场助威。但目前，国内主播还局限在游戏与个人才艺展示方面，真正能与观众"交心"的直播并不多见。

　　在360安全浏览器8.2版本中，新加入了视频直播功能——"一键直播"，提出了"轻直播"这个全新的概念。让来自各个领域的网友都可以轻松成为主播畅所欲言，将自己的观点思想传递给超过4亿360浏览器用户。用户可以通过"一键观看"功能分享他人的精彩内容，也能通过简单注册变身网络主播。网络直播的入门门槛得以大幅降低，网络直播不再是网红与游戏高手的专享。

　　今年高考期间，360搜索联合花椒直播、360浏览器及360导航，联合发起了以"高考志愿谁做主"为主题的360搜索杯辩论大赛。此次志愿填报辩论赛的参赛选手均是来自知名高校校级辩论队的专业辩手和职场精英。本次辩论赛全程通过网络直播这种新兴的传播途径，将科学择校的观点传递给更多考生和家长。如图3-5所示为360搜索杯辩论大赛的宣传海报，这些来自名校的学霸们和职场精英对弈，把自身成功的经验通过直播的方式传递给观众。

图3-5　360搜索杯辩论大赛的宣传海报

3.7　明星跨界玩直播

　　明星跨界直播早已不是什么新鲜事儿，随着直播行业的大热，越来越多的明星也纷纷加入网络主播的行列，而"明星效应"也让各大直播平台收益颇丰。

不够平稳的镜头，色调平常的场景，自由聊天的气氛，这些更具"烟火气"的情景都让粉丝们感觉到自己仿佛离明星近了很多。明星们希望通过直播平台展现亲切感来增加人气，或者出于某种特定的需求，最常见的是宣传品牌、节目、电视剧等。网络直播平台则希望借助明星的人气为平台带来更多流量。直播平台有了明星参与，互利共赢的"微直播"营销将会成为趋势，也将有更多的品牌商为其埋单。如图3-6所示是明星林更新在某直播平台中的一场游戏直播画面，图中可以看到直播间弹幕刷屏，人气火爆。

图3-6　明星林更新游戏直播页面截图

3.8　会炒股也能上直播

各种直播平台的兴起让众多网红主播们赚得盆满钵满，但随着直播向着垂直细分领域迈进，一些"小"而专的直播平台也杀入了战场，例如知牛财经、阿牛直播、易直播等专业财经直播平台，日进斗金已经不仅仅是游戏主播和美女主播的特权了。

以比较具有代表性的财经直播平台阿牛直播为例，平台聚集了大批的炒股用户、国内一流股市操盘手、实战专家等。平台口号为"和靠谱的人一起聊股票"，更是宣传平台有知名主持人左安龙，知名财经专家钱启敏、蔡钧毅、石天房等共同参与内容打造。这些专业人士通过视频直播的形式，向用户提供炒股教学指导，几乎每个时间分段都有讲师。

如今，有这类专业的财经知识讲解平台的出现，可以很好地将市场上那些不具有专业的财经知识和市场分析能力的投资者集结在直播平台。

🎙️**金话筒提示**　面对娱乐网红轻松过千万的收益，财经牛人们也纷纷下水，转型做主播。只要主播能提供"干货"，用户就不会吝啬。与娱乐粉丝不同，财经界名人的拥趸者大多是高净值人群，不论学历、收入和财富，都具有可期待的市场价值。

3.9　懂足球？侃给大家听！

网络体育主播正成为"互联网＋体育"大背景下的新兴热门职业，这几年，在网络体育主播岗位做得风生水起的案例并不少。例如詹俊号称"英超解说第一人"，他从新浪体育跳到 PPTV，年收入从 300 万元跳到 500 万元，2015 年转投乐视体育，开创了年收入 1200 万元纪录，完成体育主播收入"三级跳"；央视名嘴申方剑义无反顾签约 PPTV 体育，联手前国脚刘越解说西甲。各路解说精英加盟网络直播平台，使新媒体版权资源优势得以最大化体现。

以直播体育赛事为主的乐视体育，如图 3-7 所示，签约了大量前中央电视台体育频道的知名解说。这些名嘴们本身就在央视期间就积累了大量的观众资源，在离开体制内后，解说风格更加灵活，为平台带来了巨大流量的同时也提高了自己的收入。

图3-7　乐视体育直播首页

网络体育主播几乎没有门槛，主播平台人人平等，可以自由发挥自己的口才和专业水平。传统媒体以专家模式为主流，网络媒体以受众对体育赛事直播多元化需求为出发点。在章鱼 TV 平台，拥有包括前国脚徐亮、台球女皇付小芳、九球新生代掌门人陈思明等在内超过 5000 人的个性化主播团队，每天稳定播出的主播在 400 人以上，时时跟粉丝和网友互动，真正成为一场线上全民狂欢。

3.10　在直播平台上讲课

2016 年直播大热，成为新的当红风口，而教育领域正处于探索线下与线上转型的时期，自然而然不会错过最热"直播"风潮。

"直播＋教育"的变现大幕正在拉开，从传统互联网巨头 YY 教育直播到斗鱼的鱼教鱼乐版块，已从早期的在线直播转变为更多形式的教学直播。依靠提供优质精良的标准化课程、个性化课程、明星教师直播等多种方式使教育行业迎来了新生机。图 3-8 所示为 YY 教育的网站界面。

图3-8　YY教育的网站界面

　　教育直播从封闭、单一向的教学方式升级为一种大众化、互动性的交流，将用户与流量聚集，唤起了用户对学习的热爱，促成了共享经济的拓展。

3.11　爱动漫也可以拿来分享

　　二次元主播，目前还属于比较小众的主播类型。市面上目前大型的只有著名二次元网站 Bilibili 站，如图 3-9 所示，开通了二次元直播。

图3-9　Bilibili站二次元直播页面

　　对于二次元网络主播，需要了解和熟悉二次元文化、会化妆、能 COS，如果还有更多兴趣爱好例如爱看电影、爱玩游戏甚至唱歌、跳舞等才艺，就可以考虑在 Bilibili 站上当网络主播，进行才艺展示或者电影游戏的讲解直播了。

3.12　潮人穿搭，分享经验

　　说到分享穿搭经验，就不得不提淘宝直播。淘宝直播是阿里推出的直播平台，定位于"消费类直播"，用户可"边看边买"，涵盖的范畴包括母婴、美妆、潮搭、美食、运动健身等。消费者可以通过淘宝直播频道、微淘频道收看全球购达人逛梅西百货、漫步时尚之都的街头，在不退出直播的情况下就能够直接下单主播推荐的商品。而各位淘宝达人们也可以将自己喜欢的商品分享给其他消费者。

淘宝数据显示，淘宝直播于 2016 年 3 月份试运营以来，观看直播内容的移动用户超过千万，主播数量超过 1000 人，目前该平台每天直播场次近 500 场，其中超过一半的观众为 90 后。

服装可以说是女性最喜爱的购物内容之一，相比传统的图片和文字，直播为商品的展现赋予了新的定义。直播可以让用户更为直观、更为全面地了解服装的材质、样式、尺码和颜色等参数。

除了让用户了解服装外，直播还更容易促进用户和主播的感情，为营销奠定基础。如在直播中，主播可以在线解答用户的疑问，并给出穿搭建议。如图 3-10 所示，为移动端淘宝直播画面。在直播过程中，用户可看到主播展现的商品详细信息，并及时点击购买，如图 3-11 所示。

图3-10　主播展示商品页面　　　　图3-11　商品购买链接页面

3.13　分享美妆经验，卖好货

很多人在选择化妆品时，往往都会有很多疑问，如是否适合自己的肤色？是否有色差？自己合适什么色号等。而这些问题，是网购平台的详情页无法详细说明的。

有了直播平台，主播可在线解决用户的疑虑，推荐适用性很强的商品。

如图 3-12 所示，在淘宝直播平台下，有"跟我学化妆"版块。点击查看直播，可以看到主播为用户介绍商品的同时，也在满足用户的需求。如图 3-13 的画面中，有人提到"看看手上的口红色号"，主播就将口红色号进行了全面展示。

图3-12　"跟我学化妆"版块　　　图3-13　主播展示商品截图

淘宝主播主要以展示使用美妆产品的同时，推销产品。这种直观的视觉体验，既传达了产品的使用方法和技巧，也展现了使用效果，同时还解决用户疑问，可谓一举三得。会化妆的主播，可以抓住这种直播内容，去吸引粉丝。

3.14　发展育儿交流圈

网上购物的一个大群体是宝妈，这部分人群喜欢花时间在论坛、直播上，为孩子寻找优质的商品。如图 3-14 所示，淘宝直播专门为宝妈们开设了"亲子乐园"版块，主播们可在该版块下直播关于婴幼儿的服装、食品和日用品等商品。

育儿交流比较合适已婚并育儿的主播，在直播中可以加入自己孩子的元素，更有说服力。如图 3-15 所示，主播在介绍某款纸尿裤时，可以聊聊自己在为孩子选择纸尿裤时主要考虑哪些因素，而这款纸尿裤的推荐原因正好符合自己所考虑的范围。使之推荐更具说服力。

图3-14　"亲子乐园"版块

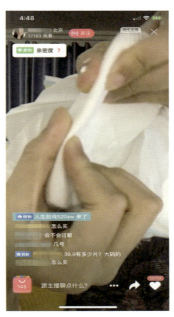

图3-15　展示商品细节

3.15　结交更多数码发烧友

手机、相机等数码产品属于低频高价的产品，所以很多人在购买时，往往有很多考虑因素。作为一个懂数码的直播，可以在淘宝直播中开播来吸引志同道合的好友，并推荐商品。与其他内容形式相比，数码产品更常见的形式是由公司内部人员出来讲解产品功能或请代言人来吸粉等方式。如图 3-16 和图 3-17 的手机新品发布直播中，都以介绍产品新功能为主。

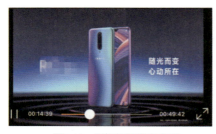

图3-16　手机新品发布直播

图3-17　展示商品拍照功能

3.16　实例：独特的个人魅力是成为一名人气主播的法宝

但凡玩过 YY 直播的人，可能都有听说过毕加索这个名字。作为目前 YY 当红的顶级网络主播，曾经的他不过是一个每天收入不到百元的配音员。能成为顶级主播的人，往往个人身上有独特的魅力。那么，毕加索又是凭借着自己身上哪些独特的魅力才能在 YY 顺风顺水年收入过千万，一举成为十几万毕家军粉丝的 YY 超级明星呢？

1. 独特的嗓音魅力

只要在 YY 直播上看过毕加索直播的游客和粉丝，不仅会被他插科打诨的聊天给逗笑，还都会被其独特的声音给吸引。可以说光凭借独特的嗓音，毕加索就能够淘汰掉市面 80% 的男网络主播。

毕加索很早就进入了社会，拥有丰富的社会经历，曾经还做过配音演员，一个小时的录音成品虽然说是有 30 块钱，但实际上可能要花 3 ～ 4 个小时才能录完。但是正是这样的配音经历，不仅让毕加索拥有了迷人的声音，还使他积累了丰富的词汇量，以至于后来在 YY 直播中如鱼得水。

就像毕加索自己说过的："在网络上做配音也好，做主持也好，丰厚的经历和财富，包括语言组织能力、词汇量、说话的临场反应。我的现在，拜那时的经历所赐吧。"

2. 独具的人格魅力

每一个成名的网络主播身上往往都会有一般网络主播不具有的魅力。这种魅力或许是才艺、或许是外貌气质，当然最厉害的就是自己的人格魅力。

能喊、能唱、能逗乐，既能和观众彻夜长谈，也善于讲各种各样的段子。在外貌条件并不突出的情况下，能逆袭引领 YY 直播间的潮流，毕加索"接地气"的人格魅力是其一大亮点和优势。在和其他网络主播连线直播时，毕加索也能各种卖萌、自黑，用自身独特的人格魅力吸引了无数粉丝和观众。

3. 独有的演讲内容

如果只是和大多数网络主播一样插科打诨，那么恐怕毕加索还不能达到目前的高度。毕加索在直播的时候，会和观众和粉丝聊自己曾经的往事和 YY 的八卦新闻。例如当年当配音员的辛苦，如何稀里糊涂地进入了娱加，还有对事业、家庭的关系和抉择，也包括对女网络主播处对象的看法等。

和一般网络主播单一乏味的直播形式和内容不同，毕加索的直播内容五花八门，非常丰富。而正是这些丰富的演讲内容，为其带来了超高的名气以及海量的粉丝，并纷纷掏钱进行刷礼物和打赏。

直播硬件不好
会影响直播效果

第4章

本章导读

　　主播在开播前需要硬件设施来支持整个直播的正常进行。本章对室内直播和室外直播分别介绍了在直播前需要准备的硬件设施。首先，对于室内直播来说，虽然电脑会影响主播效果，但是最为关键的还是在于网络和摄像头的选择。其次，还需要通过选择麦克风和声卡来提高声音质量。主播可以购买监听耳机监听自己的直播效果，便于自己的进步和改善。另外，直播间灯的选择也至关重要，只有购买了合适的灯，才能让主播在镜头前更加自然和具有魅力。

　　户外主播除了需要找准直播的手机或笔记本外，最需要解决的两大问题是网络和电源。为了更好的直播效果，户外主播还可以购买迷你手持麦克风和补光自拍杆等工具来给观众呈现更好的直播效果。

　　无论是室内直播还是户外直播，主播采购的硬件都没有一个准确的标准。更多地需要主播根据自己的经济情况和想要的直播效果来进行购买。但是，硬件的选择能决定直播效果，而直播效果也是决定粉丝量的一个重要因素。因此，不建议主播为了省钱，购买劣质的硬件。

4.1 网络直播需要哪些硬件设备

随着网络直播的蓬勃发展，关注这个新兴行业的人越来越多，无论是游戏、K歌、聊天还是生活类直播都成为网友们放松心情、减缓压力的新选择。直播间里光鲜的主播都离不开专业的设备。正是有了优良装备的保驾护航，才能将欢声笑语传向远方。下面就来认识一下，直播都需要哪些必备神器。

电脑和宽带是连入网络世界的基础，这两样当然不可或缺。选择电脑时，主流配置的机型就足以满足直播需求，不必特别增加开销。除此而外，还需要配备视频摄像头、麦克风、声卡、监听耳机、麦克风支架、台灯等。在直播界有"三大件"的说法，摄像头、电容麦、独立声卡就是直播的核心设备。其中又以摄像头最为重要，选购时不要过于节约。如果资金不太宽裕，电容麦和独立声卡可以成购套装，花费几百元就能搞定。值得提醒的是，设备的性能与直播的效果密切相关，也间接地决定着主播的收入，应该加以重视。

部分人也许会认为游戏直播不需要摄像头，游戏主播不必像秀场主播那样抛头露面。这样的想法其实不正确。部分游戏直播的确没有主播的视频信号，这可能是为了游戏界面更加完整，其实各大平台都给了游戏主播"露脸"的机会。而且粉丝们也乐于看到大牌主播的真实面貌。

除了室内固定形式的直播，常常还可以看到发布会现场来回穿梭的移动直播。移动直播与传统媒体相比，其使用的设备更是简单，一人就能搞定。这种直播需要一套特定的装备，主要包括：手机、自拍杆、耳机和爱视拍魅眼补光灯。在活动现场，环形的小光圈十分抢眼，如图4-1所示。

图4-1 主播常用的环形小光圈

4.2　主播对电脑的选择

对于主播来说，电脑就是支持整个直播的骨架，配置一个好的电脑才能让主播在直播过程中得心应手。特别是对于游戏主播来说，直播过程中需要经过直播软件来把游戏画面转码输出，整个过程对电脑的 CPU 和内存性能的要求就更高。因此，一个好配置的电脑能更好地帮助直播。

对于一般的娱乐主播，在电脑的选择方面的要求没有那么高。但对于游戏主播而言，为保证游戏的流畅进行和直播效果，必须选择性能较高的电脑。

4.3　选对宽带，让网速飞起来

有了网络，主播的直播间才能和粉丝们面对面交流。对于众多的网络宽带服务，又该如何选择呢？这里需要明白网络直播中涉及的网络带宽与电信营业厅宣传的带宽不同。平时常见的 50Mbps、100Mbps 宽带是指下行的网速，而做直播更多的是把本地的视频、数据上传到网站，对于上传带宽要求更大，因此在申请宽带前必须先详细了解其上传带宽是多少。

宽带选择不好，容易造成直播中的卡顿。在平时卡顿的现象不够明显，但在晚上用网高峰期，很容易出现卡顿现象。主播需要选择一个性价比较高的宽带来支持主播的直播工作顺利开展。

- 对于一般的主播，应该选择 20Mbps 以上的宽带，才能实现直播的通畅，不掉线；
- 而对于更加需要网速的游戏主播而言，至少应选择 100Mbps 的宽带，才能保持画质的清晰流畅。

不建议主播使用各种二级运营商的宽带，因为它们都是租用一级运营商的线路，带宽与稳定性并不好。在资金充裕的情况下，建议主播开通电信宽带。以成都地区为例，如图 4-2 所示，100Mbps 的宽带包月价格为 88 元。

图4-2　电信宽带价格局部图

4.4 让摄像头里的自己更动人

摄像头是影响直播画面质量的重要因素。一款好的摄像头能够起到美化皮肤、增强视频效果的作用。通过调节或更换摄像头，主播整体的气质会得到提升。这也在很大程度上决定了主播的人气。在现实生活中长得光鲜靓丽的主播，如果使用普通摄像头，直播效果有可能大打折扣。所谓工欲善其事，必先利其器，选择摄像头至关重要。

目前市面上的摄像头有两种类型，一种是高清摄像头，另一种是红外线摄像头。高清监控摄像头指的是 720P 或者 1080P 的摄像头。其中 1080P 又称为全高清。与普通监控摄像头相比，高清摄像头有更强的光谱矫正能力，可以更好地避免图像的虚化，更加真实呈现画面内容。

但是太过高清的成像可能会把脸上的痘痘和雀斑照得很清楚，而且面部也会显现出肤色暗淡、憔悴的状态。这时可以考虑另一款摄像头：红外摄像头，它能自动补光，提高肤色光泽度，让肌肤看起来像婴儿般的细嫩，比真实的年龄年轻许多，并能掩饰痘痘和雀斑。在红外摄像头下，主播的整体气质会大大提升，YY 的韩国 BJ 主播朴佳琳就是使用的红外摄像头。这类摄像头价格通常在 400 元左右。

4.5 选对麦克风，为主播的声音加分

日常生活中，话筒类设备并不少见，例如大家在电脑上常用的耳麦、USB 麦克风，现场演出时用到的动圈，小型采访式麦克风，还有较为专业的电容麦。主播在进行选购时，会发现市面上麦克风的品牌种类有很多，价格和参数也各不相同，往往无从下手。根据直播的特点，保证良好的音质是选择麦克风的重要参考。普通的麦克音质较差，灵敏度低，会产生延迟，不适合主播使用。

耳麦由于价格低廉、使用方便，所以使用较为广泛，如图 4-3 所示。不过它只是设计出来传达语音，对音质的还原不太好，在进行游戏直播时可以勉强使用，如果是用于秀场或 K 歌，耳麦就不合适了。这时应该选择专业的动圈式麦克风或电容麦克风。

动圈式麦克风是利用声波去推动振膜，然后振膜带动线圈，利用磁力线的改变产生微弱的电压。在音质方面，动圈式麦克风能够满足背景声较大而音响较为剧烈的室外环境使用，如图 4-4 所示。

图4-3 耳麦　　　　　　图4-4 动圈式麦克风

4.6　玩音乐少不了电容麦克风

可能会有主播发问，自己已经有了麦克风，为什么还要选购电容麦克风？对于脱口秀和常见的主播来说，用动圈式麦克风就足够好了。但是对于爱好音乐，需要经常在直播间为观众们唱上两曲的主播而言，动圈式麦克风显然达不到主播想要的效果。因为普通的麦克风容易产生延迟，在拾音范围、灵敏度和音质方面都不够。

那么，什么是电容麦呢？它能满足音乐主播的需求吗？电容式麦克风是利用电容充放电原理，将导体间的静电压直接转换成电能信号。适合于对音质清晰度、声音还原度有较高要求的情况，例如，背景噪音较低的音乐厅、剧院、个人录音室、录音棚等。

由于电容麦克风的拾音范围比较广，可以悬挂起来使用，使用悬臂挂架的电容麦克风会显得更专业。

目前来看，绝大部分网络主播都在使用电容麦克风。电容麦克风需要一个48V的电源才能正常工作，购买时应注意电源配备。为了节省开支，除了独立电源以外，可以在购买声卡时选择一款自带48V电源的专业声卡，这样也能解决供电的问题。

🎙 **金话筒提示**　**网上有很多山寨、小厂的电容麦克风出售，这里不建议从事音乐方面的主播购买诸如此类的电容麦克风。即使在资金较为紧张时，没有条件购买国外品牌，也可以考虑国内性价比较高的品牌。**

4.7　麦克风杂音请走开

很多主播会发现，即使自己购买了较好的麦克风，在直播时仍然会出现喷麦、爆麦或齿音等现象。那么，为什么会出现这些现象呢？又该如何避免呢？这里通过表4-1，来讲解直播中麦克风可能会出现的对于主播不利的现象。

表4-1　直播中出现杂音的表现、影响和解决方法

现象名称	表现	影响	解决方法
喷麦	在主播语音时发"p""t"之类的词语时，会被传输进去	破坏美感，让粉丝在听觉上也感到不舒服	直播时把耳麦贴在脸上可以防喷麦，对着麦克风说话时可以偏一点角度
爆麦	也称为"过载"，在主播语音时，声音过大，麦克风承受不住，出现爆破音或者很沉闷的杂音	给粉丝留下不好印象的同时也让直播间的气氛有所影响	在主播语音时多加练习，在可能会爆麦的时候，把麦克风拿远一点
齿音	在主播发"z""c""s""q"之类的词语时通常会出现齿音	耳塞自带的麦克风，会放大这种齿音，易给粉丝留下不好的印象	用一个防喷罩罩在麦克风上

说到齿音，很多主播在直播中会发现自己会将气流喷到麦克风话筒上面。特别是当主播回头去看自己直播录制时的视频，会发现很多爆音和齿音的现象。因此，主播就需要安装一个麦克风防喷罩来避免直播中这一尴尬现象。

麦克风防喷罩实物图如图4-5所示，使用效果如图4-6所示。该款防喷罩经过双层过滤网的设计，能有效地过滤外界出现的噪声、风声等，使主播出现在录音里的声音更偏向纯净。

图4-5　麦克风防喷罩　　　图4-6　麦克风防喷罩使用效果图

主播在直播过程中还会存在出现电流声的现象，这又是为什么呢？

- 电子设备的干扰。众所周知，手机等在接收短信和电话时，会对电脑出现干扰。这种情况下，可将手机远离电脑。
- 声卡的损坏。在电脑声卡损坏的时候，也会使麦克风出现电流声。这时候主播可对自己的声卡驱动进行检查，尽量选择官网下载声卡驱动进行更新。
- 电脑致使麦克风出现电流声。在电脑出现问题时，也会致使麦克风产生电流声。这时候主播可用考虑寻找专业维修电脑的人员对电脑进行检查。

4.8　好麦需要好支架

麦克风支架就是支撑麦克风的架子。在演播室、会议室、KTV、演唱会现场总能看到这样的支架。表演者或主播不必一直手持麦克风，只要有一副支架就能专心进行工作，尽情释放热情。麦克风支架分为桌面式、悬臂式和落地式三种，如图4-7所示。各类麦克风支架的价格都不算太贵，在100元以内就能买到。

图4-7　麦克风支架

相对于台式和落地式支架，悬臂式支架的安装比较复杂。安装时注意分为三个步骤，按照底座标准件组装、支臂与底座连接、底座与桌面机夹顺序依次进行。

4.9　用监听耳机来检测自己的直播效果

网络直播时，主播需要实时听到自己说话、唱歌的效果，并进行适当的调整。目前大部分直播活动都处在较为狭小的空间里，如果使用监听音箱或者功放，就容易打扰到周围的邻居，还容易引起正反馈啸叫，监听起来也不方便。所以选择一个优质的耳机就显得十分重要。

监听耳机正好可以规避以上问题，因此在主播中间应用较广。监听耳机分为半封闭、全封闭和入耳式三种。全封闭的耳机效果最好，但为了减轻头部的负担并保持优美形象，可以使用入耳式耳机。购买时需注意耳机信号线的长度，为了便于直播建议购买信号线长度在 1.2 米以上的耳机。监听耳机的价格从几十到上千元不等，可以根据自身的喜好和预算进行购买。

🎤 **金话筒提示**　**监听耳机是没有经过音色渲染的耳机，是相对高保真的耳机。通过监听耳机，能够听到最为接近真实的、未加任何修饰的音质。它广泛应用于录音棚、配音室、电视台、广播电台以及 MIDI 工作室等领域。**

4.10　声卡，提高音质的必需品

一套 K 歌设备的音质是由声卡、麦克风共同决定的。声卡是决定声音质量的第一要素，麦克风其次。只有当两者都达到一定的等级时，才能够保证传递出高品质的声音。

网络直播特别是歌唱主播，需要配备专业的声卡。可供主播选择的常见声卡分为内置和外置两种，下面看看内外置声卡有何区别：

- 价格。就价格而言，内置声卡通常比外置声卡便宜。
- 供电。内置声卡需要使用电脑电源；而外置声卡可以拥有独立的供电。
- 传输接口。内置声卡安装在电脑内，而外置声卡是以 USB 接口方式连接在电脑 USB 口上，安装更加方便。
- 功能。外置声卡经过不断创新，在声音上明显比内置声卡更具功能优势。
- 产品。内置声卡逐渐走向平稳发展的局面，中高端商品较少；外置声卡还在不断升级中，有中高端产品可供选择。

如果是台式电脑，主播对直播声音的要求不是特别高的情况下可以考虑内置声卡，可以支持简单的游戏和音乐声传递。

为了方便省事，即插即用的 USB 声卡也是一个不错的选择，如图 4-8 所示。使用 USB 声卡还有以下几个优势：

图4-8 USB声卡

- 可以插卡农头，支持电容麦，带有 48V 的电源，可以用作供电源，节省一套独立电源的花费。
- 支持乐器直录，例如民谣吉他或者键盘都可以直录。针对乐器有专用的 6.5mm 插孔。适合那些喜欢自弹自唱的主播。
- 可以带 VST 机架软效果器，满足各种音效需求，例如魔音、闪避、电音等。
- 对于需要在直播间一展歌喉的主播而言，更具有这些优势：提升音质、解决声音延时问题、提高声音还原度、更好地修饰声音和加载丰富音效。

4.11 视频采集卡，圆你高清直播梦

对于游戏主播来说，游戏画面很重要。如果出现在直播间的画面不够清晰，则会给观众们留下不好的印象。即使自己的技术特别娴熟，也很难弥补画面的缺陷。所以，游戏主播可考虑购买视频采集卡以给观众们提供一个高清直播。

视频采集卡具有以下优势：

- 一般都支持 1080P 高清画质，支持高清直播。
- 部分支持画中画功能，让游戏直播更有趣。
- 支持背景音乐和麦克风的双输入，既可实时与粉丝互动也不耽误游戏的进行。
- 支持斗鱼、虎牙、熊猫和战旗龙珠等主流直播平台的使用。

4.12 直播室的灯光很重要

通过选购一个合主播心意的摄像头，主播会发现自己的主播环境美中不足的是灯光。这和手机拍照的原理一样，在光线好的时候，像素一般的手机也能拍出大片既视感；在黑暗的灯光下，再好像素的手机也很难拍出佳作。因此，主播需要在直播间布置好光线来辅助摄像头，将最好的主播展现在观众眼前。

对于直播间来说，照明设施不应该太多，因为面积不是特别大，过多的照明设施反而适得其反，让粉丝们感到不符合常理，甚至感到虚假。很多主播会选择 25 瓦~ 40 瓦之间的 LED 暖灯或者暖白灯来作为直播间的光源支持。会有主播发现有的直播间灯光打得很自然，不会太暗会太白，特别舒服，还能营造出一定意境的朦胧美。这是主播在选购台灯时将头顶的灯选为白灯的时候，又选取两盏黄色小台灯打在墙上反射暖光造成的。

由于各位主播的直播间都有差异，主播可根据自己的实际情况而定。台灯的选购可在当地的市场或在淘宝上完成。如图 4-9 所示，①在淘宝的搜索栏中输入"主播

灯"；②点击"搜索"按钮，会出现很多类型的灯，主播可根据实际情况进行购买。

图4-9 淘宝网搜索"主播灯"结果图

4.13 选好手机或笔记本，户外直播也不怕

随着移动网络的飞速发展和众多网民有着想去看看外面世界的心，很多主播选择到户外去拍摄自己的直播。户外直播的种类也是多种多样的，但是总的来说不能用室内的设备来做户外主播的支持。因此，想要进行户外直播的主播们可以换个角度，思考自己的直播硬件设备。

很多户外主播都选择手机和笔记本来作为直播设备，其中手机更为常见，只有少数对画质和音效要求十分高的直播会选择笔记本。不管是选择手机还是笔记本，都需要强大的 CPU 来支持，才能满足直播过程中的高编码要求，并较少出现直播软件的兼容性问题。

1. 手机的选择

市面上有很多高像素或以自拍美颜为噱头的手机问世，其实主播们不一定要购买这样的手机。因为现在的普通手机像素已经够高，很多直播软件也自带美颜效果，所以主播在选购直播手机时，不要太考虑像素和自拍效果的因素。

主播在选择直播手机时主要考虑是否支持 5G 网，像素在 800 万以上，能自动对焦的智能手机即可。目前来说，较多的户外主播会选择品牌旗舰手机来直播。

2. 笔记本的选择

由于手机的直播屏幕在电脑上显示时较小，对于街头采访等直播就更适合使用笔记本。对主播而言，除去价钱和品牌的偏好外，更重要的是考虑以下因素：

- 续航能力。户外直播不比室内随时有充足的电源。因此，主播需要选择低电压 (U) 的 CPU 笔记本。
- 性能。主播在直播时可能需要开启很多后台软件以及进行一些数据处理，性能跟不上，笔记本容易出现卡顿。
- 分辨率。分辨率的高低，直接决定了观众看到的视觉效果。因此，不建议主播选择分辨率过低的笔记本。
- 内存。为了丰富直播中的内容，主播可能会需要在电脑上存一些重要的文件，或在直播过程中对自己的直播进行拍照或录制视频。内存过小，则不能支持文件的储存。

🎤 **金话筒提示** 笔记本的品牌较多，同等价位的性价比相差不是特别明显。主播在选购笔记本时可以根据自己的经济情况而进行购买，尽量选择在半年内上市的笔记本，更有利于长时间使用，不至于过早被淘汰。

4.14 户外直播，网络和电源怎么办

户外直播成功的关键主要来源于网络和电源。网络不稳定，自然会出现卡顿问题，电源更不必说，没有电就没法直播了。如何才能解决好直播中出现的这两大难题呢？

为了户外主播的直播流畅，必须要找到信号稳定、网速快的流量卡；同时又考虑到费用问题，就需要找到流量充足又价格合理的流量卡。由于各个地区的资费不一，具体的流量卡选择可通过咨询当地运营商后再决定。在直播初期，主播如果不确定网卡的网速情况，可购买两种以上的流量卡（例如同时购买电信和移动的流量卡）来进行测试，找到信号、网速都相对较优的流量卡。

🎤 **金话筒提示** 主播在选购流量卡的时候不要为了贪图便宜，通过网络购买所谓的漏洞卡和内部卡，以免上当受骗。

解决了网络，还有电源的问题需要解决。待机时间再长的手机和电脑，直播时间长了，也会没电。随着充电宝的问世，这一问题就得了很好的解决。在直播过程中需要使用电源的地方可能不止一个，建议主播在购买充电宝时选择可同时为两台设备充电的双 USB 输出充电宝；同时为了便于飞行安检，建议主播选择电容量低于或等于 10000 毫安的充电宝。如果认为 10000 毫安不能满足自己的用电需求，可以携带多个充电宝。

🎤 **金话筒提示** 除了充电宝，出门在外的主播还要注意随身携带好多种接口类型的充电线。避免在外面直播时，充电线出现问题，不能及时给手机等直播工具供电。

4.15　关于其他户外直播硬件设备

有了基本的直播仪器、电源和网络，基本上可以进行户外直播了。但是为了保证直播的效果，主播还可以考虑入手麦克风、自拍杆等器材来为主播的户外直播加入更好的画质和音质。

1. 迷你手持麦克风

在户外直播过程中，为了减少杂音，主播可以使用手机自带的耳麦，这是最节约资金的提升音质方法。在如图4-10所示的YY直播平台上，有主播使用迷你手持麦克风，能在周围的嘈杂声音中起到一个定向作用，加大拾音的灵敏度。如图4-11所示，这种迷你手持麦克风体积小，在使用过程中也不和耳机的使用冲突，可在手机和笔记本上使用，广受户外主播的欢迎，价格也不贵，在100元以内就可以买到音质不错的产品。

图4-10　某主播使用迷你手持麦克风效果图

图4-11　迷你手持麦克风连接示意图

2. 补光自拍杆

手到用时方恨短，特别是很多女孩在自拍时就发现不想拍出大头贴的效果就只有借用自拍杆。在主播中也是一样的，如果只通过主播自己手机展现前镜头中的画面，会很受限。因此，为了让观众们看到更全面的景象，主播可以考虑入手一个自拍杆。

为迎合市场，自拍杆也分为蓝牙、线控、补光自拍杆等等。对于户外主播而言，比较推荐补光自拍杆，如图4-12所示，这款补光自拍杆能在直播中为主播提供光源，提亮直播环境的光线。

图4-12　补光自拍杆

🎤 **金话筒提示**　**为解决直播中的抖动问题，还可以考虑入手手持稳定器。目前国内稳定器较好的有飞宇和智云等品牌，价格在 2000 元左右。**

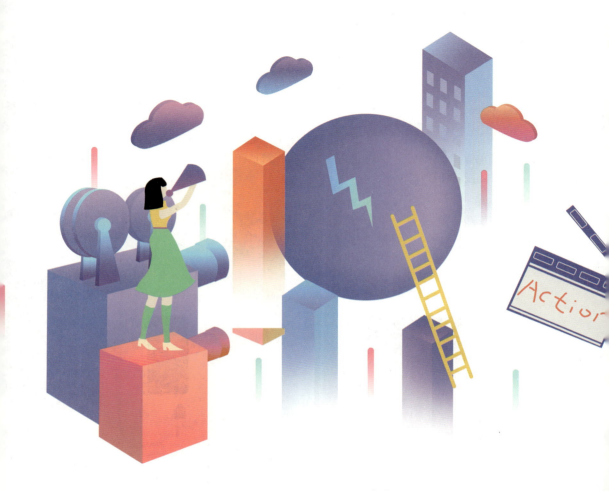

熟练掌握直播 软件的设置与使用

第5章

本章导读

　　新手主播刚接触直播平台，可能对很多功能都不了解。本章通过以斗鱼直播为例，来讲解直播平台的使用方法。

　　另外，主播可使用一些辅助软件来为直播助力。例如对于游戏主播，想要比别的直播更加精彩，画质十分重要。而圆刚采集卡，可以实现高清直播；对于手游主播，手机的操作毕竟有限，可以使用传屏软件和安卓模拟器在电脑上操作手机游戏，并进行更精彩地直播。

　　除此之外，主播还可以下载主播计数器、主播伴侣和投票插件来帮助主播完成直播间的互动工作。直播中，变声软件的加入，更能为直播增加趣味性。

5.1　下载并安装斗鱼直播

斗鱼直播可谓是直播中的佼佼者，根据相关部门的监测数据显示，斗鱼直播2018 年收入突破 40 亿元，融资总额已达 70 亿元，整体估值 250 亿元，截至 2019 年1 月，其活跃用户高达 4671 万。斗鱼中的直播包括游戏、体育、综艺、娱乐、户外等多种多样的内容。

斗鱼直播的主播入口可分为移动版和电脑版，这里以下载安装电脑版为例进行讲解。

第 1 步：打开浏览器，①在地址栏输入斗鱼网址；②单击"下载"选项卡；③单击"主播工具下载"按钮，如图 5-1 所示。

图5-1　进入斗鱼直播网址

第 2 步：在跳转的斗鱼下载中心页面中单击"立即下载"按钮（这里选择的是新版本，部分习惯了旧版的主播可直接下载"旧版"），如图 5-2 所示。

第 3 步：弹出下载对话框，①选择保存下载文件的文件夹；②单击"本地下载"按钮，如图 5-3 所示。

图5-2　单击"立即下载"按钮　　　　图5-3　选择保存的文档

第 4 步：①在弹出的对话框中单击"同意"按钮；②单击"立即安装"按钮，根据提示完成操作，如图 5-4 所示。

第 5 步：根据提示，完成斗鱼软件的安装，同时可查看新手指导，如图 5-5 所示。

图5-4　同意安装　　　　　　　　　　　　图5-5　查看新手操作提示

第6步：运行斗鱼直播，①单击右上角人像按钮；②选择登录模式（可选择手机扫码或密码登录，这里以选择密码登录为例），如图5-6所示。

第7步：①根据提示输入斗鱼账户名和密码；②单击"登录"按钮即可登录，如图5-7所示。

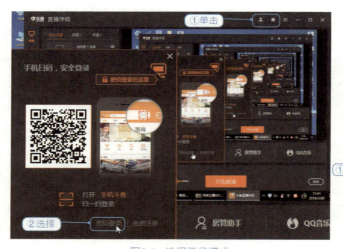

图5-6　选择登录模式　　　　　　　　　　图5-7　输入账号和密码进行登录

至于斗鱼直播软件的具体使用方法，将会在下一小节进行详细的讲解。

5.2　斗鱼直播的使用方法

下载安装了斗鱼直播，主播们可登上自己的直播间进行设置并开启直播了。斗鱼直播的设置也是多方面的，有的设置能使主播在镜头中看起来更具有魅力，有的设置则能更好地管理直播间的污秽语言，还有的设置能热闹直播间的氛围。

在主播申请及实名认证斗鱼直播账号之后，就可以顺利展开直播的工作了。如图5-8所示，在开播前，主播需要将直播画面添加进去，在全屏状态下直播游戏则使用选择"游戏"按钮，添加进行游戏的过程。

图5-8　选择"游戏"按钮

1. 开播前的主播，摄像头设置

虽然主播可以通过灯光和化妆品来使自己看上去更迷人，但是摄像头的设置也是必不可少的。如图5-9所示，①单击"摄像头"选项卡；②在弹出的摄像头设置框里对摄像头、瘦脸瘦身、美白等效果进行设置；③单击"确定"按钮。

图5-9　对摄像头进行设置

🎤 **金话筒提示**　主播还可以单击摄像头右侧的"多媒体"按钮，可以添加相关的视频、图片、文字和 Swf 文件等内容。

2.超级实用的插件功能

主播在直播过程中，需要发送一定的弹幕为自己做宣传，也需要对房管进行管理、或者需要截图，或是为了直播效果和粉丝有互动和点歌之类的活动。这些功能都可以通过斗鱼的"插件"功能来完成。如图5-10所示，①单击"插件"选项卡，在弹出的对话框里可以看到多种功能插件；②单击"房管助手"的选项卡；③设置禁言内容。主播可根据自身需要打开这些功能插件，为自己的直播添加更多诱人因素。

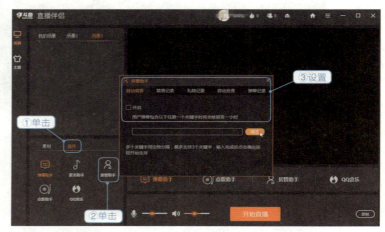

图5-10　设置"插件"

🎤 **金话筒提示**　**插件功能右侧的两个按钮分别是调整直播声音和麦克风音量的，主播可根据实际情况对此进行调试。**

3.设置直播参数

设置直播的参数也是十分重要的，如图5-11所示，①主播可单击上方的"📃"选项卡，在弹出的对话框中可对"视频画质""内容显示""声音设置""快捷键"等几个方面进行设置。这里视频画质设置为例；②单击"视频画质"选项卡；③可对视频画质的分辨率、帧数、码率等进行设置；④单击"确定"按钮，完成设置。

4.直播间设置的四大区域

通过图5-12来介绍斗鱼直播中的几大区域：

- 区域1：直播预览区，可以查看直播和添加的内容。主播可用从这个页面中对自己的形象或直播的内容直播效果进行查看，进而进行调整和修改。
- 区域2：设置区，主播可对自己添加到直播中的弹幕、点歌等插件进行添加、删除或其他处理。
- 区域3：开启直播间的按钮，在主播做好准备工作后，可直接点击开启直播。
- 区域4：录制直播，勾选"录制"按钮，可对直播的内容进行录制。

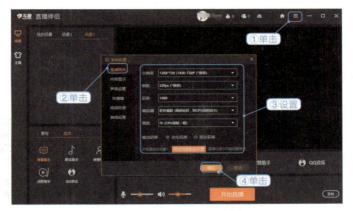

图5-11　设置直播参数

图5-12　设置直播间

5.3　移动端的映客直播下载安装使用

上一节讲述了电脑端的直播平台下载、安装，这一小节将对移动端的直播平台下载、安装和使用进行讲解。截至 2018 年 12 月 31 日，映客全年月平均活跃用户（主要经营数据源于映客 APP，未包括新应用产品）达 2548.7 万，较 2017 年月平均活跃用户 2269.4 万，同比增长 12.3%。作为移动端的新起之秀，映客直播的用户人数还在不断攀升中。映客直播移动端覆盖了 iPhone、Android、Apple Watch 和 iPad，主播使用映客以 iPhone 和 Android 居多，这里以下载安装 iPhone 版为例，进行讲解。

第 1 步：打开手机端的"App Store"，①在搜索栏中输入"映客"；②点按映客直播后面的"⬇"按钮，如图 5-13 所示。

第2步：下载完成后，点按映客直播图表右侧的"打开"按钮，打开该APP，如图5-14所示。

第3步：打开映客直播后，需要选择登录方式，这里以选择"手机号码"为例。如图5-15所示，①点按手机图标。

图5-13 搜索、下载"映客"APP　　图5-14 点按"打开"按钮　　图5-15 选择登录方式

第4步：②在跳转的页面中填写手机号和验证码等信息；③点按"登录"按钮，如图5-16所示。

第5步：在跳转的页面，①设置头像、昵称和性格等资料；②点按"完成"按钮，完成对主播基本资料的设置，如图5-17所示。

第6步：根据提示，主播在开播前必须完成实名认证。这里以支付宝认证为例，如图5-18所示，③点按"支付宝一键认证"按钮，根据提示完成认证。

图5-16 输入账号密码登录　　　　图5-17 设置资料　　　　图5-18 完成实名认证

🎤 **金话筒提示**　有支付宝账户的主播，建议使用支付宝一键认证。因为相比另一种认证方式，支付宝的操作要简单得多。

第7步： 进入映客直播，①点按下侧中心的"圆圈"，可选择发布直播或短视频，如图5-19所示。

第8步： 这里以选择直播为例，②点按"开直播"按钮，如图5-20所示。

图5-19　点按"圆圈"

图5-20　选择直播或短视频

第9步： 如图5-21所示，①填写直播名称；②勾选是否将直播信息分享到微博、微信、朋友圈和QQ等；③点按"开始直播"按钮，即可完成直播前的设置。

第10步： 在直播页面中，④查看主播自己的个人信息、右侧粉丝们的信息和直播间信息；⑤点按对话气泡可以发送弹幕消息；⑥右下方的几个按钮用于直播中的录像、查看私信、添加音乐和分享、摄像头翻转及美颜等设置；⑦点按该符号，可退出直播，如图5-22所示。

移动端的直播在设置方面比电脑端的要简单，但是其具备的功能也较少。而且不同的直播平台，在功能之间也存在差异。主播在开播初期，可将多个直播平台下载来使用，熟悉多个直播平台，从而找到最适合自己且使用最为便利的直播平台。

5.4　最好用的辅助软件——YY伴侣

直播平台之间的差异，决定了很多直播平台不能满足主播多样化的主播方式。因此，主播可用通过下载一些好用的辅助软件来为直播助力。有的辅助软件是只能供给特定的直播平台使用。但是这里介绍一款十分好用的软件——YY伴侣，它支持多个直播平台使用。

图5-21 填写直播名称等内容　　　　图5-22 完成直播间设置

🎤 **金话筒提示** YY 伴侣的使用可在 YY 伴侣官网：http://v.yy.com 中下载安装即可。

那么 YY 伴侣有什么功能呢？主要体现在个性化视频化效果、现场特效和其他功能的集合。

1. 视频美化，打造个性化视频效果

YY 伴侣中有个强大的功能"视频美化"，如图 5-23 所示，其操作步骤为：① 单击"美颜设置"选项卡；② 单击"基础设置"按钮；③ 对主播进行美白瘦身的设置。除此之外，主播还可对"滤镜""场景""灯光""图章"等进行设置和调试，找到属于主播自己的个性化视频效果。

🎤 **金话筒提示** 不想花时间和精力去一一调整视频效果的主播，可以考虑单击"一键美化"按钮，系统自动为镜头中的主播进行美化。只是这种方法调试下的效果可能不如主播自己手动调试的更加具有个性化。

2. 现场特效，让互动更升级

有的直播平台没有自带音效，还需要自己下载一定的辅助软件来热闹主播间的氛围。YY 伴侣对主播来说是一款十分实用的特效软件，它不仅包含音效，还有现场动画，更加丰富直播内容，起着烘托气氛的作用。

如图 5-24 中，① 单击 YY 伴侣中的"现场特效"选项卡；② 在弹出的页面中可对音效、现场动画和动画广播等进行选择。无论是音效还是动画，都可以进行多种选择，例如音效可选择搞笑、MC 和音乐等种类。

图5-23 YY伴侣"视频美化"功能

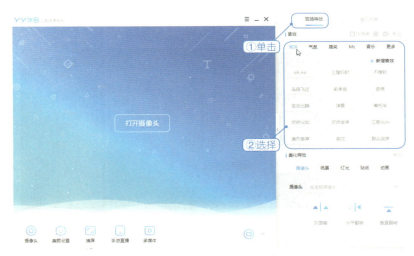

图5-24 YY伴侣"现场特效"

3. 更多现场特效，让互动升级

为了更好地迎合主播的需求，YY 伴侣的功能还在不断改进中，就目前为止，还有以下功能能为主播的直播生涯锦上添花。

- 为了便于游戏主播的双画面展示，YY 伴侣"画中画"功能支持多摄像头的展现。
- 便于主播留下直播中的精彩瞬间，YY 伴侣还支持视频录制和截图功能。
- 便于主播宣传信息的展示，主播还可通过 YY 伴侣来设置宣传字幕在直播中。
- 丰富直播内容，主播还可通过 YY 伴侣看到采集分辨率等信息。
- 通过 YY 伴侣可设置双面镜等特效来丰富直播间内容。

🎤 **金话筒提示** 在很多直播平台上，会明令禁止使用其他平台的伴侣。但是由于 YY 伴侣确实是一款十分好用的伴侣，主播在使用过程中可对 YY 伴侣的图标进行遮挡。

5.5 传屏软件Mobizen，用电脑来操作手机游戏

在 Vysor 之类的电脑控制手机的软件问世后，陆续有很多电脑控制手机的软件出现。该类软件的问世，让手机的使用灵活性和实用性得到提升。在众多具备此功能的软件中，推荐 Mobizen。

Mobizen，是远程软件专家 RSUPPORT 公司研发的一款电脑控制手机软件。可以通过电脑远程操作手机，共有 3G/4G、WiFi 和 USB 三种连接方式。由于手机在操作起来不如电脑灵活，特别是游戏主播既需要正常进行游戏，又要有直播画面，操作起来就比较困难。

有了 Mobizen，可以通过电脑来操作手机游戏，更为灵活。如图 5-25 所示，使用这款软件之前，需要到 Mobizen 官网下载安装手机端的 APP 和 PC 端，继而进行连接。

图5-25 Mobizen官网

🎤 **金话筒提示** 需要注意的是，这款软件对手机的要求很高，主播在下载安装之前可看自己的手机是否能达到相关要求。另外，在电脑连接手机的三种方式中，USB 连接是最为流畅的，为了保证直播画面的流畅，建议主播在直播中关闭其他两种连接方式。

5.6 游戏主播必备，安卓模拟器

对于需要直播手机游戏的主播，必须准备手机吗？手游在自己玩的时候没什么问题，但是要在直播中展现给更多人看，还真没有电脑方便。除了上一小节中提到的传屏软件外，更有不需要手机就能完成手游直播的软件——安卓模拟器。

安卓模拟器的亮点在于它能在电脑中模拟安卓手机系统。模拟的安卓手机可以具备真机的各种功能，如摄像头、GPS等，让主播在电脑上也能运行安卓游戏并进行直播。由于电脑上玩游戏，更加简单方便，如天天酷跑、刀塔传奇等热门手游的主播可以考虑安装模拟器进行直播。

如图5-26所示，安卓模拟器的种类繁多，主播可根据自己直播的游戏类型来对模拟器进行选择下载和安装。

图5-26　部分安卓模拟器截图

5.7　主播计数器，互动小助手

很多主播会使用主播计数器来作为直播间互动的助手，因为主播计数器能在虎牙、花样等多个直播平台使用，且该软件不仅能为主播提供礼物计算，还是一款比赛计数的辅助工具。不仅如此，例如柒柒娱乐软件不仅能提供上述两种功能，还能进行幸运大转盘、翻牌时刻和掷骰子等小活动，是主播互动的小助手。

具有主播计数器功能的软件繁多，主播可以根据自己的需要下载相关的软件来作为直播间互动的小助手。

🎤 **金话筒提示**　**很多主播计数器还处在一个刚开发，在不断改进的阶段，所以在使用起来问题可能会比较多，这就需要主播自己慢慢摸索，找到问题较少的主播计数器。**

5.8　主播伴侣在手，直播人气更旺

主播在直播中和粉丝们互动没有话题和新鲜段子怎么办？主播伴侣来救场子。主播伴侣是一款为主播提供直播内容的直播工具。其内容包括谈人生、说笑话和互动问答以便主播有新鲜内容和粉丝们互动；直播伴侣还有贴心标签等功能，能让主播在开播前将自己整个直播进度做好规划，做到有条不紊地直播。

直播伴侣为一款手机 APP，主播可在市场里搜索"主播助手"，对该软件进行下载安装。如图 5-27 所示，该软件的台本分为：谈感情、说笑话、吟诗、诉心声和讲故事等类别，主播可根据自己需求对内容进行选择。再看图 5-28 中，主播对自己添加的播单还可进行进一步地计划，例如女主播提问"怎么才能浪漫一点"的问题，可以设置在开场白或者快下播的时候，用途是什么等。

图5-27　主播助手分类页面图

图5-28　主播助手"播单"

5.9　投票插件，实用的互动软件

在直播过程中，主播常常会和粉丝们互动，通过发问的方式希望得到粉丝的反应。但是由于时间的限制，主播只能将粉丝的互动看个大概，并不能将投票结果得到一个详细的统计。因此，很多投票插件软件就受到了主播的青睐。投票软件的种类也很多，通常是一个平台就有一个投票插件。例如，小葫芦投票插件就分为斗鱼 TV 版、虎牙 TV 版等。

因此，这个投票插件需要主播根据自己的直播平台来下载。例如，某主播是在斗鱼平台上直播，就可下载小葫芦斗鱼 TV 投票插件来为自己统计。该软件的使用方法非常简单，主播在提问后，软件能对粉丝通过弹幕发表的意见进行统计。主播使用起来比较简单，粉丝参与进来也简单，是一款十分实用的互动软件。

5.10　变音软件，为直播增加趣味

　　说到变声软件，大家都不陌生。在QQ这款社交软件中，语音输出都可以选择变声，为聊天增加了几分乐趣。在直播中，也有不少的主播会考虑将变声加入直播中去。例如在斗鱼直播平台上有位名为"zard（人称炸鱼）"的游戏主播用变声软件装女生打游戏进行直播，让粉丝们看得开怀大笑的同时，也让该主播收获了不少的赞赏和礼物。

　　那么，主播是如何变声的呢？对于手机端有的直播助手就可以提供短暂的变声，但是如果主播是想把变声使用在整个直播中，就需要一些专业的变声软件了。

　　这里推荐一款实用的变声软件：MorphVOX Pro。它可以帮助主播在进行直播时将语音聊天随心所欲地切换到想变的声音。该软件集优点于一身：

- 音质好。该软件优异的语音算法可以为粉丝们带来很好的音质。
- 无论是在线语音还是录制视频，都可以变声。
- 可以加快或放慢语速，让声音多趣味。
- 可以设置语音背景，模拟出在不同环境中说话的声音。
- 可以模仿小孩、狗、机器人、男人和女人等多种声音。

　　总之，就是让主播的声音听起来更加有趣味，不仅能活跃直播间的氛围，也容易加大自己的辨识度，让人记住这位声音独特的主播。如图5-29所示，MorphVOX Pro的下载可在其官网中单击"变音软件"的按钮，根据提示完成下载安装操作。

图5-29　MorphVOX Pro官网

精心装饰直播室，给粉丝留下深刻印象

第6章

本章导读

　　直播间的环境直接影响着主播的发挥，想要使自己的直播间既符合直播氛围又引人注目，就需要主播在装扮直播间时下一番功夫。常见的直播间装饰有床、沙发、椅子和小饰物等的加入，也有的主播选用背景墙布的方式来装扮直播间。

　　不同风格的直播间，装饰风格也不一样。音乐和舞蹈直播间为便于主播的才艺展现和渲染气氛，也会选取不同的装饰；美食主播为了自己的食物更具吸引力则会加入更多和美食相得益彰的元素在直播间里；电商主播的重心在于商品的售卖，则需要在装扮直播间时将更多商品展现在观众眼前……

　　户外主播看起来不用为直播间的装饰而烦恼，其实不然。天地就是一个大直播间，户外主播在直播时更要考虑到镜头中出现的景象是否能迎合粉丝们的需求和心意。总的来说，无论是室内外，也无论什么风格，都需要符合自己直播间气氛和主题的装饰来使之更加符合观众们的心意。

6.1 常见的直播间背景装饰

常见的室内直播间经常可看见的物品就是床、柜子和一些小饰物等。主播如何通过将这些背景物品的装饰来烘托直播间气氛呢？

1. 居家必备——床

很多主播的直播环境是在自己的卧室，床作为一个卧室的标配，就是在卧室直播的必备品了。但是床的规格很多，床单被套的风格和样式也很多，就连床头柜也是种类繁多的。主播如何选择好床这个元素作为直播间装饰也是门学问。

■ 想要突出卧室直播间的大气，就需要准备一个规格适中且偏上的床。无论主播是真的在使用这个床，还是整个直播间都是工作室，不会真的入睡；需要给粉丝们留下一个高品质生活的印象。

■ 床的高低可根据主播的个人喜好来决定。但是总的来说，高度适中的床易创造出精品的感觉，如果床过于低矮，不易吸引视线。

■ 床是整个直播间的重心，应该将床放在中间。如果在卧室够大的情况下，将床两边的过道留出来，主播的偶尔走动，给人传递卧室很大的视觉信息。

■ 为了营造床头重要感，可以在床头部位加装帷幔。

■ 床和窗是很好的搭配，可在床头平行一侧营造出有窗子的视觉效果，营造更多的通畅感。即使床头那面墙没有窗子，可以通过其他方式制造一个假窗。

2. 灯光是营造氛围利器

热闹的娱乐场合，需要五光十色的灯光来营造热闹的氛围，而在家里，往往喜欢挑选暖色调的灯光来营造干净、舒适的氛围。灯除了是直播中必要的硬件设备外，还是直播间氛围营造的一个利器。

■ 照明设施一定要足够精致，还要找到一个最适合的地方。因为主播在直播时不仅要灯光来起到照明作用，还要考虑灯光效果是否能为视频中的自己呈现最好的视觉效果。

■ 如果是偏暖系的主播，可以选取暖色、柔和的灯光。通过散发的暖光，给观众温馨的视觉享受。

■ 对于需要热歌辣舞的主播而言，可以选取红、白光交互，使整个直播间的氛围充满活力。

3. 沙发

主播除了可以把直播背景设计在卧室外，还可以将客厅沙发作为直播背景。但是，沙发无论是从样式、材质或形状来区分，都是多种多样的。主播们如何对直播间的沙发进行选择，才能更好地烘托直播氛围呢？

- 沙发宜小不宜大。沙发一般出现在镜头中就是整个背景担当，并不和床一样是其中一个装饰物。因此，沙发过大，容易导致摄像头不能将完全的沙发展现给观众们看。

- 对于一字型、L型和U型的沙发，主播最好选择一字型。事实上，一字型的沙发使用较为常见，它能给人温馨紧凑的感觉，营造出亲密的氛围，也适用于狭长型的客厅。

- 无论主播选取单人沙发、双人沙发或圆形沙发，都只能选择一种。沙发的套数最忌讳的是一套半，什么都加一点又什么都不完整，只会给观众们糟糕的视觉体验。

- 沙发后面禁止放镜子。主播在沙发后面放置大镜子，为的是方便自己补妆等活动。试想一下，主播坐在沙发上，观众们能透过摄像头看到主播的后脑，整个画面是不是就奇怪了起来。

- 沙发上不易有灯光直射。在直播时，一定的灯光效果是必要的，但是切记不能将灯直接安在沙发上方，使灯光从头顶直射下来，这样会令人的情绪紧张，坐立不安，对观众来说是十分不好的视觉体验。

4. 椅子的选择

对于主播来说，椅子不仅是直播间的装饰物，更是需要自己真实体验的物品。纵观直播平台，会发现很多主播都用如图 6-1 中所示的电竞椅。这种椅子是人体工学健康座椅的领航者，独具的设计理念和材质得到高端办公人士和年轻游戏玩家喜爱的椅子。

图6-1 主播常用的电竞椅

对于主播来说，椅子的选择除了需要考虑和整个直播间的搭配外，更多的是考虑其舒适度。室内主播通常是直播过程中的三四个小时都在椅子上度过，只有选择一款舒适的椅子才使自己感觉舒适。因此，主播在选择椅子时应将椅子的舒适度更多地考虑在其中。

5. 其他小配饰的选择

直播间的背景中，除了床、灯、沙发和椅子等大件的选取外，还有很多符合主播想营造氛围的小配饰。例如帘子、植物、卡通玩偶、水杯、适应节日氛围的装饰等等。这些物品的选择需要根据主播的风格来确定。

另外，直播间的背景中是否需要加入衣柜、书柜等大件物品的烘托，也需要主播自己根据风格和直播间实际面积来衡量。

🎤 **金话筒提示** **主播间的背景多种多样，主播可以通过学习直播行业中人气较高的直播间装饰来进行模仿和学习。但是在模仿过程中，更多要展现自己的特点，不要盲目抄袭。**

6.2 最简便的背景装饰——3D背景墙布

主播在装饰直播间时，除了真实花费一定的金钱来买家具和装饰物外，还可以直接考虑 3D 背景墙布的加入。3D 背景墙布和传统壁纸、板画不同，可称得上是艺术与装饰的融合。其灵动性，能给人营造一种立体真切的感觉。如图 6-2 中所示，虎牙直播中的主播采用背景墙布的方式来装饰直播间也给人十分温馨舒适的感觉，并不会因为是墙布的原因给粉丝带来十分虚假和生硬的效果。

图6-2 3D背景墙布使用效果图

主播使用 3D 背景墙布来装饰直播间最明显优势在于成本低，可以省下购买家具的钱，在如图 6-3 中所示，淘宝上面就有诸多丰富的 3D 背景墙布可供主播们选择。

主播们可在淘宝或其他地方购买到符合自己直播间氛围的背景墙布。因为其价格低廉，主播可多购买几张风格类似的墙布来进行更换，给观看直播的观众保持墙布真实、新鲜的感觉。

🎙 **金话筒提示**　在网上购买卖家墙布成品的主播需要注意，在卖家统一提供的墙布中，主播难免买到和其他直播间相同或类似的墙布。因此，主播在购买墙布时最好自己多和卖家沟通，将自己想要的元素加入背景墙布中去，避免出现和其他直播间的背景墙布一样的尴尬。

图6-3　淘宝售卖多种3D背景墙布

6.3　音乐直播间需要营造出音乐现场的效果

　　在各大直播平台上有很多靠歌艺来吸引粉丝的主播。对于玩音乐的直播间，如何装饰才能给观众们留下一个更为专业玩音乐的主播们？通常来说，音乐主播的直播间装饰来看可以分为两个风格，一个是较为简便的表演风格的装饰，一个是营造比较专业的音乐现场效果。

　　如图 6-4 中的音乐直播间，主播走较为活泼可爱的风格，因此在直播间装扮时加入了较多可爱的玩偶和植物。为了给自己做宣传，在背景中还加入了带有自己直播间号的信息。整个直播间的装饰来看并不复杂，也没有床和衣柜等大件物品，占地面积也不大。但是从效果来看是十分符合主播活泼、可爱的清新风。

图6-4　某音乐直播间的装饰元素为玩偶、植物等

音乐主播的直播间还可以加入更多音乐器材的元素。如图 6-5 所示的音乐直播间有较多的音乐器材，整个直播间给人的感觉就是一个演唱团体的在线表演，会给人留下非常专业的印象。

图6-5　以音乐器材为主要装饰的直播间

🎤 **金话筒提示**　**当然，也有的主播会说自己只能唱歌，没有学过吉他、钢琴等，但是这并不影响直播间添加音乐器材。就是简单的在身后放一把吉他，加上曼妙的歌声，主播的整个人看起来就是对音乐非常专业。**

壁画和照片是十分能表达效果的方式，音乐主播还可以考虑在直播间的装饰中加入带有音乐音符方面的壁画或是主播自己拿着话筒歌唱的照片等。

6.4　舞蹈直播间一定要够大

对于直播过程中以坐在椅子上为主的主播来说，可以在直播间里放置床、沙发、衣柜等大件家具。但是对于需要热舞表演的直播间，很少有大件家具的出现。这是为什么呢？因为舞蹈的展现需要一定的空间，如果直播间的原有面积足够大，放置一两件大件家具都还有空地给主播展现才艺倒是没关系。但是一般的直播间面积都不会很大，如果再放置大件家具的话就会显得十分拥挤，在才艺展现的过程中也施展不开。

如图 6-6 中该舞蹈主播的直播间装饰是最为常见的舞蹈直播间装扮风格。在窗帘上挂着小灯，在主播舞动时，灯光的闪烁能带动整个直播间的热闹氛围，更给观看直播的观众们劲歌辣舞的感觉。

- 窗帘加小灯管是舞蹈直播间最为常见的装饰风格。
- 背景墙布因为其占地面积小的原因，可以说是舞蹈主播很好的选择。
- 很多主播也会选择对一面干净的墙进行装饰作为直播间的背景装饰。
- 或者在窗边的小阳台上放置一定的玩偶和植物，作为舞蹈主播的直播间装饰。

图6-6　某舞蹈直播间装饰

6.5　美食直播间需要渲染美食的气氛

　　粉丝之所以关注美食主播，原因在于主播在品尝美食的时候，能引起粉丝们的共鸣。换言之，就是主播做出该食物很美味的信息传递给粉丝们。主播的表情和语言能将一些信息传达给粉丝，主播的表演确实重要，但是直播间的背景装饰也同样能起着不小的作用。这和实际生活中的餐厅装修风格能决定客人的食欲有着类似的出发点，因此，身为美食主播应该考虑如何通过直播间的装饰来促进观看粉丝们的食欲。

　　如图 6-7 中 YY 美食主播在直播间，将带有食物和直播间信息的背景墙布作为自己的直播间装饰，加上厨具、食物和相关的服饰，整个直播间的氛围就是一个带有日韩风的美食元素。不用主播刻意强调美食的氛围，相信在线的粉丝能直接看出该直播间的氛围。

图6-7　某美食直播间装饰

当然，也有很多美食主播选择在饭店或者餐厅直播。例如，某美食主播，直接将饭店作为直播间，饭店的桌子、椅子、装修风格和其他客人就是现成的直播间装饰，更给人留下接近生活、接近粉丝印象的同时也为吃美食的直播增加了乐趣。

6.6　电商直播间需要体现商业味道

图6-8　某淘宝直播直播间装饰

　　作为一个电商主播，更多的是需要和在线粉丝们展示自己的商品，而且粉丝们关注电商直播间更多关注的也是商品信息。因此，电商主播可将自己的商品作为直播间的装饰。

　　在如图6-8中，淘宝主播经营着一家服装网店。在直播时，更多的重心在于商品的销售，在线的粉丝在互动栏也显然更加关注商品的信息。因此，这个电商主播就将更多的服装作为自己的背景，在直播过程中方便自己试衣服的同时，也让粉丝们看到更多服装的元素，在互动中更好地和主播进行沟通交流。

　　由此可见，从事电商的主播在为直播间选取背景时，就可以动点小心思，将更多有利于商品宣传和销售的信息展示给粉丝们看。这不仅仅适用于淘宝、天猫等商城的主播们，在YY、斗鱼等平台上的主播需在要展现自己宣传商品信息的时候，也可以将这个技巧加入直播间的装饰中去。

6.7　都市情感两性主播的直播间是怎样的

　　人人都离不开感情，特别是爱情。很多人在经历爱情时会感到迷茫，需要人指点。因此，在各大直播平台上就有和感情相关的直播间产生。对于两性情感的直播间应该有和情感相关的直播间环境来使主播给观众们留下专业的感觉。

　　如图6-9所示的YY直播平台上的两性情感主播"空小白"的直播间，选取了印有都市灯火通明的夜景墙布来作为直播间的装饰。背景布中高楼大厦和星星点点的灯光，更是迎合了都市里很多人对感情迷茫或有所困惑的感觉，也让情感主播的直播间达到了专业的背景渲染气氛的效果。

图6-9　某情感直播间装饰

6.8　接地气的直播间也很受欢迎

主播直播的最根本原因还是能为自己带来盈利，主播的盈利更多的来源于粉丝礼物的赠送。那么，怎样的主播才能得到更多礼物呢？就是接地气。只要让粉丝看到主播在直播间的更多表现来判断主播原来和粉丝是一样平凡的角色，就会更愿意为主播送礼物。

不管是花花绿绿的直播间还是温馨简单的直播间为的都是迎合粉丝的口味。还有一种很接近生活的直播室环境就是自己生活中的环境。如图 6-10 所示，YY 直播平台上的主播名为"大米歌"，其主播主要在直播间为粉丝们表演自己的歌艺，也算是呼应了名字中的"歌"。那么"大米"二字从何而来呢？

图6-10　某接地气直播间装饰

原来该主播除了直播外，还经营着米铺。虽然该主播目前并非通过直播平台来售卖自己的店铺里的大米，但就直播室出现的大米来看，就给粉丝一个十分接地气的感觉，使得该主播经常都收到粉丝们的礼物赠送。

一些有资源可以展现自己贴近生活直播环境的主播，就不用再费时费力去考虑花钱来装扮直播间了，将自己原有的生活展示给粉丝看，不仅节约了装饰直播间的时间和精力，说不定还能得到更多粉丝们送的礼物。

6.9 传授专业知识的直播间看起来就要够专业

在直播平台上有很多是传授自己专业知识的主播，这样的直播间在装饰方面有一件必不可少的物品——写字板。传授专业课的主播相当于课堂上的教师，有看到没有黑板或其他演示来上课的老师吗？

如图 6-11 所示，在直播平台上讲解英语知识的主播借助写字板来更好地讲述英语知识。写字板的加入一方面使主播在讲解时不费力，一方面，现场观众在听起来也更易懂。

图6-11 某知识传播的直播间装饰

对于传授专业知识的直播间，主播选取的场景可以是在家里的卧室、客厅或是教室都可以，对其他装饰物没有特别要求。

🎙 **金话筒提示** **除了写字板外，主播还可以用电脑软件演示的方式来助力主播的知识讲解。例如常见的 PPT 等。**

6.10 动漫二次元的直播间怎么布置才吸引人

"二次元"一词来源于早期的动画、漫画作品。因为早期的动画、漫画作品都是以二维图像构成的，其画面是一个平面，故被称为"二次元世界"，简称"二次元"。在现实生活中也很多喜欢二次元的粉丝。因此，在各大直播平台也就不少这方面的主播出现。

通常喜欢二次元的主播都会将自己装扮为动漫里的人物，这个装扮过程不仅仅来源于主播自身的服饰、发饰和妆容，更需要背景的相互映衬。如图 6-12 中的二次元直播间，主播不仅将自己的模样装饰为动漫中的人物一样，在身后的墙上也张贴了动漫海报，桌子上放置着动漫里的玩偶，在话筒上也进行了粉色蝴蝶结的装饰，整个直播间的动漫气息非常浓烈。

图6-12　某动漫直播间装饰

6.11　民族特色味的直播间是怎样炼成的

很多少数民族同胞都有清澈的歌喉或是特有的特点，在直播间也有不少的少数民族主播在直播间展示带有自己民族特色的表演。为了更加凸显自己的民族特色，很多这类主播会身着少数民族的服饰。其实，除了服饰外，直播间的装饰也能和主播的民族气息吻合，给人留下更加深刻的印象。

手鼓表演是丽江的一道风景线，如图 6-13 所示的斗鱼女主播丽江柒姑娘，该主播选择在挂满手鼓的直播间进行手鼓表演，一方面可以加大手鼓的宣传，另一方面更是符合主播丽江姑娘的特色。

图6-13　富有民族气味的直播间装饰

很多民族主播本身就有着很好的才艺，在直播间展示的时候能加上自己民族配饰或民族装饰更容易为进入直播间的观众留下印象，加大自己在观众眼里的辨识度。

6.12　恐怖故事需要恐怖元素来渲染

主播中也有许多有声小说的频道，其中也不乏有声恐怖故事的直播间存在。如何才能让粉丝们对恐怖故事体验更加深刻呢？除了需要主播们绘声绘色的语言和面部表情外，还需要和恐怖元素相关的背景来渲染直播间的恐怖气氛。

如图6-14所示，在YY直播中一个名为"扬旗"的主播在直播间为大家带来恐怖故事。该主播采用了多种灯光效果，将身后已经带有恐怖元素的背景墙布进行了几种灯光颜色的替换，给在线观众一种听故事时的视觉影响。同时，该主播为了宣传自己直播间的名气，在灯光替换的间隙，能从背景墙布中看到"扬旗故事"的字眼。

图6-14　富有恐怖气味的直播间

这样的直播间装饰技巧不仅可以用在需要渲染恐怖元素的直播间，对于讲其他故事的直播间也可以考虑将相关元素加入其中。例如讲童话故事的直播间，可以加以和童话相关的元素，让整个直播间更加有故事发展的氛围。

6.13　如何装扮出古色古香的直播室

所谓的古风，就是将古代风格有一个展现。无论是从服饰、音乐还是诗词来说，都有一群人喜欢和古代风格相近的风格。在直播间也是如此，有人喜欢劲歌辣舞，就有人喜欢舒适安静。对于一个偏古风的直播间，当然就需要一些古代的元素加入。

如图6-15所示，在虎牙直播上一个主播，在装饰直播间时别出心裁地加入了梅花、月亮等元素。相信很多粉丝从直播间装饰和主播的服饰来看，也知道主播想表达一个"嫦娥奔月"的美好寓意。

图6-15 古色古香的直播间装饰

再看如图6-16中，表演古筝才艺的主播，也将自己的直播间加入偏古风的桌子和画等。加上主播的古筝弹奏和动听的歌喉，给整个直播间带回到古香古色的环境中。直播间的环境能对主播的才艺表演有完美的契合，真的为自己的直播间加分不少。

图6-16 才艺表演的直播间装饰

走古风风格的主播也可以学起来，将更多古风元素加入自己的直播间中。

6.14 户外直播的背景选取有讲究

户外直播在问世后，所受到的喜欢程度日益暴涨。户外直播和室内直播不一样，通常也都是手机直播。户外直播的主播看起来好像完全不用为直播室的环境布置而为难。但是，户外主播对环境的选择更为重要。

■ 从校园到商场。户外直播更加需要展现多元化的直播环境，主播可以在直播中形成自己的一个风格，但这个风格一定不是环境的风格。例如说喜欢找女生搭讪是一个主播的直播风格，但是在直播环境的选择上既可以是书生气满满的校园，也可以是白领经常出没的商场。更直白地说，户外主播在环境的选择上一定是多种多样的。

- 到人多的地方去。不管户外主播选择的环境是哪里，都以人气旺盛为重点。因为只有周围人多了，才给粉丝提供更多可吸引元素。但是对于人少的地方，即使主播发挥得再好，也容易给粉丝们造成人气不足的感觉。

- 选择风景好的直播环境。虽然说好的坏的都各占一半才是真实的直播，但是粉丝们应该都喜欢看美景，对于脏乱差的直播环境没有好感。

- 直播的角度选取。网上经常都有拍摄角度不同导致的照片流出的段子和笑话。其实这有一定的道理在里面。同一物品，选取的拍摄角度不一样，拍出的成品也是不一样的。因此，户外主播在直播时一定要选取一个好的角度，尽量将直播中事与物都拍出最美的效果。

- 多拍美女。很多粉丝都喜欢长得漂亮的主播，自然也喜欢直播中出现的美女。如果户外主播在直播过程中能搭讪更多美女，自然会得到粉丝们的起哄和围观。

🎤 **金话筒提示**　**总的来说，户外主播的直播环境不比室内直播环境的选取简单，更需要主播们花心思去发现直播间粉丝的喜好，更好地迎合他们的胃口才能得到更多收获。**

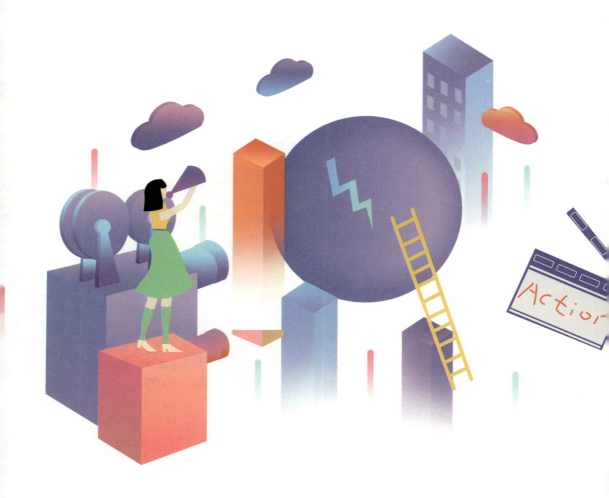

专业主播是 如何成长的

第7章

想要在主播界大红长红赚高薪，除了通过化妆、穿衣等方法提高颜值以外，主播还要有别的东西可以呈现给粉丝们欣赏，如唱歌跳舞乐器等，如果口才好，有内涵，那就更有吸引力了，甚至还可以在一定程度上弥补颜值的不足。

7.1 经纪公司与主播

近几年，随着网络直播的日渐红火，催生出了许多网络主播经纪公司。直播平台的盈利离不开平台上的火爆的人气，而吸引人气离不开网络主播。为了获取大量受观众喜爱的优质主播，很多直播平台都会与专业的经纪公司合作，对平台上的主播进行全方位的打造，像培养明星一样孵化网络主播。

无论是对于直播平台还是网络主播，经纪公司的作用都非同小可。经纪公司是连接直播平台与网络主播的纽带，为彼此提供了一个沟通交流的平台。优秀的经纪公司会起到承上启下的作用，让直播平台和网络主播双方都感到满意。

经纪公司专业化的管理有助于培养出大批优质的新生主播，或者使许多有潜质的优质主播与其主动签约。如果经纪公司向直播平台输送的优质的主播多了，吸引而来观看直播的用户自然也就多了，这时直播平台能够获得丰厚的利润，主播的待遇也会相应提高。因此，这是一个循环且互惠互利的过程。

7.2 了解经纪公司的运作模式

在火热的网络直播市场中，网络主播成为各大直播平台争夺的对象。在各大直播平台上，一定数量的签约主播构成一个个组织，这些组织随着主播人数的不断增加，逐渐发展成为专业的网络主播经纪公司。

经纪公司主要负责旗下主播艺人的培训孵化、商业洽谈以及发展管理等具体工作。例如，国内某知名网络主播经纪公司旗下设有 3 个部门，分别为星探部门、经纪部门和拓展部门。其中星探部门主要负责主播艺人的招募与挖掘工作；经纪部门主要负责主播艺人的培养孵化，包括主播艺人的才艺能力训练以及包装推广等工作；拓展部门主要帮助主播艺人增加在直播平台虚拟礼物之外的商业收入。

下面就来看看一家网络主播经纪公司具体的运作模式。

1. 选择一个直播平台

经纪公司是直播平台和主播之间的第三方，首先经纪公司需要挖掘有潜力的主播艺人，然后再对其进行各方面的培养，最后将打造完成的优质主播输送到各直播平台。因此，选择一个适合主播发展的直播平台是经纪公司最重要的决策之一。

经纪公司在选择直播平台时通常会从关注数、礼物收入、大客户分析以及新增用户分析四个方面进行考虑，如图 7-1 所示。

图7-1 选择经纪公司时需考虑的因素

（1）关注数。在选择直播平台时，经纪公司通常会查看直播平台中排名较高、等级较高的主播的关注数，以此来判断平台的流量情况。

（2）礼物收入。经纪公司通常将直播平台中主播的收入分为上中下三个层次，然后取中等层次收入进行分析。经纪公司除了要分析直播平台中主播的礼物收入以外，还要分析充值比例。

（3）大客户分析。直播平台排行榜上的消费榜单，可以综合反映该平台当前的用户质量，经纪公司通过查看该榜单可以对平台的大客户进行分析。

（4）新增用户分析。经纪公司通常还会查看直播平台各直播间有没有人说话、有没有用户加入。通过新增用户分析，掌握该直播平台的发展状况。

🎙 **金话筒提示** **既然经纪公司在择直播平台时会从以上四个方面加以考虑，那么直播平台就应该从这四个方面入手，努力提升这四个方面，从而吸引更多经纪公司加入，这样平台才能拥有更多优质的主播，才能吸引到更多的用户和粉丝。**

2. 将公会引到直播平台

很多直播平台为了方便管理，通常都会要求新主播签约某个频道和公会，如果新主播不签约、不认证，即使收到礼物也不能兑现。因此，加入公会是新主播成长的必经之路。

现在直播平台上出现了很多公会，而正规的公会拥有成熟的运营体系和规范化的管理，最终发展成为一家专业的网络主播经纪公司。例如，娱加娱乐传媒文化有限公司（简称娱加娱乐）就是由公会发展起来的国内首家公司化管理的互联网经纪公司。

2013年成立的娱加娱乐，从YY直播平台起家，用近两年时间成为YY直播平台的第一营收公会，已经获得了IDG千万元的投资，公司估值过亿元，并于2015年正式上市。目前，随着移动直播的兴起，娱加娱乐又把触角延伸向映客、一直播、虎牙直播等平台，在多个新平台做到头部甚至第一。

娱加娱乐依托公会群批量制造主播艺人，在秀场类直播火热之间，向各大直播平台输送了许多优质的当红网络主播。而这些当红的网络主播有了公会家族的力捧之后，其粉丝支持率和收入均节节攀升，并且粉丝黏性也比较高。

直播平台为了保证公会输送的网络主播的质量，通常针对公会设置了一定的入驻门槛。例如，花样直播在邀请公会入驻平台时，会要求公会旗下至少要拥有10名签约主播，还需要组织公会旗下的主播参加平台方的考核，当公会有10名新主播通过平台方的考核后，即可在平台上成立一个新的公会。

公会成功入驻直播平台以后，将在平台上获得一个可以独立运营的直播间，公会管理者可以自由安排公会成员在所属的直播间进行直播。通常直播平台上的主播都是直接与公会签约，因为只有公会旗下的主播才能报名参加官方推出的运营活动。

公会能为直播平台提供大量优质的主播，还能帮助主播快速成长，为直播平台吸引更多的人气，从而有效帮助直播平台解决了寻找主播、管理主播和经营主播的问题，使直播平台的运营更加高效。这也就是为什么现在很多直播平台不直接与主播签约，而是直接与经纪公司或公会合作的原因。

🎙 **金话筒提示**　公会和经纪公司都是存在于直播平台与网络主播之间的机构，职能上等同于娱乐圈的艺人经纪公司。公会并不属于直播平台内部的任何一个部门，它是主播们分享经验、传递信息、培训、包装、宣传推广、互助捧场、管理、共同活动的公共组织。

早在秀场直播模式出现之初，经纪公司就已经应运而生了。最开始，大多数经纪公司都是以公会的形式出现，甚至没有实体形式，大家通过网络联系，管理者分发直播任务，再从中获取分成。到后来，很多公会逐步发展成公司的形态，管理上也越来越正规化、专业化了，就形成了如今专业的网络主播经纪公司。

现在在很多直播平台中，经纪公司仍然以公会的形式出现，但经纪公司会对公会实行公司化管理，使公会能够更正规，更专业，也能更好地与直播平台和主播合作。

3. 将公会群友导入用户流量

2017 年 6 月，世界舞蹈大赛（World Of Dance，WOD）中国赛区总决赛由互联网直播平台来疯直播了比赛全过程。如图 7-2 所示为来疯平台直播世界舞蹈大赛中国赛区总决赛的宣传海报。

图7-2　世界舞蹈大赛中国赛区总决赛直播宣传图

从直播的受众来看，观看这场直播的粉丝大部分都是专业的舞者、舞蹈爱好者以及参赛舞队的粉丝，这些人有一个共同点，都是被这场大赛直播吸引到来疯平台的。假设，世界舞蹈大赛的每一个参赛舞队就是一个公会，每一个参赛舞队都有自己的粉丝。如果参赛舞队这个公会入驻来疯平台，那么这些参赛舞队的粉丝也很有可能追随自己喜欢的舞队加入来疯平台。因此，公会这种运营模式能够在专业观众的引流上起到很好的聚合作用。

公会群友引流是直播平台最快、最有效的引流方式。在直播平台招募公会入驻前，很多公会群成员本身就自带粉丝，而且这些自带的粉丝通常黏性都很强。直播平台通过与公会群的合作，能够将这些公会群友的流量顺利引入平台。

4. 与直播平台分成

经纪公司和公会是主播快速成名的重要推手，也是直播平台盈利的关键。主播需要公会的支持，直播平台也需要公会的支持，三者相依相存，互惠互利。直播平台与公会合作，产生的收益将由平台、主播、公会三方按照不同比例分成，大型直播平台的分成比例一般是 6∶3∶1，不同平台的分成比例是不一样的。

与主播、公会分成是直播平台收入的主要来源之一。主播无论是刷的礼物，还是做广告，直播平台都会分一部分提成。此外，公会累积了一定人气后可以通过股东（每月固定费用）、挂广告、和游戏厂商合作推广等方式赚钱，将人气变现，直播平台也要从中分一部分提成。这样，直播平台才会有更多的运营资本，去扩展更多的业务，从而为主播和公会打造更好的平台。

7.3　主播要涉及的签约与谈判

如今直播行业的竞争越来越激烈，对于一名新人主播来说，如果没有经纪公司和公会的支持，仅靠自己一人之力是很难在直播行业中占据一席之地的。因此，很多新人主播会选择与经纪公司和公会签约，借助经纪公司和公会的资源让自己在直播行业中快速成长。主播与经纪公司建立合作关系，必然就会签署一份"主播经纪合同"（专业的经纪公司通常将此合同称为"互联网演艺经纪合约"）。下面就来看看主播在签约合同时需要注意的几个问题。

1. 签约年龄限制

凡年满 16 周岁的公民都可以与经纪公司签约，16 周岁以下的公民则需要由法定监护人代为签约。主播在签约时，应当仔细了解合同内容，必要时可以咨询专业人士给出相关建议。很多新人主播就是由于在签约时粗心大意，最后导致自己得不到应有的利益。

2. 核实经纪公司的真实性和实力

核实经纪公司的真实性和实力方面，主播们需要做以下几点工作。

- 实地了解经纪公司的规模、办公场地、软硬件配置等情况。
- 通过工商局官网，核实经纪公司基本情况，例如，查看公司是否是正规注册的，注册资金是多少，是否已经注销等。
- 核实经纪公司的人员构成以及公会成员规模和数量，签约前可要求经纪公司介绍一下公司和公会的详细情况。一般情况下，有诚意的经纪公司会主动向与其签约的主播列举旗下的当红主播及其收入数据。

3. 签约时长

主播与经纪公司的签约期一般为 1～3 年，在确定具体签约期时主播们应考虑以下几个问题。

■ 签约的经纪公司，除了提供直播方面的支持和帮助以外，是否还会提供其他方面的支持和帮助，例如参加品牌商的推广活动、组织各种培训等。如果符合自己的要求，主播们可以考虑适当延长签约期。

■ 是否有签约底薪？收入的分成比例是否合理？

■ 如果新人主播进入直播行业的目的是想借助经纪公司成长为专业艺人，建议寻找一家规模较大、口碑较好的经纪公司签一份长期合约，因为频繁更换经纪公司的主播往往很难受到经纪公司的尊重和认可。

■ 如果只是暂时或兼职做网络直播，不打算将直播作为长期职业，建议尽量不要签署长期合约。

🎤 **金话筒提示**　**目前大多数的主播经纪公司和主播签约的合作时间都不会太长，一般是 1 年左右。之所以这样做主要有三个原因，一，直播行业的主播跳槽是普遍现象，公会之间相互挖人的现象十分严重；二，主播本身的生命周期较短，很容易被新人取代；三，如果主播长期粉丝数量较少，变现能力较差，经纪公司很有可能就不会再大力培养了。**

4. 主播收入分类

主播的收入构成与其签署的合同具体内容相关，所以在签约前主播们一定仔细阅读协议内容。通常情况下，主播的收入来源主要有以下几种。

（1）底薪或保底工资。底薪和保底工资二者看似相似，其实质上是不同的，会对主播的收入造成很大的影响。这里举个简单的例子说明一下，例如某主播当月的礼物分成、活动代言收入为 5000 元，如果签约时合同中规定的底薪是 3000 元，那么该主播当月的实际收入就是 5000+3000=8000 元；如果签约时合同中规定的保底工资是 3000 元，那么该主播当月的实际收入就是 5000 元。

（2）线上直播分成。这部分收入是指由直播所产生的直接收入，即直播时粉丝赠送的虚拟礼物所兑换的收入。

（3）版权收益。主播发行歌曲、参演影视剧后获得的版权收益。

（4）演出收益。主播参与线上或者线下活动、商演、节目录制等获得的收益。

（5）广告代言和其他收益。

5. 个人所得税的规定

个人所得税涉及的问题较为复杂，主播跟经纪公司的合作关系，经纪公司跟直播平台的合作关系都应该统一评估。每个直播平台的计算方法都会存在一定的差异，主播需要清楚，自己的实际收入是扣除个人所得税之后的收入。

6. 经纪公司的权利和义务

经纪公司将成为主播互联网演艺经纪活动的独家代理人，这一条是合同中必须存在的规定。这条规定的意思就是说，经纪公司将对主播的互联网演艺经纪活动全权负责，主播在互联网上的一切商业活动行为，都必须遵循公司的章程。

例如，主播免费为另一个主播站台连麦等行为，必须要经过公司的同意，否则一旦出现任何负面影响，经纪公司有权追究法律责任。

7. 分成比例的问题

每个经纪公司的分成模式都不同，甚至同一个经纪公司对旗下不同主播的分成比例也有所区别。直播行业内比较常见的分成比例算法主要有以下两种。

（1）没有保底工资，虚拟礼物收入按照一定比例分成，例如公司和主播按照3∶7的比例分成。这种算法决定了主播的收入完全与个人能力相关，如果主播没有人气，那么获得的收入就较少；如果主播人气较高，那么获得的收入就会比较高。

（2）有一定的底薪，按照每个礼物进行分成。当礼物的总额达到一个的规模后，主播获得的分成比例也会有所增加。一般新人主播都会选择采用这种算法。

8. 违约责任以及纠纷

这一项规定对于有一定直播经验的主播来说，基本上不存在什么问题，因为他们清楚地知道哪些行为是属于违约行为，以及自己违约后所要承担的后果。但对于新人主播来说，常常会忽略这一点，因此新人主播在签署合同时，要注意与违约责任以及纠纷处理相关的条款，如果发现违约后付出的成本过高，应该慎重签约。

7.4　迅速提升自身才艺水平

网络直播平台上那些高人气的主播大多都是多才多艺的，才艺表演一直都是网络直播中的一个非常重要环节，唱歌、跳舞、乐器表演等才艺更是每一个网络主播的人气聚集必备技能。下面针对如何迅速提高主播的才艺表演水平进行专门的讲解，向主播新人介绍一些简单的提高才艺表演水平的方法和技巧。

1. 巧用调音器校准自己唱歌的音准

音准是指歌唱和乐器演奏中所发的音高，能与一定律制的音高相符。在唱歌的时候，音准其实非常重要，如果音准不好，就会出现唱歌跑调或者走调的情况。那么主播怎样才能快速校准自己唱歌的音准，不让跑调出现在直播中呢？

钢琴、吉他等乐器需要调音时，会使用一种叫调音器的工具，如图7-3所示。这种调音器不仅可以为乐器调音，也可以帮助主播们校准自己唱歌的音准。

图7-3　调音器

当调音器检测到声音时，会自动显示其音名。大家要校准自己的音准时，可首先按照习惯发"多"音，也就是简谱中的"1"，如果调音器面板上显示"3C"字样（C是1的音名，前面的数字3不用管），且显示为绿色而不是红色，这就表示基本唱准了，如果显示为其他音名则表示完全没唱准。面板中间的指针则能够进一步显示音准的情况，指针偏左表示发音略低，偏右表示发音略高，大家可以根据指针的位置对发音进行微调。

简谱中的1234567对应的音名分别是C、D、E、F、G、A、B。高音和低音的音名是一样的，例如高音1和低音1都是用C表示，这就要求使用者自己掌握好了。

🎤 **金话筒提示**　**建议主播们学习一点简单的乐理知识。李重光先生编写的《基本乐理》就是一本很好的乐理入门教材。学会简单的乐理，不仅对主播识谱唱歌有帮助，对学习乐器的帮助也很大。**

2. 腹式呼吸让气息更加悠长平稳

学习正确的歌唱呼吸是歌唱艺术中最重要和最必要的基础，歌唱时的呼吸与大家日常生活中说话的呼吸是不同的。在日常生活中，大家采用的是自然式呼吸，而在唱歌时则采用的是比较深的腹式呼吸法。腹式呼吸法示意图，如图7-4所示。主播在唱歌时气要吸到腰的周围，然后利用呼气肌和吸气肌的对抗，找到用力的支点，使声音完全通过气息来控制。

吸气时，腹部慢慢鼓起。　　　呼气时，腹部慢慢收缩。

图7-4　腹式呼吸示意图

3. 怎样避免唱歌时破音

主播们唱歌时，高音区一不小心就有可能出现破音现象。那么想要避免唱歌时出现破音，主播们需要怎么做呢？下面为大家介绍几个避免唱歌时出现破音的小技巧。

（1）主播们需要注意呼吸的自然、顺畅，不要寻求呼吸如何支持的方式，只要感觉呼吸时肌肉紧张或有"堵"的感觉那就是不对的。

（2）主播们要注意用说话的感觉唱歌，口腔一定要自然，不要过分地去找"打开喉咙"的感觉，也不要寻求所谓的美声发声方式和声音感觉，要自然地去歌唱，当声音技术解决后再根据风格的不同来演唱不同风格的歌曲。

（3）主播们在唱歌时一定要注意自己的精神状态，当情绪过于低沉时就容易出现呼吸、声音较沉重的现象，容易造成声带负担过重，从而使声音出现"破"的现象。

（4）主播们不要急于练高音，先要练好中声区，当自己在中声区的声音自如顺畅后，再保持这个状态来练习高音。

🎤 **金话筒提示** 实际最好不要练习高音，高音的出现是自然的，当演唱者解决了的中声区的状态后，稍稍练习一下提高情绪的状态，高音就可以出来了。千万不要为了高音而练高音，找到声音的平衡状态是最重要的。

4. 全民 K 歌 APP，随时练歌的好帮手

唱歌是主播们的一项必备技能，但没有好的唱功怎么在观众面前展现自己呢？所以很多主播立志要练好自己的歌喉。但是单独去 KTV 开包间练歌太贵，买套家用卡拉 OK 设备又会吵到邻居，这里就给各位主播们推荐一款能够助大家快速提升唱功的 K 歌软件——《全民 K 歌》。

《全民 K 歌》是腾讯公司发布的一款唱歌软件，也是全球首款基于熟人社交的欢唱打擂 K 歌软件。《全民 K 歌》独创歌曲段落重唱功能，并且集合了智能打分、专业混音、好友擂台以及社交分享等特色功能，还能和好友互发弹幕互动。该软件拥有海量高品质伴奏以及原唱音频，涵盖最新最热歌曲，能够有效帮助各位主播们在最短时间内提升自己的唱功。

5. 能够快速上手的舞蹈有哪些

对于想通过舞蹈来展示自身才艺的主播们来说，选择要表演的舞蹈种类一定是主播们要面对的一个问题。那么如何选择最适合的自己的舞蹈呢？下面就为大家推荐几种舞蹈的种类，主播们可以根据自己的实际情况选择适合自己的舞蹈。

（1）不用压腿的成人芭蕾舞

不用压腿、不用蹬脚，这种没有难度的芭蕾舞，被专业人士称为成人形体芭蕾舞。这种芭蕾舞是专门针对喜欢芭蕾舞却从没有经过专业训练的成年人设计的，修形且运动量不大，特别受到喜欢古典美的女孩子欢迎。

《天鹅湖》那些经典的古典芭蕾舞中，一定会包含蹬脚、压腿这些芭蕾舞基本的动作。而成人芭蕾其实就是学习蹬脚和压腿以外的所有动作，也包括旋转和跳跃。

成人芭蕾舞在短短一两个月的时间就可以迅速学成，最开始练习时，对劈叉和蹬脚都没有太大要求，练得时间久了，也就能做一些有难度的动作了。

（2）丰富多彩的民族舞

民族舞泛指产生并流传于民间、受民俗文化制约、即兴表演但风格相对稳定、以自娱为主要功能的舞蹈形式。受生存环境、风俗习惯、生活方式、民族性格、文

化传统、宗教信仰等因素的影响，以及受表演者的年龄性别等生理条件的限制，不同地区、国家、民族之间的民间舞蹈，在表演技巧和风格上有着十分明显的差异。民族舞具有朴实无华、形式多样、内容丰富、形象生动等特点，历来都是各国古典舞、民间舞、宫廷舞和专业舞蹈创作中不可或缺的素材来源。

（3）帅气十足的街舞

街舞，也称 HIP-HOP，起源于美国基于不同的街头文化或音乐风格而产生的多个不同种类的舞蹈。街舞因其轻松随意、自由本性和反叛精神而受到年轻人的喜欢。现在的街舞，在过滤掉原有街头舞蹈的痞味和浮夸之后，也受到了越来越多人的接受和喜爱。

街舞的每个动作都有着很强的爆发力，由各种走、跑、跳组合而成，并通过头、颈、肩、上肢、躯干等关节的屈伸、转动、绕环、摆振、波浪形扭动等连贯组合而成的。街舞在服饰装扮十分中性化，音乐选择上也很前卫。

（4）火辣性感的钢管舞

近年来才流行的钢管舞是利用钢管为道具，综合爵士舞、现代舞、民族舞、芭蕾舞、瑜伽、肚皮舞、拉丁舞等各种不同风格舞种，又集合杂技、艺术体操、健身类别的运动而衍生出来的新型舞蹈。钢管舞特别适合那些追求性感的人群尝试，即使离开钢管，举手投足间也会不自觉地融入一份魅力。

钢管舞的难度在于，这种舞蹈分成杆上技巧和杆下舞蹈动作两部分。杆上技巧可以让身体中的每一块肌肉得到运动，特别是手臂、大腿、臀部、腰部；杆下舞蹈动作，结合了爵士舞、肚皮舞、芭蕾舞等多种舞蹈元素。

🎤 **金话筒提示**　**需要注意的是，在才开始练习钢管舞时，身体很容易产生淤青，那些不常锻炼的部位会特别疼痛，但过了这个阶段后，会发现自己在力量上有所增加，但手臂却没有长出硬硬的肌肉，在做有难度动作时就会感到轻松许多。**

（5）神秘的肚皮舞

肚皮舞是一种带有阿拉伯风情的舞蹈形式，这种舞最早流行并不是作为一门舞蹈艺术，而是一种娱乐。肚皮舞是较为女性的舞蹈，其特色是舞者随着变化万千的快速节奏摆动臀部和腹部，舞姿优美，变化多端，彰显出一种神秘的美感。与钢管舞相比，肚皮舞暗藏性感，更适合喜欢神秘色彩、喜欢幻想、含蓄的人。

6. 哪些乐器可以快速学会

会乐器的主播显得比较有魅力，也会吸引更多的粉丝。很多主播想学习一种乐器来展示自己的才艺，但又担心太复杂学不会。其实，有些简单的乐器是可以快速学会的，而且也具有独特的魅力。

（1）陶笛

陶笛是一种用陶土烧制的便携式吹管乐器，如图 7-5 所示，它属于笛子的一种。

陶笛的形状、大小各异，因外形、大小、材料的不同，陶笛的音色也会有所不同。这种乐器的音色优美，小的陶笛的声音清脆嘹亮；大的陶笛的声音低沉婉转。

陶笛属于大众普及型乐器，价格低，简单易学，入手快，即使没有音乐基础的人，依照相应的陶笛曲谱，经过短时间练习，也能吹出令人满意的曲子，如《故乡的原风景》就是著名的陶笛音乐。

尽管陶笛属于大众普及型乐器，但它有极强的音乐表现力和渲染力，对于初学者来说是一个非常不错的选择。陶笛常见的有 6 孔，12 孔，还分高音陶笛、中音陶笛、低音陶笛，初学者购买时最好选择中音陶笛，C 调或 F 调皆可。

（2）口琴

口琴是一种用嘴吹起或吸气，使金属簧片振动发声的多簧片乐器，因其小巧的体积被称为"口袋里的钢琴"，在乐器分类上属于自由簧的吹奏乐器，如图 7-6 所示。

口琴主要分为复音口琴和布鲁斯口琴等几种。其中复音口琴音域广，但不能演奏有半音的曲子；布鲁斯口琴音域窄一些，吹奏方法复杂，但能演奏有半音的曲子，还具有压音、超吹等多种表现方法。这两种口琴各有特色，建议初学者选择复音口琴，入门后再练习布鲁斯口琴。

（3）尤克里里

尤克里里即夏威夷小吉他，是一种四弦夏威夷的拨弦乐器，如图 7-7 所示。尤克里里因其简单易学，琴弦柔软，而成为不少乐器初学者选择的对象。

购买尤里克克时，不要盲目追求高价。尤克里里价格区间在几十元到上千元不等，建议初学者选择一款价位在 300～500 元的尤克里里比较合适。切记不要贪便宜选择价格过低的尤克里里，低价尤克里里音质较差，弦也容易走调。其次是选择尤克里里的大小，目前尤克里里主要有 21 寸、23 寸、26 寸三种尺寸，女主播一般选择21 寸或 23 的较多，男主播则应选择 26 寸。

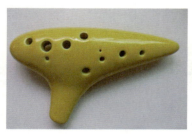  

图7-5 陶笛　　　　　　　　图7-6 口琴　　　　　　图7-7 尤克里里

尤克里里的入门是比较简单的，特别是弹唱，也就是边唱边用尤克里里作伴奏。伴奏的和弦很简单，有所谓的"无敌四和弦"之说，也就是学会四个和弦就能为很多歌曲伴奏。如果想学会尤克里里指弹，也就是演奏曲子，则需要花一定的时间来深入学习。通常购买尤克里里的时候商家也会赠送一套教程，跟着教程学习即可。

7.5　颜值时代，主播要有外在美

作为一名网络主播除了要有才华以外，颜值也是为其加分的关键。主播的妆容和服装将给观众和粉丝带来最直观的视觉感受，不管直播的节目风格和类型如何，一个精致的妆容再加上精心选配的服装，都将为自己的直播带来更好的效果。下面将针对网络主播的妆容和服装搭配进行专门的讲解，向新人主播们介绍一些关于化妆和服装搭配的知识与技巧。

1. 主播应该知道的化妆基本常识

对于零基础的人，想要学习化妆，可以从较为简单的化妆基础出发。脸部底妆的修饰是整个化妆的关键，虽然修容软件炉火纯青，但是动态视频上会将主播脸上的斑点，痘印等放大，因此建议主播们至少备两种深浅不同的粉底。

- 基础打底：主播们最好选用遮盖度中高的粉底，让肤色自然白皙无瑕。
- 深色粉底：涂抹于额头侧方（太阳穴上），鼻翼两侧，咬肌。
- 浅色粉底：涂抹于眉骨，眼侧下，鼻梁，唇间。

对于大多数人来说，画眉毛是很不容易的，但是画眉毛又必须要在眼妆之前进行，因为眉毛可以界定眼睛的范围，并且可以强调眼部。

- 颜色：根据发色挑选，一般以棕色、灰色居多。
- 画法：先用眉笔勾出整体形状，再使用眉粉或染眉膏补充完整。
- 长度：保持尾端和眼角，嘴角成一条直线即为最佳。

鼻翼外眼角及眉毛末梢这三个点通常在一条线上，画眼影的重点就是眼影应在这条线内画，如果画太多眼睛就会显得有一点忧愁。

- 画法：采用"层层递进"的画法，一次擦一点，慢慢加深。
- 颜色：眼影的颜色可以根据穿衣风格来确定。若服装鲜艳，眼影颜色就要柔和；若服装颜色偏暗或偏深的时候，眼影就应该活泼。
- 技巧：调和颜色种类和明暗度非常重要。浅色，深色或不发亮这类明暗度较低的眼影可以用来平衡眼部突出的部分，也可以修饰眼睛的形状；而白色、淡色、亮色这类明暗度较高的眼影，则是以对比来强调深陷的部位，或是衬托影的部分。
- 主播有一个自然的唇形，能给人明朗愉快的感觉。对于日常装扮，棕红色或褐红色唇膏非常适合，处处散发着健康美。
- 唇膏颜色：唇膏颜色可以根据服装，指甲油颜色挑选，但也要与眼影腮红协调（选用同色系为宜）。
- 技巧：唇部较厚的部分可使用与肤色相同的粉底打一层底妆，唇膏平行于唇线内侧涂抹。

直播室里由于灯光偏亮的原因，有可能会让肌肤白皙的主播们看上去没有气色，腮红的修饰刚好可以弥补这一点，此外腮红也可以很好地帮助修饰脸型。

- **挑选**：腮红一般分为粉状、膏状、水状，通常使用粉状腮红，因其容易掌握。
- **画法**：最简单的画法便是采用"微笑苹果画法"，在笑肌处扫上腮红，通过由外向内打圆的方式涂抹。
- **颜色**：粉色系腮红适合皮肤白皙者，橘色系腮红适合肤白、偏黄者，棕色系腮红适合肌肤暗沉者。

2. 主播的着装要求

观众从主播的手势、眼神、表情等，可以了解主播的思想感情。而主播的衣着打扮不仅能直接衬托或显示出自己的身姿，还能给观众以美的感觉，并且也不同程度地折射出自己的内在心灵。因此，网络主播们在服装的选用搭配上绝不可掉以轻心。那么，主播的着装打扮应该达到什么样的要求呢？

（1）服饰要符合自己的体形

主播的服饰过长、过短、过松、过紧，都会分散观众的注意力，因此主播的服饰必须符合自己的体型。

（2）符合自己的身份

有一位著名电影演员曾主持过一个200集有关电影的专题节目，整个节目内容都很好，然而由于忘记了自己已从演员转换为节目主持人这一角色，每一集换一套衣服，在从头发到耳朵、脖子、手腕、衣服上，都挂着各种各样的装饰品，招摇过市，耀人眼目。遗憾的是整个节目并未因之而增色，反而影响了主持效果。所以每一个网络主播必须要清楚地知道自己在直播中所扮演的角色，合理的选择符合自己身份特征的服饰，这样才能在直播中达到更好的效果。

（3）要符合自己的年龄

中央电视台的著名节目主持人沈力主持节目时能使"老者安之、朋友信之、少者怀之"，给观众留下了端庄持重、典雅亲切的美好印象，这与其穿着适合自己年龄的素淡简朴的服饰不无关系。然而，大家也常看到一些早已跨入中年的影视明星，也许是为了能在观众心目中永远保持她年轻时的形象，在客串主持节目时着装过于夸张，结果适得其反，让观众看了觉得很不顺眼，效果自然就大打折扣了。

电视节目主持人在主持节目时需要选择符合自己的年龄的服装，当然网络主播也不例外，选择合适自己年龄的服装，会给观众在心中留下一个良好的印象。

（4）要符合节目的要求

网络主播的着装还应符合节目的要求，根据直播节目的特性来选择合适自己的服装。例如做一些重大的或者专业性较强的直播，主播的着装就应该以简洁庄重为主；做娱乐直播，观众们更在乎主播的形象展示，因此主播则更应该注意着装的美感；而做游戏或者户外类的直播，主播的着装则可潇洒随意些。

7.6 培养相关的专业能力

直播行业的蓬勃发展，使得越来越多的优秀人才不断加入网络主播的行列当中，随着主播数量的不断增加，整个直播行业对主播们的专业能力也提出了更高的要求。主播们要想赢得更多粉丝的喜爱，获得高额的收入，除了掌握播音主持技巧、语言沟通能力以外，还需对社会热点事件有合理独到的见解，掌握妆容打扮、游戏竞技等各项技能，从而多维度的提升自己的专业能力。网络主播在专业能力的提升上可以具体从以下几个方面入手。

1. 培养正确三观

网络主播也是舆论引导者，应该遵守国家相关法律法规的规定，直播过程中的言论必须符合规范。在网络直播行业发展的早期，一些想要迅速成名的主播，乘着行业发展的东风，在直播过程中，宣传一些社会主义核心价值观相背离的负能量，造成了很不好的社会影响，给整个直播行业抹黑。

因此，主播们应该加强学习，提升素质，熟知国家相关法律法规，培养正确三观，在直播过程中利用规范的表达方式向观众传递正能量的内容，使自己能够成为一名高素质的网络主播。

2. 合理"解放天性"

"解放天性"是表演艺术领域的一门必修课，它的目的主要是为了让表演者能够真实、自然地展现自己。网络主播是一个综合能力很强的职业，主播一个人常常要面对线上数万人、几十万人甚至上百万人的观众，并且实时与线上观众交流互动。因此，网络主播们更需要在直播过程中真实、自然地表达自己，根据直播人设的需要，准确生动地表情达意。而合理"解放天性"要求主播们做到适时表演，适可而止。不能像脱缰野马一样不受束缚，应该符合直播内容表达的需要。

3. 规划直播内容

主播可以从自身最擅长的方面着手，以形式多变的态势规划自己的直播内容。主播还可以观察不同风格播音员主持人的主持，参考各类电视节目、影视作品、游戏等视频内容，学习其他媒体的传播方式方法，并将其适当创新之后融入自己的直播内容中。

4. 优秀的表达能力

清晰、有条理地叙述和富有逻辑地评价，挥洒自如的肢体动作等，这些都是对主播专业能力的展现。即兴口语表达是贯穿主播整个直播过程的一个必备技能，也是对主播表达能力、应变能力等内容的一个综合考验。

即兴表达最好做到生动幽默，富有深意，具有启发意义。要形成优秀的即兴表达能力，在于日常点滴的知识积累，长年累月的训练。因此，主播平时要多关注时事新闻，提升自己的文化知识水平，在遇见问题的时候才能有相应的观点和看法。

主播日在平时也可以多进行一些说话训练，例如设定一个题目，有针对性地开展即兴口语练习。

主播在直播过程中除了要善于即兴表达，还要善于借题发挥。直播过程中的人、事、物、情，都可以是"题"，"题"也可以是直播的主题，围绕这些"题"来开展直播，既是对直播主题的把握，也是对直播中心思想的强化。主播合理针对直播过程中的一些有助于点燃气氛的事件进行发挥，也能给直播营造一个很好的人际交流环境。

总之，要成为一名优秀的网络主播，除了掌握传统播音主持方面的基本功之外，还要对直播设备的选择调试、直播间的布景布光、线上线下互动等涉及的直播技术和手段进行学习和提高，更重要的在于日常的学习积累和知识储备，这样主播们才能在直播的过程中做到游刃有余，对各类突发情况应对自如，从而达到最佳的直播效果。

7.7 培养优秀的语言能力

语言是人类最基本的交流工具，主播们需要随时运用口头语言艺术和观众交流对话。语言可以说是主播最基本的业务技能，是衡量主播水平高低的重要尺度。那主播应具备怎样的语言能力呢？

1. 语言表达要通顺流畅

主播说话要口齿伶俐，表达清楚。如果说话吞吞吐吐，语流滞涩，前言不搭后语，会让观众无法明白自己要表达的意思。主播们要想做到语言表达通顺流畅，就一定要勤于锻炼自己语言和语流上的基本功，要言语有心，言语用心，加强自己吐字归音的基本功训练，注意把话说好、说通、说顺、说巧、说妙。

2. 语言表达要拥有严密清晰的逻辑思维

主播在言语表达最忌讳的就是生搬硬套、张冠李戴，更不能看似口若悬河、滔滔不绝，实则空洞无物。作为主播，在说话时一定要做到心中有数，要刻意培养出自己缜密的逻辑思维，使脑中思路清晰、条理清楚，以利于更好地表达，更好地与观众沟通与交流。

3. 语言表达要有自己的特色，要富有感染力

主播与观众的交流主要是一种情感上的沟通与交流，因此主播的语言一定要富有感染力，才能吸引和打动观众。那么如何使语言富有感染力呢？首先，语言要平实自然；然后在此基础上，根据当时氛围下的语言表达需要，可以适当运用夸张、含蓄等语言表达方式；同时还要注意掌握一些语言表达上的技能，如分寸、节奏、语气、重音、停连等。

4. 语言表达要注意分寸和节奏

语言表达的分寸是要求主播通过语言表达，和观众像朋友一样平等交流。既不能和观众之间的心理距离拉得太远，去居高临下地说教；也不能和观众的心理距离太近，这样主播就无法起到引导者的作用。作为主播，语言表达要亲切自然、随和真诚。如果语言表达的分寸把握得体，就会出现主播与观众相互情绪的激发、感染、交流与共鸣，就能增进自己与观众之间的联系；反之，分寸若把握不得体，就会出现情感沟通的阻隔与断裂。因此，主播们一定要将自己摆在一个正确的位置上，使自己能够较好地掌握语言表达的分寸。

主播在语言表达上除了要注意分寸外，还应注意把握语言表达的节奏。当语言表达的节奏掌握得恰到好处时，会收到提高观众期待的效果。语言表达的节奏如果掌握不好，会让观众觉得主播的语言的干涩而毫无生机，也自然无法引起观众的兴趣。

5. 语言表达要灵活善变

网络直播作为一项直播节目，主播语言表达上的任何一点问题，都会给节目的播出带来不必要的麻烦，将会直接影响到节目的整个视听效果。因此，主持人不仅要避免自己言语表达上的不当，更要培养自己快速反应的能力，做到处变不惊，使自己直播时能够做到从容镇定、挥洒自如。

主播在直播过程中遇到了突发情况时，必须充分调动自己的主观能动性，使大脑思维处于高度运转和思考状态，从而做出迅速快捷的反应，用巧妙的语言扭转局势，化险为夷，使变故向好的方向转化。

7.8 预防主播职业病

作为一名网络主播，长时间使用手机电脑，长时间说话唱歌，都会产生一些职业病，如腰椎间盘突出、颈椎病、鼠标肩、鼠标手、视力下降、声音沙哑、身体综合素质下降等常见病。这些职业病既会对主播的正常直播造成一定影响，也会危害着网络主播们的身体健康。下面将介绍一些如何预防主播职业病，以及恢复身体健康的方法。

1. 四招预防颈椎病

颈椎病之所以是现在的常见病，是由于其广泛而错综复杂的致病因素，很多情况都可能造成颈椎病，这其中一大部分原因是和人们平时的生活工作方式紧密联系的。网络主播由于需要经常使用电脑和手机工作，再加上长时间的不正确姿势、外伤、局部组织炎症等问题很有可能会产生不同程度的颈椎疾病。那么如何预防颈椎病呢？下面就向各位主播介绍几种预防颈椎病的有效方法。

（1）正确的姿势

有条件的话，主播们应尽量改善自己的直播环境，每天长时间处在不舒适的环境中工作，任何一点不舒服长期积累下来都会被放大。具体的调整方法有：在直播时更换一个舒适的座椅；或者在座椅上加个腰垫；也可以调高电脑显示屏的位置等。

（2）选个好枕头

主播在直播工作中已经让自己的颈椎负担很重了，因此睡觉时对自己颈椎的放松就显得格外重要了。选择一款好枕头，对颈椎的保护至关重要。好的枕头不一定是记忆棉，但一定是有一定曲度和承托能力的，一定不要睡很高的枕头，要让在工作中受压迫的神经在睡觉中得到舒缓。

🎤 **金话筒提示** 一个理想的枕头应是符合颈椎生理曲度要求的，质地柔软，透气性好的，以中间低，两端高的元宝形为佳，枕头不宜过高或过低。对于枕头的选择，每个人的感受可能有所不同，但为自己的颈椎健康，千万不要怕麻烦，多试试一定能选出一个合适自己的枕头。

（3）理疗

主播们可以适当地进行一些理疗。理疗对肩颈劳损也有舒缓作用，包括推拿、刮痧、拔罐、针灸等。推荐各位主播可以买一个充气颈椎牵引器，如图7-8所示，时不时在家拉伸一下，通过充气枕的支撑，放松颈部肌肉，同时舒缓被压迫的神经。

图7-8 充气颈椎牵引器

（4）坚持锻炼

坚持锻炼对颈椎疾病有很好的抑制作用，打羽毛球就是一项比较有效的运动方式。打羽毛球的仰头加力摆臂，对肩颈劳损有一定帮助。如果在家中，可以用哑铃进行仰头摆臂锻炼，包括直立、侧卧和平躺的上肢锻炼。

2. 如何避免久坐带来的危害

由于工作的原因，网络主播常常在电脑前一坐就是好几个小时，时间一久，很多人就发现直播结束后感觉特别累。那么主播们要如何解决久坐对身体带来的这些危害呢？

（1）适当运动

研究发现，身体对同一坐姿的可承受时限为20分钟，之后就会产生不适感。所以建议主播们每隔15分钟，站立、拉伸或走动一下，1分钟应改变一次坐姿。主播们在连续工作 2 ～ 3 小时，或者一场直播结束后，应该稍稍起身运动一下，做些伸展及转头、转体运动。

工作之余，主播们应该坚持体育锻炼，可以选择如羽毛球、乒乓球、慢跑快走、游泳等比较好的运动项目。主播直播的时候要尽量将腰背紧贴并倚靠椅背，如果腰部仍有空隙，可以放置一个小靠垫，将腰部托起，这样使腰骶部的肌肉不会太疲劳。

（2）调整坐姿

主播应将座椅调高，使大腿与地面保持平行，这样可以降低对肌肉、肌腱和骨骼的压力，预防肌肉骨骼等疾病；尽量选择靠背椅，在腰部位置放一个靠枕；手、手腕和前臂应在一条直线上，使小臂放在办公桌上时肘部成直角；头部和身体须保持直线，稍微前倾；肘部应靠近身体位置，并弯曲90° ～ 120° 为宜；双肩放松，上臂自然下垂；双脚平放在地板上；椅子上最好加个垫子。

（3）垫个圈状坐垫

长久的不正确坐姿会使尾骨受伤，引起尾骨疼痛。要想减少尾骨受伤的机会，必须要少坐多动，如果已经开始感觉到尾骨疼痛了，就要想办法尽量减少或防止疼痛的地方承受压力。主播在平时坐的时候可以在椅子上放一个类似救生圈的减压坐垫，减轻患处的压力。这种中空设计的圈状坐垫，可疏散尾椎骨及臀部的压力，减轻久坐带来的疼痛。

（4）多吃有益健康类食物

对付精神上的疲倦，吃可是一个很好的手段。苹果可以帮助人们改变精神容颜，感到记忆力下降时，主播们不妨吃个苹果，休息一下。另外，因为钙拥有缓解肌肉紧张、调节内分泌的作用，所以含钙量丰富的食品，如脱脂酸奶等，也有益于缓解困乏焦躁的情绪。

主播们久坐缺乏全身运动，会使胃肠蠕动削弱，消化液分泌缩小，时间长了就会出现食欲不振、消化不良以及腹胀等症状。要想避免这些情况的出现，就必须要形成"植物化"的饮食习惯，多吃海藻类、地下根（茎）类食物、新鲜蔬菜和水果等。这些食物中含有丰盛的膳食纤维，可以增进胃肠蠕动，缩短食物通过的时间，使食物中所含有害物质接触肠黏膜的机会缩小，还可以吸附带走部分有害物质，减少毒害。

3. 向眼部疲劳说不

主播长时间直播，眼睛可能会出现疲劳、干涩、酸胀等症状。针对这种情况，下面给大家推荐几种缓解眼部疲劳的小技巧。

（1）眼珠运动法

头向上下左右旋转时，眼珠也跟着头部一起移动。

（2）眨眼法

头向后仰并不停地眨眼，使血液畅通。眼睛轻微疲劳时，只要做 2 ～ 3 次眨眼运动即可。

（3）热冷敷交替法

热冷敷交替法是把一条毛巾用热水浸湿，另一条毛巾用加了冰块的冷水浸湿，先把热毛巾敷在眼部5分钟，再交换用冷毛巾敷5分钟。

（4）眼睛体操

用中指指向眼窝和鼻梁间，手掌盖脸来回摩擦5分钟，然后脖子向左右慢慢移动，接着闭上双眼，握拳轻敲后颈部十下。

（5）看远看近法

看远看近法是指先看远方3分钟，再看自己手掌1～2分钟，然后再看远方。这样远近交换几次，可以有效消除眼睛疲劳。

🎤 **金话筒提示** 主播们如果感觉视觉疲劳、眼部不适或者感觉视力下降了，还可以做一做眼保健操，闭上双眼按摩眼眶周围的几个穴位，使眼内气血通畅，改善神经营养，消除睫状肌紧张或痉挛。

4. 别让超负荷工作毁了嗓子

嗓子是网络主播的饭碗，没有正确的保养和好的用嗓习惯，将会影响主播们的工作，因此，科学的用嗓至关重要。那么，作为网络主播日常应该如何保养嗓子，才能使声音保持弹性好、干净、饱满、表现力强的特点呢？

（1）养成保护性训练习惯

科学声音训练法，不是通过大喊来改变声音，而是通过调整肌肉的组合能力来改变声音的。因此，千万不要采用那些拼命喊叫的方式来训练声音，这样会使声带的负担过重，而且咽腔的毛细血管容易被拉破，造成出血的现象。网络主播们应该用长时间，小声发音，来达到训练的目的。

（2）适当忌食冷饮

冷食对肌肉的舒展有束缚的作用，本来发声器官的肌肉松弛状态非常好，若食入冷食，肌肉受到"冷"的刺激后，会自然收缩，从而降低肌肉的弹性，影响声音的产生和美化。

（3）保持湿润的口腔环境

网络主播平时要多饮水，这不仅是身体的需要，更是保养发声器官的重要措施。网络主播要做到不要在干燥的环境内待得太久，若有口渴的感觉应及时饮水。

（4）保持口腔温度

主播饮水时要选择40摄氏度以上的水饮用，尤其是直播开始前。同时直播室的环境，也要尽力保持正常的室内温度。

（5）注意休息

主播们声音能否正常表现出来，一个重要的原因是身体不能疲劳。主播保持直播时的活力，以充沛的活力带来声音的多元变化。如果，主播们身体疲劳，肯定会对声音的发挥产生一定影响。

（6）注意环境

汽车尾气是嗓子的天敌，主播们刚刚做完直播，口腔、咽腔内的毛细血管很容易破裂，如果这时候外出，不小心吸入汽车尾气，或有污染成分的气体，嗓子就很容易感染生病。所以建议主播们嗓子疲劳时要尽量待在空气清洁环境中，否则是很容易产生咽炎的。

（7）避免药物依赖

主播们最好不要通过药物来保护嗓子，如果养成依赖药物的习惯，嗓子则会经常出问题。但是在日常喝水时可以在水中加一些菊花、胖大海等。

5. 游戏类主播如何预防鼠标手

网络主播每天长时间的接触和使用电脑，需要多次重复地移动鼠标来完成和观众的互动，对于游戏类主播而言更是如此。久而久之手部就容易出现食指、中指疼痛、麻木的现象，这就大家俗称的鼠标手。那么，这种鼠标手该如何预防呢？

（1）保持正确的坐姿

主播们需要科学搭配椅子的高低跟电脑桌的高度以及键盘鼠标跟手臂的距离，如果这两点搭配不当，就容易产生手部的疲惫，长期下去就会引发鼠标手。最好方法是能让上臂和前身夹角保持 45 度，这样身体和鼠标的距离比较合适，否则距离过大或过小，都会增加手部的负担，手臂的肌肉持续紧张会导致酸疼。

（2）选用符合生物力学的鼠标

主播选用的鼠标大小适合自己手的大小，以感觉舒适为宜。有些比较好的生物功能鼠标，如图 7-9 所示，弧度较大，接触面较宽，有助于手指力量分散，使用起来会更舒适一些。

（3）移动鼠标不要用腕力

手部在功能位置上活动，是最符合生物力学原理，最有利于手部发挥功能的。主播在使用鼠标时，腕背伸

图7-9　生物功能鼠标

20～25 度，前臂与食指、中指指尖处于同一平面，手腕、手臂不要悬空。主播们可以选用一个柔软的手部软枕，来垫高手腕，以减轻手腕压力。移动鼠标时不要用腕力，要尽量依靠臂力以及手指，减少手腕的受力。

（4）手部要做功能锻炼

手部有许多小肌肉控制手指的精细活动，肌肉组织用进废退，长期使用鼠标，动作单一，久而久之会使这些肌肉功能减退。因此手部需要进行一些功能锻炼，要经常活动手部关节和手指，让十个指头充分伸展。也可以做一些手腕、手肘及肩膀的伸展旋转活动，来带动关节周围肌肉韧带活动，减少相应损伤。还可以自己做穴位按摩，可揉按合谷穴，即虎口，在第一掌骨与第二掌骨中间凹陷处；揉压大鱼际，

在大拇指下肥厚处。

（5）每30分钟休息一次

主播在使用鼠标时手腕处于旋转的强迫位置，时间长了会出现僵硬不适。连续使用键盘鼠标30分钟左右，最好休息5分钟，改变手的位置。可以在休息期间活动一下手腕，做一些握拳、捏指等放松手指、手腕的动作，可以疏通血液，防止关节僵硬。

6. 不要让腰椎间盘像业绩一样突出

网络主播的工作不是长时间的久坐就是长时间的站立，这两种姿势时间长都容易引起腰腿痛等腰椎间盘突出症的症状，因此大家平时预防腰椎间盘突出成了关键。以下四步能帮助主播们有效预防腰椎间盘突出症。

（1）保持良好坐姿

正确的坐姿应该是身体向后倾，颈部有扶托；手臂自然下垂，放置椅子托手；手与键盘平行；膝盖微高于座椅，保持血液顺畅运行；屏幕略低于视线。对于经常坐在直播室的主播来说，在保持正确坐姿的同时，养成良好的起身休息习惯是非常有必要的。尤其是久坐之后，应该及时起身舒展放松一下身体，使腰背的不适的感觉得到缓解。

（2）正确腰姿

在站立时，应该挺直腰背，并保持脊柱的自然弯曲。下蹲时，尽量屈膝，减少弯腰。抬物品时要贴近身体，举物不要高于胸部。

🎤 金话筒提示 对于轻微腰间盘突出患者，应该及早采取治疗措施，尽量减少弯腰动作，保持直立姿态，挺胸抬头走路，从而保持身体的正常形态。

（3）注意休息

在一定时间内减少活动，能使人从生理上和心理上得到松弛，消除或减轻疲劳。每坐30分钟左右，最好起来活动活动。长久站立时最好垫高一脚，并时不时换换脚。人在躺卧时，腰椎压力是最小的，但要注意床垫应软硬适中，太硬或太软的床垫都会伤害腰椎。

（4）适当锻炼

要想保证腰椎的持续健康，增强腰部的承重性和韧性是关键。因此，有必要进行一些有针对性的腰部功能锻炼，例如腰椎操，即把手放在背后，腰向前或向后弯。

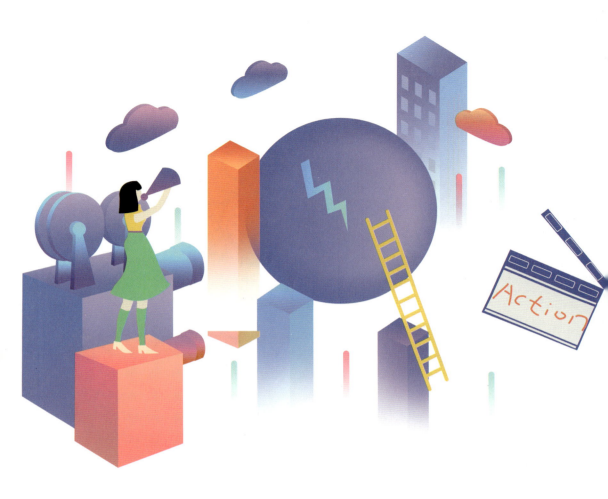

直播室粉丝 第8章
召唤与维持的秘诀

本章导读

　　在观众未进入直播间成为粉丝之前，主播应如何引导观众们进入直播间发展成粉丝呢？首先应有个正确的心态和专注力来开始直播生涯，正确的直播时间能助主播事半功倍；其次，直播间的取名、封面、分类和直播预告都起着召唤粉丝的作用。有了观众，主播们还要抓准时机通过正确的引导、喊麦、发红包等技巧来维持粉丝的积极性，从而发展忠实粉丝。

　　本章专门讲解直播室粉丝的召唤与维持，希望对主播们能起到指引作用，使其在直播的道路上创造辉煌。

8.1　用专一态度来面对粉丝

《猴子掰玉米》是每个人熟知的寓言，形容做事情要专一，不能三心二意。否则，最后将会什么也做不好，什么也得不到。

部分主播在开播初期，没有进入公会，个人也处于比较迷茫的状态。针对眼前形形色色的直播平台，总感觉正在直播的平台不够好，粉丝不够热情，难免考虑多个直播平台的策略。于是就上演了猴子掰玉米的故事，每个直播平台都有为数不多的粉丝。虽然把粉丝加起来数量也不少，但是分散在各个平台上，起不了"量变到质变"的作用。

有的主播为了实现多平台直播，就提前录好直播内容，放在各个直播平台上，认为反正都是自己的真人录制，问题应该不大。但就是这样的想法造成了粉丝的流失，试想直播平台的重心在于沟通和交流，会有人喜欢坐在镜头前自说自话，不和粉丝交流的主播吗？

有的主播会说，没关系，时间多，可以选择在几个直播平台来回切换。这真的是一个好技巧吗？部分主播是以兼职的形式存在的，没有多余的时间来实现多直播平台的切换；即使是全职直播，愿意把除去睡觉吃饭以外的时间都花在直播上，毕竟一个人的精力有限，试想在几小时内，要在多个直播平台里重复同样话题的同时，还要兼顾其他直播间的粉丝和开播时间等。如此一来，主播能确保每个直播平台上的事情都能处理好吗？

做好十件小事不如做好一件众所周知的大事。专注对主播来说真的很重要，在有时间的前提下，可用来做直播前的准备工作，为在固定的时间段和直播平台上把今天的直播做到完美。切忌浪费时间和精力，在各个直播平台间来回切换。

8.2　找准高峰直播时间，人气会更旺

根据极光数据研究院相关调查时间显示，各类直播间的用户活跃时间不一，如图 8-1 所示。但是总的来说在 13:00 ～ 23:00，用户活跃度较高。特别是在晚饭后的一段时间，是直播用户数量到达巅峰的时间。

主播们要把握好最有效的时间，表面上看起来在用户人群集中的这段时间里直播能加大被粉丝看到的机会。在这个时间段，用户多，用一个大饼来表示集中的用户人群。饼大，吃饼的主播也多。

新手主播粉丝量小，即使用户人群集中，也都被热门主播吸引了去，小主播被关注的概率小之又小。如此一来，要如何找到技巧去掌握好直播的时间呢？举个例子，附近有两个大型超市在跨年当晚进行大促销活动，折扣大、物品种类繁多。在活动开始当天，两个超市都门庭若市，而周边的超市自然就不起眼了。但是到了晚上22点，大超市关闭的时候还有很多意犹未尽的人群，会被分散在各个小超市里。这就是一个分流现象，如图8-2所示。

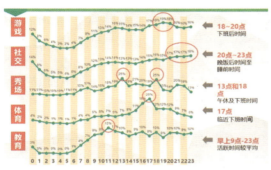

图8-1　直播间用户活跃时间

图8-2　分流现象

对于直播间的人群也是一样的，热门主播的粉丝量稳定，但是直播的时间有限，通常在凌晨后就很少有热门主播的踪影，也恰好是这段用户分流时间，可以将从热门直播间里出来的粉丝吸引到自己的直播间来。粉丝量较小的主播们可以抓住这个机会，好好展现吸粉。

🎙 **金话筒提示**　**初入直播门的新手主播可能比较随意，没有定期的开播时间，这是一个特别大的错误点。即使条件有限，不能长时间在直播间里，也一定要把直播时间固定下来，例如每天的22点～次日凌晨1点，有特殊情况可以提前告知粉丝。切记，在直播时间上不能太随意。**

8.3　正确的心态决定粉丝量

做任何事都需要一个正确的心态。网络主播是一个综合能力很强的职业，需要独立完成一档节目或活动中的策划、编辑、互动等工作。不可否认，网络主播这个行业，肩上的担子很重。适当的自信心和满足感有利于主播和粉丝的交流，但是过于自负则容易引起粉丝的反感。因此，主播们应该有个良好的心态和正确的心态来面对粉丝。

很多人在做事之前都会考虑自己为什么要做这件事？大部分主播开始直播生涯的目的很明确，就是挣钱。当然，极少部分的主播由于比较喜欢展现个人才艺或乐于分享，抱着希望自己得到网友认可的心态开通了直播。

站在粉丝的角度来想，他们不会考虑这个房间的主播是由衷地想展现才艺还是想捞金。粉丝们只关心在直播间的这段时间是不是愉快的，精神上有没有得到一定的满足。更直白地说，网络直播室一个服务行业。无论主播的目的和出发点是什么，都需要正确看待自己的心态，在直播间里需要主播们更好地服务于粉丝，而非粉丝来取悦主播。

以经济利益为目的的主播尤为需要注意，既然直播能为自己带来经济效益，说明这是一份工作。现实生活中，没有任何一份工作是随心所欲的。在主播这份工作中，主播自己就是老板，为自己办事，是否应该更努力呢？可以多想想，自己能为粉丝做什么。

除了有服务心态，主播们还应该有以下几种心态为自己的主播事业锦上添花。

- 学习心态。优点和缺点并存，主播们应该放低心态，多学习为自己补充能量。只有多学习、多进步，才能适应社会的发展。
- 感恩心态。不要对敌人抱有太多的怨言，正确的竞争能使自己有更大的成长。
- 积极心态。事物都是相对的，直播过程中难免遇到消极的事物，要正确面对和处理，保持积极乐观的一面才能为粉丝带去更多的欢乐。
- 付出心态。有舍才有得，不要斤斤计较自己的付出。常把"省时""省力""省钱"挂在嘴边的人，说不定把成功也省了。
- 坚持心态。无论什么事，都贵在坚持。在直播中，粉丝不是一两天就能积累下来的，需要更多的时间去和粉丝培养感情。

8.4 取好名字让粉丝记住你

如同新生婴儿的取名，父母绞尽脑汁也要找到一个伴随婴儿一生的好称谓。这个称谓并非信手拈来，它不仅寄托了父母对孩子的希望，也是一种文化的体现。不仅仅是人类，任何事物都需要一个名字，用来代表其特殊性。

对于主播来说，一个好的名字不仅能第一时间吸引粉丝的注意力，也决定了后期的粉丝能不能记住该主播。因此，在开播前，主播的取名也尤为重要。

主播取名的第一要点是要简单，没有人愿意为了一个名字去翻字典，主播名字里尽量不包含生僻字。还需要注意的是火星文和特殊符号，本来名字的文字都属于干净利落的字符，个别主播为了突显自己的特殊性，硬生生地在名字里加入火星文和特殊符号。不得不说，此类做法不可取，不仅不能和预想的一样突显自己的特殊性，还给人一种幼稚、非主流的感觉。

提到简单，很多主播又容易进入另外一个误区，为了简单，很随意的取名。以至于粉丝认为这个主播还不错，去网页上搜索一下这个主播的事迹，结果一经搜索全是与该主播无关的其他人或事。取名的时候不仅需要简单，更需要唯一性。不要单独使用常见的名词，这样很容易给粉丝造成混淆，也不利于搜索引擎的收录。

🎤 **金话筒提示**　"papi 酱"这个名字对于大多数人来说都不陌生，名字里没有生僻字，在搜索时也不会出现其他和"papi 酱"无关的人物和事物。papi 酱不仅名字取得非常好，其特色还在介绍名字后加上画龙点睛的后缀"我是 papi 酱，一个集美貌与才华于一身的女子"。

　　名字的长短也有讲究，太长的名字会增加粉丝记忆和搜索的难度。因此在取名时建议在 6 个字符内，可由中文或中英文组合而成。简短易记的名字让人读起来朗朗上口，便于粉丝的记忆。

　　最后一个重点是关键词的提取，这个关键词尽量是和节目风格有一定联系的。可以是地名、分类名或平台名，能让粉丝在第一时间从名字里读出和直播内容相关的信息。也可以在名字中含真名，例如：斗鱼李火火、电影解说安安、云朵朵这样简单上口的名字。

🎤 **金话筒提示**　起名的时候注意不要莫名其妙地踩雷，例如加地名的时候不要有隐含歧义在里面，不然给自己带来负面影响。另外还需要注意名字一旦生成尽量不做修改，频繁更名，不利于粉丝记忆。

8.5　给你的直播间取一个好名字

　　前面讲过给主播取个好名字，这里讲述的是给直播间取个好名字。和主播名字不一样的是，直播间的名字应及时修改，营造出更多引人注目的点。如图 8-3 的 YY 直播和图 8-4 中的花椒直播，在每次开播前都应该为该直播间命名。不同的直播间名称提出的重点都不一样，图 8-3 的直播内容主要为一个猫的生活，而图 8-4 则更多地强调在圣诞节前后，直播间将举办某活动。

　　由此可见，直播间的名字直接影响了进入主播间观众的选择，所以为自己直播间取一个响亮的名字是必要的。这个名字需要时常更新，且和直播间的内容息息相关。

图8-3　YY直播取名　　　　　　　　图8-4　花椒直播取名

8.6　这样的封面才吸睛

很多网友都属于视觉群体，通常都是通过封面来判断是否进入该直播间。可见，封面对粉丝的获取尤为重要，主播们应该学会根据自身的条件，拍摄出最引人注目的封面。但是仅仅是美化自己的照片作为封面就可以了吗？网络上对于主播的封面也是众说纷纭，其中具有代表性的网友提出主播封面与主播真实样貌严重脱节，严格说来算是欺骗网友。因此，一张好的封面不仅要给人美感，还要和自己出现在直播间的样子没有明显差别。

不同的直播平台对封面的要求不一，总的来说封面中尽量不出现下列情况：

- 主播着装过于露骨，露出身体隐私部位。
- 主播使用他人照片或头像，给粉丝造成误解。
- 主播动作不雅，或主播抽烟、喝酒的照片。
- 封面中存在明显使用特效的痕迹、造成五颜六色的光晕效果。
- 封面中不露脸或露脸效果模糊。
- 使用风景、动物或卡通照片作为封面。
- 不在封面中出现欢迎语或联系方式等广告字幕条。
- 直接使用二维码作为封面。

因此，一张符合规定又能吸睛的封面应该是如何制成的呢？

在每次主播前都应更新封面截图，这张照片是眼睛直视摄像头的高清明亮真人近照。照片拍摄好后可以使用PS等软件进行修饰，但忌讳修饰过度以至于和本人判若两人。图片的比例要正确，不能过于拉伸导致变形。背景的选择则是越简单越好，可以适当装饰，忌讳背景过于繁杂抢镜。

如图 8-5 和图 8-6 的封面对比，明显看出图 8-5 更令人赏心悦目，让人看起来有点击进直播间的欲望。而图 8-6 的背景过于花哨，假花的元素不仅没有起到很好的作用，倒是给人画蛇添足的视觉效果；多种颜色的碰撞，传达了一种不上档次的信息；最主要的问题还在于摆拍气味过重，看上去就是照相馆的效果。

图8-5 令人赏心悦目的封面　　图8-6 过于花哨的封面图

🎙️**金话筒提示**　在背景无法选择的时候，可以通过虚化处理杂乱的背景来突显人物。虚化的同时，要确保人物衣着干净。封面照片截取时，不宜选择浓妆艳抹的妆容。

8.7　正确分类直播，被更多粉丝看到

图书馆的书籍有成千上万种，但是大家在查阅相关书籍时都能快速找到，为什么？因为书籍分类很科学。如何让粉丝在诸多粉丝中找到自己感兴趣的直播内容呢？还得靠主播有个正确的分类。每一个主播平台都有详细分类，如图8-7所示为斗鱼直播平台的分类，从图中可看出仅仅是游戏的分类又分为：英雄联盟、绝地求生、DOTA2等。

图8-7 斗鱼直播分类页面

在此提醒各位主播，如果之前的分类不正确，要及时更改。例如直播在户外钓鱼，并回家烹饪鱼的过程，这样的内容分类可归类于户外，同时也可以归类于美食。主播在分类时可选择尝试不同的分类，查看粉丝的喜好结果。如果喜欢户外的观众较多，可选择长期分类在"户外"下；如果喜欢美食的观众居多，则可将分类修改为"美食"。主播应灵活处理分类的问题，找到最吸引粉丝的分类。

8.8 巧用直播预告吸引眼球

初入直播门的主播们粉丝量较小，也就导致网友在众多主播里很少能注意到这类主播。如果没有一定的技巧和粉丝，就会如同一个死循环：粉丝少导致不能上热门；不能上热门减小被网友看到的机会，导致粉丝量少。如何化解这一尴尬局面呢？需要主播们巧用直播预告来吸引粉丝眼球。

在一部电影上映前，通过发布会或电影预告等方式有诸多和观众见面的机会，以此吸引观众，加大票房。在直播中依然可以用这个方法来吸引观众，目前来疯直播和易直播等直播平台已支持直播预告的发布，在直播开始前就在做吸粉的准备工作，自然能加大被观众注意的机会。

下面通过易直播的直播预告设置来告诉主播们如何发布直播预告。

第1步：打开手机端"易直播"APP，①点按"首页"页面，如图8-8所示。

第2步：②点按页面上方"预告"超级链接；③点按"我要发预告"按钮，如图8-9所示。

图8-8 易直播首页

图8-9 "我要发预告"页面

第3步：①填写预告标题和直播时间；②添加相关封面和综合预告详情等信息；③点按右上角的"发布"按钮，如图8-10所示。

第4步：重新跳转"预告"页面，可看到直播预告的封面等信息，如图8-11所示。

图8-10　填写预告标题和时间

图8-11　查看已发预告信息

8.9　打开定位，让附近的人看到你

在注册各个直播平台时，会有消息提示：是否打开位置信息。这是为什么呢？因为像图 8-12 和图 8-13 中的 YY 直播和花椒直播中都有"附近直播"推荐，更容易被附近的粉丝看到。

图8-12　YY直播"附近"页面

图8-13　花椒直播"附近"页面

由此可见，主播们在直播时可以开启位置定位，便于附近的观众进入直播间。

8.10 喊麦，让粉丝躁起来

主播在直播过程中如何吸引粉丝的注意？可以从喊麦入手。这里先认识两个单词："Microphone Controller"，翻译过来也就是"掌管麦克风的人"，在直播中，这个人也就是主播。喊麦方式曾在天涯、知乎上饱受争议。有人说，这种类似非主流、口水话的语言和词汇简直俗到家了，不忍直视的同时也感觉接受不了；但是也有人提出这样的一句话："有人喜欢去巴黎喂鸽子，就会有人在村口逗黄狗"，也就是这样一个形象的对比表明了萝卜青菜，各有所爱。

一些才华横溢的歌手无论创作曲调，还是填写歌词，都十分优秀，确实能获得不少能人的喜欢。但是《最炫民族风》《小苹果》这样的歌曲即使没有太深的内涵，也能够红遍大江南北，说明下里巴人并不逊于阳春白雪，更加接地气反而更加容易传播开来。

喊麦也是一样，打算成为主播或刚入门的主播可能会认为自己的节目一定要有特色，不能太俗。但是，不得不说的是俗和特色并不冲突。喊麦可以带动现场气氛，能给人一种来自灵魂的冲击。

喊麦如同歌唱，只能说部分有这方面的天赋，但并非谁生来就会的。对于刚入门的主播们来说，如何做足功课，通过喊麦召唤更多粉丝呢？

1. 练好嗓音为喊麦做准备

众所周知，喊麦需要好嗓音的支持，如何去练好嗓音呢？可从以下几点出发：

（1）控制好呼吸节奏

有研究表示：正常情况下，每人每分钟呼吸16～19次，每次呼吸过程约3、4秒钟。这和喊麦过程中一口气动辄十几秒的气息完全不一样，所以需要掌握好呼吸时间，尽量将吸气的时间缩短，延长呼气的时间。表8-1是将气保持在肺部慢慢呼出的要领，主播们可以学习后加以练习。

表8-1 控制呼吸节奏要领

压声练习	要点	方法详解
深吸慢呼气息控制延长练习	学会"蓄气"	轻吸一口饱气，气沉丹田，接着慢慢地放松胸肋，慢慢呼出这口气，从吸气到呼气控制时间越长越好，反复练习4～6次
深吸慢呼数字练习	吸提，把气息往里推送，把气息向外向下同时做气息延长练习	数数：在呼气的同时轻声快速地数数字"12345678910"，反复数数字，直到这口气气尽为止，尽量多重复几次
		数枣：在呼气的同时轻声地数枣"一个枣两个枣三个枣四个枣……"，直到这口气尽为止，重复4～6次
		数葫芦：在呼气的同时轻声数葫芦"一个葫芦二个葫芦三个葫芦……"，直到这口气气尽为止，重复4～6次

续表

压声练习	要点	方法详解
深吸慢呼长音练习	气息的练习，声音开始逐步加入	以练气为主，发声为辅。男生在呼气的同时选择一个中低音区，发"啊"音；女生在呼气的同时选择一个中低音区，发"咿"音。一口气托住，声音出口呈圆柱形波浪式推进，能拉多长拉多长，重复练习
托气断音练习	练习声、气各半，双手叉腰或护腹，由丹田托住一口气到额咽处冲出同时发声，声音以中低音为主，有弹性，腹部及横膈膜利用伸缩力同时弹出	一口气托住，呼气的同时嘴里发出"劈里啪啦，劈里啪啦……"直到这口气将尽时发出"嘭一啪"的断音。重复4～6次
		一口气绷足，采用先慢后快的节奏发出"哈工哈"（慢）和"哈，哈，哈……"（快）锻炼有迸发爆发力的断音
		一口气绷足，采用先慢后快地发出"嘿一厚、嘿一厚"（慢）和"嘿厚，嘿厚……"（快）直到气力不支，重复练习

（2）练习气、声、字

气、声、字三者相辅相成，需要把三者结合起来。其中字是三者的中心，关联着声和气，因此可用汉语拼音的方法把字头、字腹、字尾放大放缓，以字练声，然后加快，同时练嘴皮子和唇齿牙舌喉的灵活性。

想要结合三者，可以从文字的练习来加大对唇音、齿音、舌音、喉音和十三道辙字音的练习。网上有很多这方面的练习文字，主播们可以去查阅相关资料进行练习。

🎤 **金话筒提示** **唇音练习文字：**

八一百一标一兵一奔一北一坡一

北一坡一炮一兵一并一排一跑一

炮一兵一怕一把一标一兵一碰一

标一兵一怕一碰一炮一兵一炮一

（3）吟诗、吟唱练习

保住好听的嗓子并不是盲目跟随他人的脚步，而是通过吟诗和吟唱的练习，能挖掘属于自己的嗓音。建议在吟诗和吟唱时都不用加以伴奏，加大演唱的难度，用气、音、字垫底，循序渐进，练习嗓音的有实性。

既然是练习，则有多种风格的诗词可供选择。根据场景的不同和时间的不同，可以选择不同的诗词来表达心境。吟唱的风格也可以多重选择，从而找到最符合自己气质的吟唱念白。

（4）弧形气声练习

这种发声技巧，就像一个弹性球，掉下去又弹起来，气息和声音推出形成一弧形线，弧形气声练习的要领是控制好气息和音量，运好气息和字符，用最佳的音色表现出环环相扣、相得益彰的感觉。这个练习的难点在于，特别容易出现岔音，因此要多多练习归音和归韵。

（5）爬音阶及高难音练习

如何克服喊麦中的高难音？虽然说音色是因人而异的，但是都忌讳用尽大力气去喊叫，也就是胡喊、乱喊。高难音讲求的是音调的高而非语气上的狂躁。主播们可以根据自己的实际条件多去摸索适合自己的爬音阶及高难音练习。

2. 喊麦基本教程

可能有人自己在练习过程中会提出疑问，以前看到的主播们喊麦的时候看起来毫不费力，为什么自己喊起来感觉十分吃力，是不是自己不适合喊麦？其实喊麦和唱歌有异曲同工之妙，出现在大众眼前的歌手并非都是生来的好嗓子。只能说，天生好嗓子的，如果想唱好歌，稍加练习即可；对于天生没有好嗓子的人，多花时间找到技巧也能成为歌手。喊麦也是一样的，没有适不适合，只有喜不喜欢，主要是自己是否愿意花时间和精力去钻研和练习。

首先，压音是喊麦过程中必不可少的功课。压音的目的在于让自己的声音在喊麦过程中给人更加霸气和完美的感觉。压音的要领在于自己感觉不会很吃力，切记不要刻意把声音压得很假，在音调高的时候，压低一点就好。

在喊麦前需要通过快吸快呼 15 下来开嗓，喊麦过程中要注意运气均匀、学会大气和小气的切换。同时也要注意音量条的拉法，在随意时和高潮时要用不同的音量条来表达，特别是在高潮暴鼓点的时候，高低起伏才能更好地引爆现场的氛围。

喊麦中重要的还有一点是曲子，对于一曲不熟悉的曲子，无论是谁都不能保证这首歌最嗨的地方在哪里。因此在喊麦之前一定要熟悉曲子，多听几次，才好斟酌哪里该喊，哪里该停顿，找准旋律和拍子十分重要。

其次是麦词，有的主播翻来覆去都是重复的几句，即使音色再好，也受不了循环的考验。因此，主播在平时就要多注意积累麦词，多去听一些行业中佼佼者的麦词，或多从生活中总结得出更多新颖的麦词。麦词的连贯性也十分重要，尽量不要出现麦词停顿，多次停顿容易给粉丝造成喊麦不专业的效果。

俗话说"三人行，必有我师焉"，如果身边有喜欢喊麦的同行，可以多学习、切磋。不要太自傲或自负，学习是一个漫长的过程，只有相互学习才能补足自己的劣势，成为更专业的喊麦者。

🎤 **金话筒提示** 如果身边没有喜欢喊麦的同行，可以尝试在朋友面前喊麦，切记表情和肢体语言中不能表现出紧张感。也可以把自己喊麦的整个过程录下来回放，可以发现自己不足的地方，便于修正。

最后一点就是创新，结合曲调和麦词的创新。虽然说可以学习别人的优点和风格，但是切记不要一一照搬。即使是一曲很火的喊麦歌曲，反反复复地唱也会让粉丝厌倦。

🎤 **金话筒提示**　除了掌握基本的喊麦方法，还需要注意的是每个人的音色不一样，所以在喊麦时购置的喊麦设备也是不一样的。主播最好能找准自己的音色特点，配置适合自己的音响设备和调试自己的声卡。

喊麦讲究的就是带动气氛，不管采用什么方式喊、喊什么，能喊出符合现场气氛就行。通过以上介绍的几个喊麦重点和发音技巧，多多练习，一定能成为一个控制好直播间氛围的成功的喊麦者。

8.11　用自信和肢体语言来传递最优的直播信息

一个站在演讲台上支支吾吾的主持人，不会有强大的气场来控制场面，自己想传递的信息也不能顺利地被观众接受。对于主播来说也是一样的，一个不自信的主播，无法让观众信服。因此，作为一个主播，一定要培养出自信的气质，加上一定的肢体语言，才能顺利控制直播间，将整个直播间气氛活跃起来。

1. 自信是最有强有力的催化剂

部分主播反映自认为已经准备的十分充分，不知道为何在镜头前就胆怯了起来。说实在的，这就是不自信的表现。作为整个活动的主导者，主播自己都不相信自己，还会有观众和粉丝来捧场吗？

网络直播的好处在于，绝大多数粉丝都是陌生人，主播完全不必像面对熟人朋友那样有太多顾忌。只要大胆地开口，把该展现的才艺展现出来，也不要怕出错，怕观众不接受，尽量多去表现自己即可。

失败是成功之母，假如主播展现的正好是观众不喜欢的也不要紧，正好可以总结经验反思自己，从而找到改进的方法。而不能一直打击自己的自信，要相信自己就是最优秀的主播。

2. 用肢体语言来留住粉丝

人与人之间的交流，除了语音交流之外，还可以用肢体进行交流，也就是常说的"肢体语言"或"身体语言"。表情就是一种最常用的肢体语言，对于一个主播来说，面部表情很重要。例如一个甜甜的微笑如同三月的阳光，直射观众的心里，让人感觉暖洋洋的。很多新手主播没有经验，表情动作呆滞，这也就是他们无法吸引粉丝，导致人气不够的原因。

眼睛是心灵的窗户，在直播时应保持明亮有神、友善且坦荡的眼神。某些语言可以通过眼神来传递，视线的流转要灵活且自然。不要直直地盯着屏幕，给观众留下呆若木鸡的感觉。

尽量杜绝仰着头，眯着眼蔑视镜头前的观众，或鼻子、嘴唇向上翘等表现出不耐烦的表情。主播应该在直播间里时常微笑的同时也考虑更多的丰富表情。例如眨眨眼，调皮地吐舌头或者比剪刀手卖个萌来拉近和观众之间的距离。说不定就是这些细节，刺激了观众的感官，对主播产生好感。如图8-14中的表情不一，不同的表情传递了不同的信息，也给人不一样的感觉。

图8-14　不同表情传递不同信息

8.12　给新进直播间的观众带去亲切的问候

亲切、热情的问候能够给人带来良好的心理感受。在直播间里，观众刚进来的这一小段时间最为关键，主播们应尽量在不打扰直播的情况下，对刚进来的观众进行问候，让对方感受到主播的热情。

新手主播的观众和粉丝量较小，在有新鲜血液加入时一定要表示最热烈的欢迎。时间充裕的情况下，可将观众的名字念出来，再加上欢迎词，有机会的话还可找到和名字相关的话题来留住观众。

例如，新进直播间的观众名为"南山南"，可以语气稍带兴奋地说："欢迎南山南进入某某直播间，欢迎"。肢体语言可加上拍手的动作表示强调，还可继续说道："南山南好像是首民谣歌名呢，好巧，我也蛮喜欢这首歌的"，如果正好自己能唱就随性的哼唱几句歌曲的旋律。相信"南山南"这个观众不会对主播的这场欢迎词置之不理，并且在感受到主播的亲切和倍感关注后，成为粉丝或送上小礼物也是有可能的。

当然，主播当时十分忙碌不能实现上述的热烈欢迎时，也可以选择一笔带过的欢迎。选择只念"网名＋欢迎词"；或者新进房间的人特别多，连名字都念不过来，可以选择用昵称带过。例如，在同一时间段进来5个左右的观众，网名居长，可直接说："欢迎新进来的宝宝（亲亲）们"。

🎤 **金话筒提示**　**个别网名可能存在含有生僻字的可能，这种情况下，主播停下来问问观众该生僻字的正确读音正好可以加大和观众的交流；或者时间紧迫不能询问，可用昵称（宝宝、亲亲）带过，千万不要不懂装懂，误读名字给粉丝带来不良印象。**

8.13　用好引导词，引导更多关注

粉丝关注主播的原因无非两点：其一是主播的才艺深得粉丝的心，使之想继续关注该直播间；其二就是靠主播的引导了，就像游客们抵达一个美丽的风景区后，需要导游或指引牌来告知游客们如何看到更美的景色。

主播的引导词可以和喊麦相结合，在一段激情的喊麦结束后，主播以较为缓和的语气念出引导词，一张一弛之间，最易给粉丝们留下深刻的印象。实在不擅长喊麦的主播可在表演结束后引导粉丝们关注。引导词也多种多样，主播们可以模仿当前火热的引导词。

🎤 **金话筒提示　常见的引导关注词举例：**
点关注，不迷路。
千山万水总是情，点个关注加个群。
喜欢的刷刷礼物和星星，想留下的点下关注。
美女主播不怕苦，不怕累，有礼物刷礼物，没礼物点关注。

主播在引导时需要注意频率，不能急于求成，本来直播间的在线人数就较小，不分场合的引导点击关注，不仅不能达到预想的效果，说不定还会起到反作用，使直播间的人数减少。因此，引导点关注也是门技术活，需要主播们灵活掌握使用。

8.14　找到场控帮你管理现场和吸粉

如同一个 QQ 群组管理员的角色一般，有个好的管理员群主都不用操心群成员之间的活跃度和数量。在直播中，可以找到忠实铁粉来帮助直播管理现场氛围和拉人气。

场控也称为直播间管理员。在主播遇到黑粉恶语相向，不便于给出回应时，场控的作用就体现出来了，场控可对出言不逊的黑粉给予警告或踢出直播间的处理，这就是"好人你来做，黑锅我来背"的场控。

场控的作用不仅如此，还可多多评论和发送弹幕，让直播室保持热度、不冷场，或采取其他技巧给主播带来更多的粉丝。主播在直播时可能出现设备电流声或麦声过小、无声，在主播未察觉的情况下，就需要场控在第一时间对主播进行提醒。没人送礼物时，也可由场控带动气氛为主播送礼。

是否随便是谁，都给这个场控权限呢？有的粉丝比较热情，也表现出场控的能力，但时间不充裕，可能整天在线时间只能有 1 个小时左右，这样的时长显然不行。作为一个场控要有较为灵活的处事能力和固定的在线时间，才能更好地带动现场氛围。如果仅仅是喜欢主播和维护主播，对粉丝和观众不上心，这样的场控是不合格的。

主播应对场控进行适当的管理，要求场控有足够的耐心和细心处理相关事宜。

例如在警告处理黑粉时，不能不做任何说明就禁言或踢人，不然一些不明缘由的粉丝可能会觉得场控太霸道，心里不舒服。例如，在禁止某人打字发言后可显示：【注意】管理员【某某某】禁止【某某】打字发言。【原因】某某使用脏话攻击语言，对其进行封字处理。警告时，需注意言辞，且注明规范的原因，不能给在场的粉丝带来负面情绪。

🎤 **金话筒提示**　商人长期友好合作讲求的是"互利互惠"，主播也应正确地看待主播和场控之间的关系。既然场控对自己的直播间有贡献，也确实使主播人气得到提升，可对场控进行奖励。主播不能靠着场控对自己的感情，就一味要求场而没有对场控进行回报，这种单方面的索取是不会长久的，也不会为主播带来好名声。

8.15　发红包攒人气

主播通常都有自己的粉丝群，可能是 QQ 群组，也可能是微信群。这类群里有种常见的情况，即长期不发言的"潜水员"很多。如何才能快速喊醒沉睡的"潜水员"们？"@所有人"只能叫醒能叫醒的人，对于一群装睡的人这招就不管用了。这时候，就需要一个红包来活跃一下气氛，使难得发言的群众们纷纷踊跃起来。在直播中，主播们仍然可以用这个技巧来吸粉无数。

俗话说"礼尚往来"，作为一名优秀主播应该很明白这个浅显的道理。不要吝啬自己的钱，要知道有舍才有得。现在诸多直播平台已支持主播在线发红包，现经过对花椒直播发红包的设置步骤来告诉各大主播们如何发红包来吸粉。

第 1 步：打开手机版的"花椒直播"APP，①点按"📹"按钮进行直播，如图 8-15 所示。点按左下角的"☰"按钮，得到如图 8-16 所示的界面，②点按"发红包"按钮。

图8-15　点按直播按钮

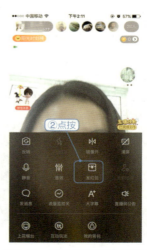

图8-16　点按"发红包"按钮

第2步：①点按点按"人气红包"按钮，②设置"触发红包人数"的数量和红包个数金额、时间等信息，③点按"发送红包"按钮，如图8-17所示。

第3步：④点按"世界"按钮，⑤设置红包数量、金额、口令等信息，⑥点按"发送红包"按钮，如图8-18所示。

图8-17　发送人气红包　　　图8-18　发送世界红包

对于新手主播来说可能会在人气红包和世界红包之间难以抉择，下面通过两种红包的对比让主播更明白什么时候发送什么红包比较合适。

■　人气红包需要设置一个"触发红包人数"和"有效时间"，这两个关键点在一定层面上加大了粉丝抢红包的欲望。例如目前在线观众为980人，可将"触发红包人数"设置为1000，观众们为了得到红包，也会将红包信息分享转发使更多观众进入直播间，在线人数迅速飙升；红包的有效"时间设置"设置时间不宜过长，时间的紧迫性容易造成观众们的紧迫感，加快进入直播间的速度。需要注意的是，人气红包需要主播将红包信息分享在微信、微博或其他地方，该红包才成为有效红包，才能被抢。

■　世界红包的是基于用户习惯和使用场景产生的。主播在派发大金额世界红包时，花椒会对全平台用户进行通知，网友可以到直播间抢红包。这可以吸引网友参与，能最大限度地吸引粉丝。

综上所述，如果主播想吸引更多粉丝进房间，建议选择发送"人气红包"。

8.16　连麦热门主播被更多观众看到

有时间的新手主播在热门直播间学习经验的同时，可混个熟脸，便于连麦来加大被观众看到的机会。以下通过几个连麦中的问题来知道新手主播应如何正确连麦吸粉。

- 连麦中最主要的还是连麦对象。对于新手主播来说，胃口不能太大，一来就去连麦在线观众上万的主播是不可取的，因为新手主播突然面对上万的粉丝，容易紧张，导致连麦时表现不佳，反而给粉丝们留下不好的印象，起不到连麦的作用。

- 新手主播在没连麦时表现不佳关系还不是很大，但是在连麦时一定要表现好，把握短暂的时机来吸粉。在连麦时要重点突出自己的主播特色以及直播间的入口信息。

- 连麦的时间上也有选择性。在一场直播开始时就要求连麦效果不好，因为这时候刚开播，观众不多，人气没起来；在对方主播临近结束时要求连麦也不可取，耽搁对方下线，会让对方心里不舒坦。正确的连麦时间应该是直播开始后的1小时左右，这时候主播已经热闹了氛围，连麦能帮助新手主播露脸，活跃气氛。如果能在主播临时有事需要离开时提出连麦则更好，不仅能给主播救场子，也能给自己更多展现机会。

- 连麦前要对对方主播有所了解，并考虑该直播间的粉丝是否可能成为自己的粉丝。直播内容跨度相差太大的主播间，粉丝较难转变，例如喜欢才艺表演的观众，很难成为游戏类主播的粉丝，反之则不然，喜欢游戏的宅男观众，很可能也会同时成为某美女主播的粉丝，因此在粉丝是否能转变这一点上要多加考虑，以免浪费连麦时间。

- 如何才能让主播注意到自己并同意连麦呢？公屏扣字示意不可取，不仅会使主播不高兴，也容易给在线观众造成反感；无论新手主播是否有经济能力，都可在连麦的直播间刷上几个礼物。试想生活中，登门拜访，谁能不带点礼物呢？最好的方式是私密场控或管理员，得到许可后再连麦。

- 另外，新手主播在连麦时还要注意对方主播的眼色行事。毕竟是去的别人房间，自己的表现再好，也不如对方主播的真诚和粉丝们引荐新手主播。不要只顾着虚伪地拍马屁，对待对方主播和粉丝都要走心；也不要一去就喧宾夺主，引起对方主播的反感。

总之，连麦主要靠的是灵活处理，不能只为了达到吸粉的目的不择手段，招来其他主播的反感。

8.17 善用直播平台支持的前几天

通常，想上推荐的主播间不是在线人数多，就是收到的礼物多，再或者是收到的赞比较多。这些条件对于新手主播都不具备，新手主播如何才能上推荐呢？很多平台有支持政策，新手主播们知道吗？

如图 8-19 中的易直播平台，在"发现"一栏中，能看到有"新人直播"一栏。如图 8-20 中，该主播的在线人数仅有 94 人，也没有收到任何礼物。但是能出现在推荐里就表明增大了被关注的机会。

图8-19　"新人直播"页面　　　　图8-20　某新人直播间

新手主播一定要利用好平台的这个推荐机会，在新入门的这几天好好表现，为自己吸粉。

8.18　游戏主播的解说之道

如果说有的主播是靠颜值生存的话，游戏主播则没有这方面的需要。有的游戏主播可以不露脸，主要靠的是娴熟的游戏技巧和有趣的解说吸引粉丝。但是并非每个人的游戏技术都炉火纯青，所以游戏主播应该熟知在直播中的生存之道，才能吸引到更多的粉丝。

在游戏直播这个版块下，有很多技术高超的职业队退役主播，技术方面自然不用说；从装备来说，随便一个土豪级玩家的装备也不差。所以，作为一个业余的游戏主播，用什么东西来吸引粉丝呢？这就是解说，一个好的游戏主播除了需要技术和装备的支持外，最重要的是解说，甚至技术不是很好都可以用解说来弥补。

游戏的解说可以从打开直播间开始，先和在线观众问声好，进行必要寒暄。开始游戏后，每个操作步骤都可进行一定的解说，例如今天选择这个装备，原因在于什么；今天的竞争对手大概是什么人，尝试揣测敌方的想法；出大招之前可给粉丝们留下猜想空间，列举目前可用的招数等等内容。总之，尽可能在游戏直播中多讲话，可以是和游戏相关的，也可以是和自己相关的。

说到解说，很多网友会反映，人在一定的情况下比较容易激动，随之而来的是各种爆粗口。很多男网友也说自己在游戏时也容易动怒，或多或少地说脏话。但是，游戏主播在万千粉丝的注视下满口脏话真的好吗？肯定是不好的，直播中部分粉丝可能还能勉强接受主播的脏话，在事后也会给该主播扣上素质低、不文明的标签。

图8-21所示的虎牙直播火了，甚至很多不玩"英雄联盟"的人也去他的直播间围观。重点在于，这个游戏主播在直播中从来不会说脏话，加上独特的声音和逗乐风格深受粉丝的喜欢。他在镜头前展现的就是一个彬彬有礼、谦逊的帅小伙。和某些动不动就说脏话，输了不考虑自身原因，只知道责备队友或敌方的主播形成对比。

图8-21　某游戏主播

这样充分说明，对于游戏直播而言必要的解说很重要，在解说过程中的语言也十分重要。

直播室气氛 与节奏的调控

第9章

本章导读

　　无论直播间有多少粉丝，主播都应该运用一定的技巧来使直播间的气氛保持活跃。热闹的直播间，可以让吸粉和收礼相互促进，相辅相成。直播间的气氛主要靠主播和粉丝们的互动，其中包括：热门话题、互动点播、游戏奖惩等。

　　想要直播间的气氛更加活跃，还需要主播选对正确的背景音乐为自己加分，用好幽默细胞来博粉丝们一乐。主播需要注意的还有，在直播间注重的是交流，相应的才艺展现是必须的，但不能把所有的时间都用在展现才艺上。除此之外，主播们可以在节日前后加上一定的背景装饰物，起到营造直播间节日气氛的感觉。

9.1 问候老用户，招呼新用户

在开播时，主播会发现观众有熟人也有新人。对待新旧面孔，主播都应保持感恩的心态，和他们搞好关系。新老观众，哪一个更重要呢？其实一样的重要，都是喜欢主播才会来直播间的。但是在对待新老观众上，需要有一点差别，才能让更多的新用户成为老用户，让老用户成为守护主播的金主。

对于老用户，主播应抱着感恩的心态来与之交流。在开播初期，粉丝量是较少的，粉丝还愿意再次光临直播间，也说明这类粉丝是对主播有好感的。如果主播能适当地为自己挣表现，很容易留下这类粉丝。像问候老朋友一般去问候老用户，如果能加之一定的情感色彩在其中是再好不过的。

例如，某个粉丝已经连续几天都准时出现在直播间，主播可拿出来单独感谢。"谢谢某某，在我直播的初期给予我很大的支持，在初入直播的那段时间粉丝量较小，是某某陪着我度过那段低谷，给予我支持让我走到今天。真的非常感谢。"这一番肺腑之言，让这位老粉丝感受到主播的重视，也是这番感谢词给直播间的其他观众看到一个知道感恩的主播，从而更愿意拥护主播。

在新观众面前，主播应及时介绍自己以及直播间的特色，使之增加留下来的欲望。如果主播对新观众不理不睬或一笔带过，让新观众感到不被重视，很可能就会悄然离开。在适当的时候，主播还可以向新观众介绍一下老观众，同时照顾到了新老观众的情绪，也给能营造一种"我们都是自己人"的感觉和氛围，大家应该相亲相爱、团结一致。

9.2 让粉丝点播表演，需要一定的技巧

主播让粉丝点播才艺是一件再正常不过的事，但是部分主播把握不好这个互动的尺度，常常搬着砖头砸自己的脚。就如歌艺主播来说，可能久经沙场，知道很多歌曲，于是为了互动效果，让观众点歌。好巧不巧，正好粉丝点的歌，是自己从未听过的，或不怎么会唱的。这时候主播无视粉丝的要求，还是勉强唱一下呢？其实二者皆不可取。

如果勉强表演，效果不会好，容易给在场的观众都造成主播不够专业的感觉，粉丝心里可能会有看法；如果直接忽视粉丝的点播，主播则食言而肥，难以下台。

如何才能既实现和观众的互动，也让自己的发挥出应有的水平呢？主播可选择将自己拿手的才艺写在题字板上，与粉丝互动的时候让他们选择。这个做法能将粉

丝的选择范围缩小，既达到了与粉丝互动的目的，主播也不会遇到不会的才艺表演要求，是一举两得的好方法。

如图9-1中的主播，将"着魔""成全""不再联系""天池"等五首歌曲名称一一列在题字板上。粉丝们在5秒的时间内在公屏上打歌名前面的数字，当主播倒计时到1的时候，出现在公屏上的最后一名粉丝获得点播的权利。

图9-1　让粉丝点歌的直播间

9.3　加入粉丝感兴趣的元素

个人的力量有限，如果仅仅是靠自己一成不变的脸出现在粉丝面前，早晚会被粉丝厌倦。除了找平台内的主播连麦，注入新鲜血液外，主播们还可以考虑其他元素的加入。如果游戏直播，可以将自己的好友拉过来，一起给粉丝们展现两人竞技，谁更胜出一筹。如果是颜值或才艺表演的主播，则可加入的元素就更多了。

1. 朋友和家人是最好的素材

每个人的生活都离不开社会，没有人是单独存在的，在主播直播的时间内，身边颜值较高的朋友入镜的效果是很不错的。毕竟，美人颜，谁又能抗拒呢？进来和大家打个招呼，简单的寒暄几句即可。

如果身边的朋友不便于出镜，能有家人也很好。每个人都有各自的特色，表情严肃的爸爸、在隔壁房间唠唠叨叨煮饭的妈妈，再或者已是白发的爷爷奶奶。粉丝既然关注一个主播，就说明对这个粉丝有兴趣，对这个粉丝的身边的一切都是感兴趣的。

例如，之前美拍有一个记录爷爷（老夏）和奶奶（脆鹅）的账号，发布爷爷奶奶的日常生活。如图9-2所示，这一期奶奶去菜市场，爷爷想去接她，但由于外面太阳很大，孙女不建议爷爷出门。夏爷爷执意要出门，说如果奶奶看到他会很高兴，因为她老公来接她回家了。夏爷爷患有老年痴呆症，记忆力已经在减退，但是在镜头前仍不忘记和奶奶秀恩爱。很多粉丝从中看到了爷爷对奶奶的爱。相比现在年轻人易逝的恋爱和婚姻，夏爷爷和奶奶给大家上了一课。

图9-2 以某爷爷奶奶为元素的短视频

再例如，抖音某账号就是记录 98 岁奶奶的日常生活，拥有 200 多万的粉丝。粉丝们经常在抖音视频里留言"奶奶好可爱""喜欢奶奶的性格"。主播在策划内容时，考虑将身边亲戚朋友的元素加入进来。一个偶然的入镜就让粉丝们有了新鲜感，话题也就多了起来。

2. 人人都爱小动物

如果说人在镜头前存在表演的可能，那么动物在镜头前展现的就是真正的自己。因为没有人能完全控制动物的思想，它们展现在镜头前的就是真实的自己。直播平台里有整容、包装、学才艺的主播，这都是看颜值看才艺，且经过一定的包装。但是就有主播不靠脸不靠才艺在网上火了。

如图 9-3 中一个名为"国民老岳父公"的主播在"一直播"平台上直播里加入家里三只阿拉斯加和一只猫的日常。三只阿拉斯加名为酒鬼、撕家、墨爷，因为其可爱呆萌的样子和主播富有磁力的声音获粉无数，网友们纷纷表示好喜欢这三只阿拉斯加和猫。

图9-3 以宠物为主的直播内容

在直播里加入萌宠的例子还很多，细心的主播可以看看在直播平台上很多萌宠都火了。动物是最纯真、可爱的，不带演戏的成分在里面，让粉丝们看到动物们最可爱的一面。

🎤 **金话筒提示**　**对于动物要真正的喜欢才能养好，并培养出一定的感情。如果不喜欢小动物就不要勉强自己为了吸粉去买宠物来露脸吸粉。功利心太强对动物不公平。**

3. 路人甲也能为主播助力

文艺的作家经常会在作品里加入路边风景一类的内容，以此表达自己的感情。其实对于主播来说也是一样的，可以把路边的风景或人都加入在直播间里，让自己的内容更贴近生活，带动直播间的氛围。

如图 9-4 中的主播在 2016 年上 UC 和优酷的内容推送。从整个直播视频来看，一个名为"斗鱼小灰灰"的女主播在斗鱼直播的户外版块下直播，在搭乘出租车的途中，被出租师傅教育如何正确直播。视频中女主播呆萌的性格和出租师傅侃侃而谈的开朗逗乐形成了鲜明对比，深得粉丝们的喜欢，直呼想再看看该出租师傅。

图9-4　加入出租司机的直播内容

路边的人或事都很多，主播们也可以根据自身的实际情况，加入更多吸引眼球的元素。在直播中可加入的元素很多，不限于所述的亲朋好友、萌宠和路人，只要是积极向上的内容，都可以加入直播中来，让直播间气氛活跃起来。

9.4　找准热门话题活跃气氛

如图 9-5 微博热门话题榜和图 9-6 百度风云榜都有实时更新的热门话题和资讯。主播可在直播中偶尔找出两个热门话题，让更多有兴趣的粉丝们加入话题讨论中来。

图9-5 微博热门话题页面　　图9-6 百度风云榜热门资讯

在热门话题的选取时，需要注意几大要点：

■　不要传播虚假信息。在主播不确定这个话题事实的真实情况时，不建议选取该话题。主播也算公众人物，如果事件存在虚假成分或负面影响将会把传递该信息的主播也牵扯进来。

■　牵涉到名人、明星的话题需要注意立场。如果事件由中由两个名人构成，在没有足够的实力下尽量不要去批判其中的某人。毕竟主播知道的事实有限，贸然地拥护谁或诋毁谁，可能引来其中一方粉丝的谩骂。

■　如果是生活中想要表达什么观点和观念是自由的，但在直播间镜头下就不自觉地放大了主播自己的观点。主播们如果不能确保自己发表的观点是积极向上的，尽量就不要在直播间中发表。俗话说"好事不出门，坏事传千里"，一个负面观点的传播速度远比正面观点传播速度快。稍不注意，就会给主播带上不利的名头。

虽然表面上看起来，找到一个热门话题来和粉丝互动完成直播间的气氛活跃是件很简单的事。但是，主播要时刻谨记自己的身份，不要由自己发表的消极言论给自己带来不必要的麻烦。

9.5　找对背景音乐，为主播撑场子

音乐无国界，地球上的任何种族对音乐有着几乎一致的感觉。它是生活中不可或缺的精神调剂品，不同的音乐给人不同的感觉。舒缓的音乐让人有着愉悦的心情；激情的音乐让人忍不住的兴奋；低沉的音乐更好地表达内心的失落孤独感。

生活中无论是商场还是餐厅，都需要一定的背景音乐来烘托气氛。那么，直播间需要背景音乐吗？答案是肯定的。音乐能直接影响人气。试想一下，主播在镜头

前一坐就是几小时，光靠自己的语言和才艺，显然是不行的。在主播没有发言和才艺表演时，主播就和粉丝们大眼瞪小眼吗？

适当的背景音乐不仅能把直播间的现场气氛烘托起来，也能帮助主播留下在场的粉丝们。但是背景音乐有着成千上万种，选择哪一种又是一个值得主播头疼的问题。一曲错误的背景音乐还不如没有背景音乐。主播在背景音乐的选取上，不能选择单一的类型，应该是在不同的时间段和不同的氛围下播放不同的背景音乐。

- 在开播时的 20 分钟内，主要是答谢老用户、招呼新用户、对昨天的直播进行总结及对今天的直播内容做出规划。这时候的背景音乐需要以舒缓为主，给粉丝们一种安静的感觉。
- 在开始才艺展现之前，需要播放斗志昂扬的背景音乐来给自己加油，带动现场气氛。
- 在艺展现的时候，自然选取和才艺相关的背景音乐。
- 在与粉丝互动时，可选取舒缓的背景音乐来带动现场气氛。
- 如果是主播在表达完自己某种特殊的情绪后，也可选择低沉的背景音乐来感染在线粉丝。

🎤 **金话筒提示**　**背景音乐的音量需要进行一定的调整，音量过大容易造成主播说话费力，音量过小则起不到相应的作用。**

背景音乐的选取应该首先考虑轻音乐、节奏较轻快的、带有积极因素在里面，如果一定有歌词，在歌词的选择上也要注意，尽量不带人身攻击、地域攻击或其他含歧义歌词的歌曲。一首动听的背景音乐，自然能勾起粉丝们的求知欲，会积极地在公屏上询问背景音乐的名字，不自觉地加大了互动。

特别是抖音、美拍这种短视频，音乐的选择起着至关重要的作用。部分主播在拍摄抖音时会特意选择当下热门音乐，吸引粉丝点赞、关注。

9.6　善用辅助音效为直播间热场

在情景喜剧中会应用到一定的辅助音效来热闹现场气氛，在直播间同样可选取加入这类辅助音效来热场子。在花椒等直播平台有自带的音效，即使某些直播平台没有音效或可供选择音效较少，可选择在网络上查找直播音效辅助软件在线播放这种声音。如图 9-7 所示为"蓝蚁音效"，其中包含群众笑声、多人笑声和欢呼掌声等多种音效。

主播们可在电脑上安装诸如此类的音效辅助软件，在讲完一个笑话后加上群众的笑声增加点气氛，能使主播讲述的笑话更加绘声绘色的同时也能使现场热闹起来，不至于无人捧场，留下尴尬的主播在镜头前呆坐。

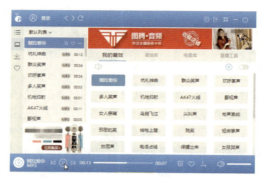

图9-7 "蓝蚁音效"音效页面图

9.7 幽默诙谐的主播更受粉丝的青睐

很多新手主播表示，在两段表演的间隙里不知道和粉丝们说点什么好。这个时候，主播就可以找找段子来救场了。

关于段子网络上很多，主播们在有闲暇时间的前提下可以多阅读一些诸如此类的段子，以便在直播时热场使用。细心的主播会发现，同样是段子，自己即兴发挥时就能将笑点表现得更加绘声绘色，而照着稿子念则会给人生硬的感觉。

这是一个理解的问题，例如一篇美文，主播自己理解了再和别人讨论这篇美文的中心思想等内容就会得心应手；反之，如果事先准备好对美文的理解演讲稿，在发挥时只能按照纸张念，很难再有发挥的空间。而且，当粉丝有疑点或不同的见解时，主播因为不熟悉文章内容而表现生疏。在段子的应用上面也是同样的道理，如果主播在收集段子时能理解其中的笑点，将比仅仅是念书稿要生动得多。所以主播可在日常生活中多积累能理解的段子，为观众带来欢乐。

粉丝是来自五湖四海的，有着不同的兴趣爱好。主播平时在网上看到的段子有限，不排除主播在讲段子的时候发现在场的很多粉丝都反应已经看过该段子。容易给粉丝带来主播的段子比较常见没有新意。想要避免诸如此类的情况，需要主播们自己去发现生活中的笑点，再用适宜的词汇将之表达出来，这才是属于主播自己的最好的段子。

9.8 表演很重要，交流价更高

作为主播，相关的才艺表演是必不可少的。纵观直播间会发现一个有趣的现象，主播把在线时间都用来展现才艺表演的直播间少之又少。即使有以表演为主的直播间，也会有很多粉丝留言说主播为什么不理他们。这样下来，相当于主播费气费力地在为粉丝们表演，却没有得到预想的效果，反之被粉丝所诟病。

这是为什么呢？因为主播的职责是以粉丝的要求为主。虽然说主播可以把直播间当成一个舞台，在粉丝们面前展现自己的才艺，但主播并不是明星，不能站在舞台中央自顾自地表演，因为没有粉丝愿意为其买单。主播们应研究自己粉丝群的需求，加大与粉丝之间的交流，给直播间一个热闹的氛围。

9.9　小游戏，大互动

直播和录播最大的不同在于互动，如何才能将直播中的互动做好呢？游戏，是互动经久不败的话题。主播可以在直播中加入游戏的元素，来加大和粉丝的活动的同时也活跃直播间的气氛。由于是直播，就不能和生活中的实际游戏那样有众多选择，但是可供主播们选择的游戏也不少，例如猜猜看、砸金蛋、找不同和成语接龙等。

1. 猜猜看

猜猜看的游戏中又包括看图猜成语、猜明星、猜主播喜欢吃什么食物等等。这类游戏需要提前准备好素材，如图9-8和图9-9中的猜成语和猜主播喜欢吃的食物是什么。这都需要主播事先准备好选项供粉丝们选择。

图9-8　看图猜成语　　　　图9-9　猜食物

在直播间进行猜猜看游戏之前不仅需要将选项提炼出来，缩小粉丝互动的难度，还要列出奖品。例如在1分钟内最先说出正确答案的粉丝可以得到红包或是点播才艺等。

2. 砸金蛋

人人都喜欢中奖，很多公共场合都会举行砸金蛋活动。在直播中，主播仍旧可以通过砸金蛋来活跃现场气氛。很多商场和淘宝店里都有金蛋，如图9-10中，淘宝中的金蛋可自己定做相关尺寸。主播们可先行购买金蛋，将相关奖励装入金蛋中，限制游戏时间在 2 分钟内送出礼物最多的粉丝可砸开金蛋，得到里面的礼物。这个互动游戏不仅能使现场气氛活跃，还能为主播收获更多的礼物。

🎤 **金话筒提示**　**装入金蛋中的礼物，尽量选取当下比较火热的商品。例如在小米某款新耳机新品发布后，可选取该新品作为礼物，紧跟时尚。当然，奖品也不必全和金钱挂钩，与主播相关的物品或主播的才艺表演也是奖品。**

3. 找不同

直播中的找不同也需要主播事先准备好图片，可以是直接在电脑、平板上的图片，也可以是书上或打印出来的图片。尽量选取较为清晰的图片作为素材，难度也不能特别大，要适合大众参与。但是由于直播间人数多，不排除有眼疾手快的粉丝，如果两张图中只有一两处不同，很快被找到便失去了互动的效果。

如图 9-11 中的两张图片，效果较为清晰，不同点也较多，让人一眼看去就能发现不同之处。但是仔细找下来又发现不仅仅有一两处不同，带动粉丝们互动的兴趣。如果再给这个游戏设置一个合适的时限就更好了，如在 2 分钟内找到不同最多的粉丝获胜，可向主播要礼物或要求主播进行一段才艺表演。

图9-10　金蛋尺寸

图9-11　找不同游戏

🎤 **金话筒提示**　**主播们在找"找不同"图片时，可根据自己直播间的风格来找。例如，直播间以讲解电脑游戏为主，则可找相关游戏的图片，PS 出几个不同点，供粉丝们"找不同"，互动效果会更好。**

4. 成语接龙

如图 9-12 所示，所谓成语接龙需要在上一个成语的最后一个字（同音也可）接上一个成语，生活中进行这个游戏需要多人一起参加，接不上的人受到相应的惩罚。但是由于直播间是一对多的形式，主播可自行制定规则。例如在 5 分钟内，由主播发起说出第一个成语，接下来由 10 个粉丝完成接龙，如果未到 10 个时就断了，则是粉丝输了，接受惩罚；反之，如果粉丝顺利完成 10 个成语，轮到主播时，主播不能接上，则说明主播输了，要受到相应的惩罚。

一马当先→先见之明→明明白白→
白虹贯日→日新月异→异想天开→
开门见山→山南海北→北道主人→

图9-12 成语接龙游戏

关于成语接龙这个游戏的难易程度由主播自己决定。在直播间人少的情况下，可将粉丝的参与人数增大；如果直播间人数很少，则主播就需要在规则中缩小粉丝参与数量了。

🎤 **金话筒提示** 在主播知识储备不足的情况下，场控和管理就要助主播一臂之力了。偶尔是主播失败两次比较正常，但是主播常输容易给粉丝们留下不好的印象。

总之，在直播间可进行互动的游戏是众多的，主播们可根据自己的实际情况和在线粉丝们的热情程度来决定进行哪种游戏。

9.10 谈谈主播自己，让粉丝们活跃起来

任何愿意跟随主播的粉丝肯定都是对主播有兴趣的，主播在交流的期间可以适当引出自己的话题，让粉丝更加感兴趣。主播能谈及自己的话题也很多，主要集中在这几方面：

■ 儿时的梦想是最能引起共鸣的，在少不更事的童年，每个人都有梦想：要成为宇航员、成为厨师、成为医生等。主播谈论自己儿时的梦想，能唤起不少粉丝的记忆，增加双方的互动。

■ 人生经历是主播让粉丝最感兴趣的点。主播在网络上是个新的开始，自然展现在粉丝面前的就是自己想展现的部分，而很多不为人知的部分如果有意无意和粉丝们提及，就能引起粉丝们的兴趣。一来二去的互动、提问，顺其自然地活跃了直播间的氛围。

■ 主播的兴趣爱好。在刚开播的这段时间，很多粉丝会主动询问主播的兴趣爱好，说明粉丝也想进一步的了解主播。机智的主播正好可以用这个话题好好和粉丝们互动。例如聊聊吉他，聊聊厨艺，都能够让粉丝们更加了解自己。

■ 对生活的期待和规划。如何才能让粉丝们知道主播的更多呢？偶尔主播也可以谈论一下自己的将来，对以后生活的期待。这个期待和规划，可以是真正能实现的，也可以仅仅是期望。

总之，和粉丝们多谈论一下自己来增加双方互动是一个很好活跃直播间气氛的技巧。当然，这个度的掌控还需要各大主播们自己衡量，不要为了活跃气氛，把不能说的都说了，徒然为自己带来负面影响。

9.11 走进粉丝们的生活，加大直播间互动

在直播间中，主播除了可以谈论热门话题和主播自己，还可以找到相关话题来问粉丝，加大互动，活跃气氛。能和粉丝们互动的话题也很多，这里提几个具有代表性的。

1. 一个最喜欢的城市

之前在某综艺节目上看到有人提到这个观点"每个人心里都有一座城市，或因为人或因为事"。这个观点得到在场的大部分观众认同，例如：

- 每个人的家乡或多或少都对自己有着影响，这是其中的一个现象。
- 部分人是因为在某座城市上学或上班，遇到了影响自己一生的人或事，对这个城市印象深刻。
- 部分人是看了某个电影或小说，对某个城市幻有特别大的向往。
- 部分人对某个城市的美食特别有好感。
- 还有的人是被某些城市的风景所动。

总之，很多人对某个城市会有谜之好感。主播们可在直播中提起这个问题，征集粉丝们喜欢、向往或留恋的城市，使之直播间的气氛活跃起来。

2. 读书时代的美好往事

虽然已毕业多年，读书时期的往事仍然历历在目，即使是在校学生，也忍不住想和大家分享一下现在的近况。主播们可在直播时和粉丝们交流交流大家的读书时代，可分享的内容包括：

- 课堂上碎碎叨叨的老师。
- 再也没见面的同学。
- 运动会上在全班同学呐喊下奔跑的运动健儿。
- 陌生女（男）生突然递上的情书。
- 小卖部最受欢迎的零食。

只要是能勾起大家记忆的校园话题都可以由主播引出来。

3. 爱情，每个人的必备品

最好的爱情不过是两人互相喜欢，后来结婚生子，携手到白头。不过，人世间也有很多爱情不够完美。但是，不得不承认，每个人都会经历爱情，或者类似爱情的感情，这种感情是人与人之间最隐秘的，也是最具倾诉欲的。主播在直播间可发出以下爱情的话题来加大粉丝之间的互动。

- 讲讲初恋故事。
- 喜欢什么样的异性。
- 认为什么时候结婚较好。
- 第一个喜欢的人是什么样的?
- 分手后的恋人还能做朋友吗?

在谈论爱情这个问题的时候,在短时间内无法判断出两人感情的对与错,也有古话说"宁拆十座庙,不悔一桩婚"。所以主播这时候应该是倾听为主,且尽量促成美好姻缘,或者让更多的粉丝加入互动中来。

例如,主播今天收到一个粉丝不知是否该分手的提问,主播肯定不能断章取义的说应该马上分手或是好好在一起,这时候,不如把决定权留给在线粉丝。主播可在直播间提问:"大家认为他们应该在一起的请打1,认为应该分手的请打2",在线粉丝也很乐意发表自己的意见,提问的粉丝也能看看大家的意见好为自己的下一步做打算。这种既为提问粉丝解决问题,又完成和在线粉丝的互动,对于主播来说实在是一种两全其美的热闹氛围技巧。

4. 友情是生活的调味品

友情是一种很美妙的东西,在失落时陪伴在身边的更多是来自朋友的安慰。但是友情这个东西又很容易随着时间而产生变化,身边的朋友也是换了一批又一批,记忆中或眼前的生活中的友情也是一个很多人都可以参与进来的话题。主播在直播间里可发挥好这个话题来促进粉丝之间的交流。可以提及的话题很多,例如:

- 相处时间最长的朋友在一起几年了?
- 朋友的哪一件事让你最为深刻?
- 如何看待朋友之间的付出?
- 朋友和男(女)朋友谁陪伴你的时间更多?

主播们可根据友情这个话题无限展开话题。

5. 最珍贵的亲情

谈及了爱情和友情,为什么不来谈谈伟大的亲情呢?大家都是在爸爸妈妈、爷爷奶奶或哥哥姐姐的帮助下成长的,对于某些人一定要表示感谢。以下话题是可在直播间谈论关于亲情的话题:

- 讲讲亲人最让你感动的事。
- 发现父母老了的瞬间。
- 说出一直想对父母说的话。
- 从什么时候开始意识到父母很伟大的?

主播在讨论弥足珍贵亲情的时候,可适当发表自己的看法和讲述自己身上的故事,将粉丝们的气氛引出来。

🎤 **金话筒提示** 主播在和粉丝们讨论上述话题时，可能遇到粉丝们各抒己见，主播无法实现一一回应。最好的方法是努力将粉丝们的讨论范围缩小。例如今日话题为：最喜欢的一座城市，看看粉丝们回复里"厦门""昆明""成都"几个城市的居多，可再次向粉丝们提问，这三座城市最喜欢哪一座？为什么？成功地将话题缩小到三座城市之间，就不用再去谈论西安、南京或是上海等其他城市了。

9.12　节日里用背景装饰来渲染气氛

在各大节日来临之际，很多商场或娱乐场所都会通过装扮来营造节日气氛。在直播间，仍旧可将这个装饰技巧来营造更浓烈的节日气氛。

如图 9-13 中的直播时间在圣诞节前后，主播将圣诞老人、圣诞树等诸多圣诞节装饰加入背景里。在自己的衣着方面也加入了节日的元素，给在线粉丝更浓烈的节日气息的同时也给粉丝们更多给主播送礼的理由。

图9-13　直播中加入圣诞节元素

9.13　用直播平台的美图工具为直播助力

在前面的章节中，有讲述主播形象的重要性。一个符合主播风格的装束十分重要，但是时时更新形象也十分必要。新形象就一定需要经济的支持吗？例如，今天戴的发夹多戴几天就必须得换。如此一来，主播不是需要经常替换装饰？

很多直播平台除了自带美颜功能外，还带有美图工具为主播实现特效装饰。如图 9-14 中的主播，加有可爱小猫元素的美图工具，整个人给大家的感觉就是；再如图 9-15 中的双胞胎主播头上加有花环工具的特效，为主播的魅力增加了几分楚楚动人。

图9-14　加入猫咪特效的主播

图9-15　加入花环特效的主播

这种美图工具的特效在一定程度上能为主播的形象加分。主播可以随时更新自己的装饰，时时给粉丝们带来新鲜感。例如在节日前后，可选取符合节日气息的装饰，加大直播间的节日气氛。

9.14　通过自嗨来博粉丝们一乐

直播室观众较少的情况下，和主播互动的人就不多。这时候主播如何才能博观众们一笑呢？这里告诉主播们一个技巧：自嗨。其要点就是主播把自己激活，让自己在直播间嗨起来，带动直播室气氛。

自嗨的要诀在于主播是真的感受到快乐，才能迅速地感染他人。例如主播在和粉丝讲述一个段子时，感受到其中的笑点，情不自禁地笑出声，做出讲不下去的样子。粉丝们一方面可能会觉得这个段子确实很搞笑，自己也跟着乐起来；一方面会觉得这个主播连个笑话也讲不好，真是搞笑，然后也乐了起来。这样一来，整个直播间的氛围不就出来了吗？

🎙 金话筒提示　虽然说戏是七分演，主播在自嗨的时候需要加入一定的演戏成分使氛围更好。但是主播需要把握一个度，过于夸张的自嗨不仅得不到粉丝们的青睐，还会让粉丝觉得主播太假。

自嗨更是一种生活态度、一份自我激励和一盏指引主播前行的灯。自嗨本身也带有渲染力，能感染直播间的粉丝们，让大家都乐在其中，实现互嗨。

9.15 创新，不要只吃老本

很多兼职主播平日里还有自己的工作和生活，没有多余的时间去想直播的事情；还有的全职直播，在直播下来已经是身心俱疲，醒来的时候又打开摄像头准备直播。就导致一个现象：没有练习新节目的时间。翻来覆去就几个节目名单，说好听点：这几个节目是该主播的代表作。说直白点：主播就只有这几个节目。

即使是银屏上的明星，演完这部戏也需要接新戏；歌声再动人的歌手，也需要出新歌。对于主播来说也是一样的，直播间的气氛需要粉丝，粉丝需要新鲜感。

- 如果是才艺主播，这几首歌唱的次数多了，在休息时间也可以学习两首新歌；跳舞的主播，翻来覆去的动作也被粉丝厌倦了，可以尝试不同旋律的音乐和不同的动作。偶尔也挑战一下自己。

- 对于户外直播，总的来说需要一个风格，但是不能天天都是在直播爬雪山。偶尔也需要带粉丝们去看看一望无际的大海或满屏牛羊的大草原。

- 对于美食主播，今天直播吃 100 个小笼包，明天再直播吃 100 个小馒头。只能告诉粉丝们这个主播很喜欢面食，而且只能吃面食。粉丝们也需要新花样，今天吃小笼包，明天吃西瓜，后天改吃鸡腿好吗？

- 对于游戏主播而言，技术很重要，但是总不能每次都这一个招数，自己还没出手，粉丝们已经猜到接下来的招数。需要在掌握一定的技术后尝试新的招数，让粉丝们眼前一亮。

无论是什么主播，都需要创新。在互动中加入的元素可创新的很多，例如游戏、奖赏方式等。

9.16 提升气氛的同时要注意底线

主播无论采取什么方式来活跃直播间的氛围，都需要谨记一点：不能超过道德底线。如图 9-16 中人民网的新闻，在斗鱼直播平台上的某主播为了活跃直播间气氛，在镜头前做出吸毒的动作，虽然在相关调查后发现该主播并未真的吸毒。但是主播作为公众人物，在镜头前做出不雅的行为，受到应有的处罚。

人民网 》 传媒 》 最新资讯

网络主播为节目效果直播"吸毒" 账号已被永久封禁

2016年11月01日07:22 来源： 　　　　分享到：

图9-16　某主播受罚的报道页面截图

这个案例在一定程度上也提醒了主播们，在镜头前无论是说话还是做事都需要承担一定的法律责任。尤其是在热门话题的收集和拓展中，特别需要注意自己的言论，避免带来负面影响，葬送自己的直播生涯就得不偿失了。

🎤 **金话筒提示**　**在本章末尾，给广大主播们提示一个正确的直播步骤：**

开始 5 ～ 10 分钟，和新老粉丝打招呼；

开场 15 ～ 20 分钟，才艺表演；

开场 35 ～ 50 分钟，热门话题和段子的娱乐时间；

开场 55 ～ 70 分钟，再一轮的才艺表演；

开场 75 ～ 90 分钟，游戏互动时间；

开场 95 ～ 110 分钟，抛出自己、粉丝的话题，参与实时讨论；

开场 115 ～ 130 分钟，对今日的直播进行总结和对粉丝的感谢，提醒下一次直播时间。

上述步骤可供主播们参考，具体可由主播自己实际直播时间而定。

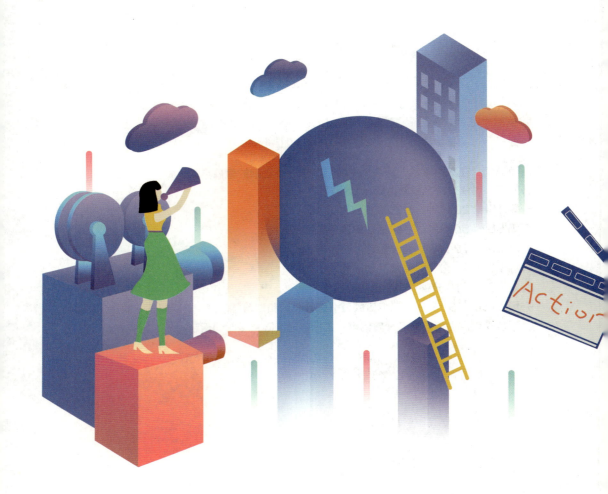

常见直播
状况及处理方法

第10章

本章导读

　　主播在直播过程中不可能一帆风顺，或多或少会遇到一些麻烦。这些麻烦可能来自直播间低沉的氛围、粉丝们提出的各项要求、主播和粉丝之间有矛盾、有黑粉和主播过不去，等等。遇上这些状况时，希望主播们有个良好的心态，冷静处理，务必不要让粉丝们失望，如果能够借此显示出自己的大度与宽容则更好。

　　被人黑是一件极其容易发生的事，但是也不要害怕。采取一定的自黑技巧和其他技巧来改变黑粉的想法，使之转为粉丝，不仅能得到黑粉的喜欢，还能折服更多的观众。

10.1 没有粉丝和没有活力是恶性循环

有的直播间人少，几乎没有人发言。面对这种情况，主播认为自己没有听众，可能会考虑再多才艺展示或找话题都是白费。于是就和粉丝们扮演大眼瞪小眼的戏份。其实这个想法和做法是错误的，如此一来，只会让该直播间停滞不前，得不到相应的改善。

曾有一个双胞胎姐妹的直播间，可能当时并非直播高峰期，有很多主播不在线的原因，她们的直播间上了推荐。有人在公屏上询问："为什么主播无精打采的？"，主播坦言道："根本就没人看我们啊，还要怎样？"语气间满是愤怒，并没有因为有粉丝主动和主播沟通，表露出应有的开心。就看着左上角的在线人数有着上下一千人左右的浮动，粉丝们因为推荐进入直播间，又因为主播的死气沉沉离开直播间。

如图10-1中，主播直接问粉丝要不要给会员，粉丝说不用。已经可以结束的话题，主播接着说："不要算了，我还不想给呢"。虽然这样的做法在一定程度上维护了主播的尊严，但是完全没有给该粉丝任何台阶下，也给直播间的其他观众带来对主播不利的看法。

图10-1 某主播在没有活力的直播

这是一个真实的案例，很多主播想不明白自己为什么不火。其根本原因就在这，没有人一入直播就是几十万的粉丝，都是一点一点积累而来的。只要直播间里有观众，才艺不能停，互动也不能停。即使只有一个粉丝，主播也可以把才艺停了，就和这一位粉丝聊聊天。今天的收获哪怕只是留住这一位粉丝也比一无所获强。

在粉丝量少的情况下也要保持直播间热闹气氛，才能让新进入直播间的观众有理由留下。这是积累粉丝的第一步，也是最为关键的一步。

10.2　细分直播间粉丝类型

俗话说知己知彼，百战不殆。只有先了解了粉丝们，才能更好地和粉丝们成为朋友。一个直播间就像一个大水池，其中的人群也是鱼目混杂。总的来说，直播间的观众从性质上来说可分为：对主播有利和可能会损害主播利益两类。

1. 对主播有利的忠实粉

有的粉丝围绕在主播身边，是发自内心欣赏主播的人群。它们包括：场控、有消费能力的粉丝、趣味十足的用户和暖心维护主播的用户。

- 场控。是主播的得力小助手，帮着主播管理粉丝群、直播间。平时还帮着打理直播间的琐事，带头为主播刷礼物，负责直播间的治安等事宜。
- 有消费能力的壕主。别的不说，就是有钱，刷礼物刷到手软。
- 有原则的粉丝。尊重主播的成果，不该说的话从来不说。
- 趣味十足的粉丝。直播间的开心果，负责主播间的喜剧担当，有他们的存在就不会冷场。
- 暖心维护直播的粉丝。虽然可能不会过多的给主播刷礼物，在主播被黑时也不能第一时间站出来为主播辩护。但最长情的告白不就是陪伴吗？愿意雷打不动的守护主播，待在直播间，偶尔发言，实属主播的暖宝宝。

这类粉丝不用说也是主播最应该感谢的，一个主播能走向成功，必然离不开这类粉丝的支持。主播在直播间应该多多提及这类粉丝，让他们更有动力守护在主播身边。

2. 可能对主播不利的粉丝

事情都有两面性，有粉丝真心对主播好，就有观众恨不得主播明天就停播。这类粉丝的存在对主播不利，所以主播要注意这个群体，尽量去化解他们的偏见，促成直播间的和谐。

- 潜水粉丝。暂且不说刷礼物和制造氛围，这类用户连偶尔发言的情况都没有。以"沉默是金"为信仰存在着，好在这类粉丝不对主播产生积极影响，也不会造成明显的消极影响。
- 争风吃醋的粉丝。太喜欢主播的粉丝处于癫狂状态，主播偶尔提及他人的名字，这类粉丝就会对主播有看法，认为主播不喜欢他们了。这类粉丝本质上来说对主播是由爱生恨的，只要多花点心思维护就会有不错的收获。
- 爱捣乱的用户。这类用户没有坏心，只是经常出没各个直播间，刷上几个广告，吐槽主播几句，恭维一下其他主播就走了。对于这类用户，主播可以不用太在意，他们本性不是想伤害谁，只想刷存在感。
- 调戏主播的用户。特别是对女主播，经常在公屏上打一些不雅的字符，发出主播脱衣服的要求等。针对这种粉丝，主播可适当发言，说明自己的立场，让他们知道即可。

- 纯黑粉。这个群体的存在根本不需要理由，一句话就是看主播不顺眼，就是要各种搞破坏。这类用户，尤为需要主播引起重视，处理不当会因此惹来很多不必要的麻烦。

主播们应该分析自己直播间分粉丝类型，对有利的粉丝需要表示感谢，对自己可能造成不利影响的粉丝更要提高警惕，妥当处理，尽量避免粉丝带来的问题。

10.3　灵活处理粉丝的见面要求

很多粉丝不满足于线上和主播交流，提出想和主播见面的要求。其中有粉丝讲述自己不远万里来到主播的城市就为了见主播一面或完成某某心愿一定要见上主播一面，理由确实很让主播感动。但是，主播真的能去见粉丝吗？

不得不说，镜头前的主播都是经过化妆品和合适的光线塑造出来的。而且很多主播在粉丝看来已经是男（女）神，稍有偏差都会受不了。私下与粉丝见面有风险，一般的风险仅仅是主播与粉丝见面后，粉丝认为有落差不再关注该主播；更有甚者，粉丝的过激行为会对主播的人身造成影响。

所以，主播们应该树立起自己的立场，拒绝粉丝们的见面要求。但是如何才能在拒绝粉丝见面要求的同时还能不影响自己在粉丝心中的位置呢？可通过找到下列理由来拒绝见面要求：

- 用好公会这个挡箭牌。可以细心的和粉丝解释，在公会里工作就得遵守公会的规章制度，公会明令禁止主播私下与主播见面。要是见面，可能这份工作不保。粉丝也不忍心为了一场见面，让主播消失在大众眼里。
- 没有加入公会的则可以用父母来做理由。主播是个听话的乖宝宝，爸爸妈妈禁止私底下与粉丝见面。可加上一定的感情牌在其中，父母原本不同意自己主播，如果被发现和粉丝见面可能以后想直播就更难了。
- 找到其他合理的理由拒绝。没有人是天生只为一件事而生的，主播也一样。主播有时间能和粉丝们线上交流都是自己抽空的，接下来还有工作要做，有事情要处理，实在没有办法和粉丝们见面。

主播们不要怕拒绝粉丝会丢失粉丝，要知道主播的形象是在屏幕前树立的。在开播之前，网络上的人并不认识该主播的为人，通过主播的多次拒绝，直播间的粉丝们自然知道这个主播不会私下与主播见面，自己也就放弃了见面的念头。

🎤 **金话筒提示**　可能大多人认为女主播见粉丝的风险更大一些。那么，男主播在镜头前没有过多装饰，也可以进行自我保护就能私下与粉丝见面吗？其实也不是，只能说男主播与粉丝见面的风险比女主播相比可能稍微小些，但不能说完全没有风险。

在主播各项条件都成熟的情况下，为促进粉丝之间的交流。可以举办与粉丝们的见面会，但是千万不要孤身一人去和粉丝见面。

10.4　粉丝借钱怎么办

粉丝为主播刷礼物是直播间常见的情况，也属于粉丝的自愿行为。很多粉丝在自己经济条件好的时候为主播刷礼物，也就有个别粉丝跑来找主播借钱，口口声声说自己曾经为主播刷的礼物价值多少，现在只是借很少的一部分，而且肯定会还云云。总之一句话就是变着法的向主播借钱。面对这种情况，主播应该怎么办？真的把自己辛苦挣来的钱借给粉丝吗？

网络说起来就是一张关系网，对方想让你找到的时候你肯定能找到，一旦对方想躲避你，你就凭一个电话号码是很难找到人的。因此，各大主播需要知道，在万不得已的情况下不能随意把钱借给粉丝。

主播拒绝粉丝的借钱要求需要技巧，粉丝是主播们的金主，可不能一句简单明了的"不借"就能打发了粉丝。这种情况下，主播可以找些理由来委婉地告诉粉丝，不是不借，是没有办法借，让粉丝信服。能用来告知粉丝的理由如下：

- 告诉粉丝，主播也是月薪制，收入没有想象中的可观，而且到账需要一定的时间，自己最近也过得很辛苦。
- 用父母来做挡箭牌，直接说自己年龄尚小，收入由父母掌管，自己也没有支配经济的权利。
- 用其他用途来告知粉丝，自己也很需要钱。例如说近期想入手一个声卡、话筒，自己也都没有闲钱。

无论采取用什么理由来拒绝粉丝的借钱要求，都要先感谢粉丝的支持。粉丝的困难可能只是暂时的，不能因为一次借钱事件就损失一个忠实粉丝。

粉丝们除了会以直接借钱的方式套主播的钱外，还会以投资、入股等信息骗取主播手里的财物。主播凭自己才艺和精力挣来的钱，被粉丝轻松一骗就骗个精光岂不是很可惜。主播们应提高自己的警惕性，不要因为暴利或轻信，造成经济损失。

10.5　正确处理粉丝的告白

主播在直播间收到的表白信息很常见。粉丝的表白经常有两种心态：一种是闲来无事逗逗主播，另一种是在直播间仰视主播的时间久了自然会越来越欣赏主播，忍不住想表白。对于前者主播可用轻松、逗乐的方式回绝即可；对于第二种，如果处理不当会使该粉丝对主播大失所望，且在直播间表现出负面情绪，给主播带来麻烦。

被人倾心是好事，也表露主播的魅力所在。但是很多主播年龄不大，很多事情不如想象中的简单，不能正确地处理好粉丝的表白。主播这个职业曝光率很高，粉丝喜欢主播很多仅仅是泛泛之爱，今天还很喜欢，明天说不定就去追求别的主播了。所以主播在面对粉丝告白的时候也要好好甄别，分清粉丝是真的喜欢还是别有所图。

不过，主播义正词严地拒绝粉丝就可取吗？在表达自己爱意中的粉丝也有真实喜欢主播的，围绕在主播身边就是为了得到主播的喜欢。主播如果不管三七二十一，直接拒绝也会为自己带来麻烦。

且不说该粉丝对主播是纯属威胁还是真的会做有违道德理论的事，都在一定程度上对主播造成了影响。作为一个主播本来就是想得到粉丝的认可或从中赚取一定的利润，何必为了小事搭上自己的前途和生命呢？因此，主播运用一定的技巧来拒绝粉丝的倾心显得尤为重要。

首先，主播要分清粉丝是在开玩笑还是认真的。这从平时的交流中就能感受到，粉丝如果经常嬉皮笑脸，和主播有说有笑，可得知该粉丝也是一个开朗之人。对于逗乐主播的粉丝，主播可直接说近期没有谈对象的打算，谢谢该粉丝的好意。

如果该粉丝平时就寡言少语，很少与人交流，闷头为主播刷礼物，只为引起主播的注意，也未提什么过分的要求，则该粉丝可能是真的欣赏主播。对于用心在和主播表白的粉丝，主播可不能用生硬的语言直接拒绝。需要耐心指导，还是先感谢该粉丝的支持与喜欢，但是目前因为其他原因不谈对象，如果真的有这个需求，会告知粉丝们的，大家公平竞争。

🎤**金话筒提示**　**如果主播已经不是单身的状态，一定要及时告知粉丝，避免造成误会，带来不必要的麻烦。还有切记不能为了礼物吊着粉丝的胃口，这样做可能最终会对送礼的粉丝造成严重的伤害，从而导致不可预测的后果。**

10.6　及时化解粉丝的误会

人的喜怒哀乐是很难掩藏的，对于情商稍高的主播可能还能收住自己的不满不计较，但是对于粉丝而言，有了情绪很容易发泄出来。在直播间，主播和粉丝有矛盾的情况也比较常见。

也有主播在网上发帖表示自己和最要好的粉丝吵架，后来粉丝走了，主播心里其实很难过。且不说粉丝走了不能为主播刷礼物，长时间的陪伴和相处，粉丝的突然离去对主播心里或多或少是会有影响的。主播与其事后感到后悔和不舍，不如在和粉丝有了分歧和争吵时，先软下来道个歉，把事情解决了。

勇于认错，勇于担责任的主播是好主播。当主播发现自己的语言可能伤害到粉丝时，千万不要为了自尊和面子，任由粉丝的离去。如果自己的语言或行为确实伤害到了粉丝时，就要把语气缓和下来，在合适的时候和粉丝们道歉。

🎤 **金话筒提示** 有的主播口才较好，情商也蛮高，在和粉丝争吵时认为能找到借口和理由来使直播间氛围暂时正常。但是在和主播争吵的粉丝内心肯定还是过不去这个坎，而且有的主播给的理由和借口会使事实越描越黑。所以，主播如果和粉丝发生争执，需要更好地去化解而非通过虚假理由和借口去搪塞。

10.7 分清对事不对人

俗话说："良言一句三春暖，恶语一句六月寒"，主播一定要注意自己的一言一行，不要在无意中伤害到了粉丝。同时，对待粉丝也要持一种包容的心态。即使粉丝对主播进行过语言伤害，也不要记在心上。主播有一颗宽厚的心，去原谅别人。

在为人处世方面尽量做到对事不对人，不要和粉丝谈论不利于和谐的往事。如果个别粉丝真的不顾自己的一言一行，对粉丝或对主播恶语相向，也不要因为他是大土豪或者大玩家就偏袒。虽然是大玩家，可能对主播和直播间的支持和价值比较大，可以允许稍微地袒护，但不能太明显，否则不利用直播间的团结。不能为了一个大玩家就忽略事实，流失成百上千的小玩家。

对于生性爱抱怨、拖拖拉拉，又喜欢找借口，可能会威胁到直播间气氛的粉丝。主播不要不好意思，可以适当地对其进行提醒。能聊在一起的经过主播的努力肯定能成为一家人，不能聊在一起的，分道扬镳对大家都好。

🎤 **金话筒提示** 有的粉丝确实喜欢主播，就是想法稍微自私。经常在主播要下麦的时候直呼舍不得，起初主播可能为了考虑粉丝的感受，确实在计划下播的时间延长了直播时间。但是经常如此，主播会发现原计划凌晨 2 点下播的，拖到了 4 点，睡眠不足导致第二天精神不足。因此，主播在为粉丝考虑的同时，也要定下规则，还要顾及自己的身体，和粉丝们说明需要下播的原因，相信粉丝们也是通情达理的人能理解主播的。

10.8 处理好粉丝之间的矛盾

人多了难免会有矛盾，特别是网络中的争吵尤为常见。放在平时，网友们怎么争吵也是别人的事，但主播作为整个直播间的核心人物，在适当的时候应该站出来化解粉丝之间的矛盾，还直播间一个干净的环境。

在处理粉丝的矛盾中，主播也需要一定的技巧，一个不小心得罪两边的人就得不偿失了。有的主播在粉丝的纠纷中传递的信息就是：你们都是爷，不要争吵了好嘛？通过抬高矛盾双方的地位来劝和。其实这招作用不大，就如同时称赞两位副总经理为总经理，不仅不能得到任何一方的青睐，还会认为这个人马屁没拍对。矛盾双方本来就认为自己在直播间为主播刷粉丝就是爷，这根本不是和好的理由。

在粉丝有矛盾时，主播最应该强调的一点应是：在直播间的粉丝和主播都是一家人，既然是一家人就应该团结友爱。因此，主播可用委婉的语言来解决粉丝之间的矛盾：首先谢谢粉丝们的支持，既然有缘聚在一起就是缘分。来到我的直播间，就都是我的客人。我也希望照顾好我的客人，希望客人们也当这里是自己家，自己的家人之间不必为了小事伤和气。

在直播间，粉丝们之间的争吵有时候就是因为自己下不来台，需要主播用轻松的语言来化解粉丝之间的矛盾，出手给双方一个台阶下。站在主播的角度，也是和为贵，能将直播间的气氛调整过来也不失为一件好事。

10.9　和其他主播做朋友比做敌人要简单

有竞争就会有朋友和敌人，自己孤身一人是无法战胜千军万马的。不管是发自内心地想成为朋友还是相互之间存在利用价值，主播都需要主播朋友。特别是在吸粉和拉礼物时，和其他主播连麦是一剂强有力的良方。

主播在交朋友时可以考虑交同一个分类下的主播，不要一来就考虑竞争的问题。毕竟同一个分类和同一个风格，才能学习到更多的东西，两人也才有可以讨论的话题。虽然交朋友更多的是为了自己的利益，但需要尽量收敛自己目的，拿出真心交朋友。相信一分耕耘一分收获，用真心交朋友，一定能收获真心的主播，为自己的直播生涯锦上添花。

在竞争激烈的直播行业，主播之间掐架是较为常见的。虽然别的主播可能某些方面是做得不对，但是不要轻易去和主播争吵，也不要得罪别的主播，长期下来，在粉丝眼里会自己会变得越来越宽容大度，更受粉丝喜欢。

有的主播在自己的直播间看到粉丝夸耀其他主播心里很不爽，不仅要赶该粉丝，还要对提及的主播进行一番对比，甚至说出各种诋毁其他主播的语言。主播为了图自己的一时之快，没有考虑到更多可能存在的问题。粉丝之所以维护一个主播肯定不仅仅是被才艺所折服，也有一定的人品因素在里面。

- 部分内心强大的粉丝也许能接受主播对其他主播的诋毁，部分粉丝可能也会认为自己看清了主播的为人，并不会继续维护该主播。
- 引起直播间的粉丝不适是一个可能，还有可能是诋毁其他主播的话语被当事主播看到了，过来找主播闹事。
- 更有可能，被诋毁主播的粉丝不答应，跑来直播间黑该主播。
- 或者被人录取了视频，发到网络上炒作，主播被卷到舆论的风口浪尖。

因此主播们应该知道生存之道，不要有事没事和别的主播吵个不停。希望主播们折服粉丝的原因都是得到粉丝发自内心的喜欢。

10.10 关心粉丝的动态

有粉丝每天为主播刷礼物是好事，主播也要注意运用技巧将为自己频刷礼物的粉丝留下来，更要将其他直播间的土豪挖过来。这并非是一两个主播的愿望，几乎是所有主播的目标。所以主播们就要时刻关注粉丝的动态，尽量在留住自己金主的同时也能吸引到更多的金主。

1. 冷静面对其他主播来要人

有种情况是主播的魅力够足，将其他房间频刷礼物的粉丝吸引了过来。本是一件大喜事，可其他直播间的主播也不高兴自己的金主粉丝跑了，就会来找主播理论或争吵。主播如果处理好了不仅能长自己的威风，还能真正收获该金主。

其他主播来闹事的时候，最好的技巧就是不予理会，体现自己的大度。然后好好安慰该金主，可先谢谢他的支持，说自己也不想该粉丝为难，但是喜欢的话可以来转转，刷不刷礼物都可以，再撒个娇卖个萌给粉丝留个好印象。和闹事的主播相比，主播的懂事、可爱更明显了许多，相信粉丝会做出一个很好的选择。

2. 自己的铁粉去给别人刷礼物怎么办

遇到自己的粉丝去给别的主播刷大额礼物怎么办？千万不要气急败坏地告诉粉丝要走就走。作为粉丝，自己的礼物想给谁刷是粉丝的自由，主播没权利干涉。所以主播千万不要把自己的不满用过于直接的语言表现出来，也不要像个泼妇一样跑去和别的主播争吵。

真正的技巧是用真情和爱把金主粉丝留住。在直播间和粉丝撒撒娇，点名感谢某某粉丝的支持。要走的粉丝无论说什么也会走的，但是愿意和主播沟通也说明想得到主播的挽留。因此主播一旦发现粉丝们有想离开的情况或已经频繁去其他直播间刷礼物时，就要用自己的魅力和语言来挽留粉丝。

3. 新手主播应特别注意的小玩家

事情都有两面性，大玩家出手虽然阔绰，但基本已经有固定心仪的主播，再想吸引这样的大玩家是很费力的。小玩家在初期时可能不会积极送礼，但就是小玩家才更容易被新主播吸引。新主播应该尤为注意小玩家，和他们建立深厚的感情，熟络了之后自然会为主播献礼的。

总之，主播应该关心粉丝们在直播间的言论和动态，得到更多的粉丝是成功的第一步。多说些温暖的话，多道几次感谢，让粉丝们由内而外的喜欢主播。

10.11 遇到特殊情况提前告知粉丝

每个人都难免有特殊情况，在工作中，无论多急的事都需要和相关领导请假。在直播间，主播自己就是最大的老板，所以主播遇事就不用请假了吗？试想一下粉丝准时来直播间发现没有直播间关播的任何通知，就去其他直播间围观了；次日该直播间还是未开播，没有任何通知，又去其他直播间围观；第3天，第4天，到了第5天的时候，粉丝们已经习惯性地去往其他直播间，渐渐地遗忘了主播。

因此，无论主播遇到什么特殊情况都一定要告知粉丝。如果是可预见的事，可在前一天直播时就和粉丝们沟通，因为明天有某事，可能会暂停开播，实在不好意思。如果是不能预见的突发情况，可在主播的各大社交网络上告诉粉丝们实际情况，并将下一次开播时间也详细告知粉丝，便于留住粉丝。

在主播生病时，如果能坚持开播尽量还是开播，可在直播过程中说明身体状况，适当缩短直播时间，希望得到粉丝们的谅解。说实在的，粉丝喜欢主播肯定也不舍得主播过于劳累，不仅会劝主播早点休息和注意身体，还会被主播带病坚持直播的精神感动。或如图10-2中的某主播在生病时及时在社交网络上将自己生病的信息传播出来，告诉粉丝们并非自己不想主播，而是身体不支持，加上"遭罪"等字眼，更是让粉丝感到心疼和谅解。

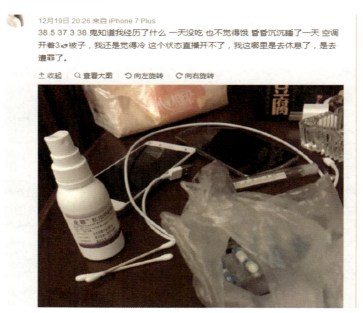

图10-2　某主播在社交平台分享身体欠佳信息

当然，如果已经是炙手可热的主播，偶尔耍脾气吊吊粉丝们的胃口也不失为一种技巧。但是在知名度和各项条件都不够成熟时，就不要轻易尝试玩失踪。就如小米这个牌子做大做强的同时，玩玩饥饿营销可能为自己带来更大的收益；但是作为一个完全没有名气的电子产品，即使做了饥饿营销，也没人知道它的存在。因此主播要和粉丝们保持联系，避免造成粉丝的流失。

10.12　正确面对广告弹幕

　　直播时有人发言和主播互动是很好的，但是有的广告主就在公屏上一直刷广告。面对这种情况主播能怎么办呢？最直接的方法是踢出主播间，或者可用这个广告主来借题发挥，提升自己的人气。

　　如图10-3和图10-4中，总有人在公屏上刷广告信息。对于图10-3，主播可以调侃道：打广告的这位亲又来了，还是小额贷款。大额贷款有吗？主播最近快要穷死了，贷个大额的吧。不仅用轻松愉快的方式处理了广告信息，说不定还能得到粉丝送来的礼物；对于图10-4中的声卡设备，主播更是可用这个话题加大和粉丝之间的互动。"主播这个设备还可以吗？你们听着感觉好吗？"

图10-3　某直播间小额贷款信息　　　　图10-4　某直播间声卡设备广告信息

　　机智的主播可不止这些，还可以在调侃广告弹幕的时候传递这样的一个信息：该直播间比较火热，所以很多广告弹幕都来了。谁会在没有人气的直播间刷广告呢？

🎤**金话筒提示**　在对广告进行调侃的时候，需要注意言辞，千万不要给粉丝或网民留下主播特别支持这款产品的假象，不能排除个别商家不会借题发挥，拿着主播的肖像权对外宣称："某某主播倾力推荐"。

10.13　情感节目需要互动来缓解紧张

　　在情感分类的直播中，通常需要连麦粉丝，来为粉丝解决情感烦恼。有的粉丝能准确、快速地将发生在自己身上的情感问题表达出来，也有粉丝在麦的那头十分紧张，说话断断续续，没有重点。

　　除了主播不愿意听这种观众的倾诉，很多在线粉丝也希望这个连麦的快点结束连麦。也往往是在这种时候，主播是最为难的。不打断这个表达有问题的粉丝吧，很有可能掉粉；切断该粉丝的连麦吧，又会得罪这个粉丝。就没有一举两得的方法和技巧来解决这一现象吗？实际上是有的。

通常，粉丝和主播连麦内心会有一定的紧张，导致语言不流畅是正常的。主播在这时候可适当地提醒"不要紧张，就当是在和普通朋友聊天一样"。如果效果依旧不理想，可通过适当的互动来缓解粉丝的紧张。例如主播说"1"，粉丝回答"2"，循环往复，直到粉丝的语速变正常后继续讲述自己遭遇的情感问题。

主播除了缓解连麦粉丝的紧张感外，还可以适当的提醒在线观众要持一颗包容的心，强调在直播间的都是一家人。不要在别人表述有障碍时继续泼冷水，让粉丝感受到主播的仁爱之心，自然也会更敬重主播的为人。

10.14　通过自黑来先发制人

谈到自黑，这似乎已经是一种潮流了，也有不少名人明星通过自黑得到更多粉丝的喜欢。谈到自黑，一定要说说大明星杨幂。杨幂的明星路可谓一路走来都不容易，"整容""唱歌难听""脚臭"……。细心的网友会发现在近年来，已经很多黑转粉，路转粉的现象，为什么呢？因为她知道如何自黑，通过先发制人来正面面对大众。

在《孤岛惊魂》宣传期间，杨幂曾戴了3天口罩出席宣传活动，关于她整容的消息传得沸沸扬扬。对此，她坚持说是因为拔牙才使脸看起来变小，戴口罩则是因为过敏，而且自己很忙也没有时间去整容。网友们还是不相信，继续对其进行攻击。直至后来，杨幂干脆说"你可以来摸摸我的鼻子。真想让你挥我一拳，看我下巴会不会掉"。如此一来，关于她整容的风波才渐渐远去。

还有网友对杨幂的歌声进行高端黑，站出来发表言论说"你们不要黑杨幂了，我这条命都是她救回来的，我因为一场惨烈的车祸昏迷了3个月之久。有一天，我的护士打开收音机，里面放着《爱的供养》，于是我爬起来把收音机给关了"。面对这样的情况，杨幂选择了自黑给予回应："每一天，都希望自己过得有意义，例如没事做的时候，就想唱唱歌，救救人什么的"。

对于脚臭，也是杨幂的一个梗。很多网友发现这个梗根本就是无源头的，但还是很多网友围观，很多网友在黑。杨幂没有选择破口大骂或是直接逃避，而且选择用自黑的方式来化解。甚至在婚期，也不忘自黑道："鉴于今天是大喜之日，所以新娘子已经自己把婚鞋先换好了，大家放心吧"。

通过上述三个事件，可看出大明星杨幂可谓是用自黑的方式来解决很多问题的同时还让粉丝们看到她可爱的一面。和明星们一样，很多主播也容易招黑。但是聪明的主播们应该知道如何先发制人，用好自黑了吧。

在斗鱼直播平台上的某游戏主播因甜美可人的声音和颜值深受粉丝们的喜欢。可是在某见面会上主播的露面却让粉丝们看到一个加大版的主播。粉丝们不乐意了，各种抨击该主播。该主播的"代播"事件在当时被传得沸沸扬扬，甚至有粉丝向主播声讨"还我们礼物""还我们瘦主播"……

常人都会认为该主播应该会在直播中销声匿迹，如图 10-5 中，该主播通过自黑的方式在微博说道："你们刷礼物的钱都被我买零食吃了，要钱没有要肉三百斤反正我是不想要了"。在骂声中用自黑的方式走过来，边减肥边大方地调侃自己的身材，让很多粉丝原谅了她的同时，整个事件的火热被炒作火热后也收获到了更多的粉丝。

图10-5　某主播在微博分享自黑信息

直播中通过自黑方式来获得更多粉丝倾心的主播很多。新手主播们也可以尝试该技巧来正面面对自己的缺点，不必因为自身的不足害怕被观众黑。

10.15　主播绝招：让黑转粉

主播如果有做得不好的地方被指出来，是正常的现象。有时候，主播没有什么错也会招来黑粉们的围攻。不管做什么事，肯定都会有人持不看好的态度，更有甚者会恶语相向。不少网红并不是自己有多优秀，而是通过一些较为极端的方式来让更多网友对其嗤之以鼻，继而走红的。在直播间里，如果是偶尔有一两个黑粉，可由场控对其进行警告或禁言处理。但是在一时间黑粉较多的情况下，主播也可以采取正面面对的形式来活跃直播间气氛和提高人气。

说起来容易，想要真正不在乎被人黑的主播是极其不易的。所以，这个技巧需要在主播有积极向上的心态和冷静的处事能力时才能做好。首先可以问问黑粉为什么要黑自己，找到源头。

如果很多粉丝都一致认为主播的声音太假，主播可以反思自己是天生的这种声音，还是为了节目效果而故意改变成这样的声音。如果是天生的，即可光明正大地反驳黑粉，这是天生的声音，没办法改变。粉丝们真的不喜欢可以不听，但请求别恶语相加；如果是节目效果，主播可尝试用自己真实的声音直播。

🎤 **金话筒提示**　在主播被黑时，粉丝或多或少会受到牵连。在这个关键点，主播需要做的不仅仅是将自己的而心态调整好，更多的要给予粉丝适当的安慰和关心，让他们知道，主播和他们是一起的，他们有主播这个后盾。

如图 10-6 中，女主播在进行歌唱表演时，在很多赞美声中依然有"破音了唱不上去"等负面语言。该主播在演唱后歌曲后通过这样一番话正面应对了粉丝：我们直播间的粉丝都是很专业的评委，老是说我破音、唱偏，你们试试看坐在左边听呢，正好我唱得也比较左。通过自我调侃和抬高黑主播的粉丝，将直播间的尴尬气氛完美化解了。

图10-6　某主播化解尴尬截图

　　总之，被黑是"塞翁失马，焉知非福"，可能让主播一败涂地，也可能实现黑转粉，让空间气氛回到正常活跃，让自己增加更多的粉丝。

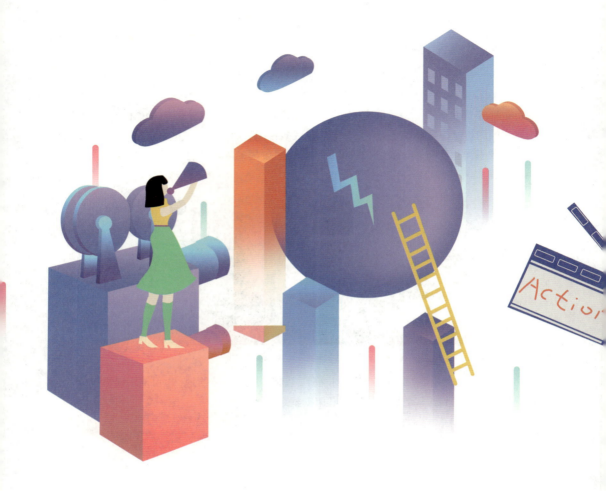

多渠道变现 第11章

本章导读

  随着直播行业用户规模的快速增长，如何变现成为直播内容生产者最为关心的话题。直播营销的最终目的就是利用各种方法，吸引用户流量，让用户购买产品或者参与直播活动，使流量变为销量，从而获得盈利。目前获得较多关注的变现形式主要有打赏变现、广告变现、电商导流、内容付费等。下面就为介绍几种提升直播变现成功率的方法和策略。

11.1　分析粉丝类型

知道粉丝送礼的心理活动，才能抓住粉丝的痛点，得到更多的礼物。通常，送礼的粉丝分为如表 11-1 中的几种类型。

表11-1　粉丝类型分析

送礼人群	关键词	特征	痛点	绝招
宅男	走肾、走心	臆想症	这个群体一般懦弱而善良，收入不高且经历坎坷，主播最需要注意的就是：理解	多听听他们的倾诉，像妈妈一样多关心这个最有可能成为忠实粉的群体。游戏、撒娇和卖萌是最大的绝招
豪主	百家必争之客	神出鬼没、虚荣	这个群体最注重的就是炫富和虚荣，送礼一定要比别人多。别和这个群体比有钱，因为都没有他们有钱	提升自己的人格魅力，找个人来帮着刷礼物来激发壕主的虚荣心，刷礼不停歇
女施主	躁动潜力股	消费能力弱、潜在豪主	这个群体大多看不惯女主播，无论该女主播多优秀；常常拜倒在男主播的颜值和才艺上面	女主播想要得到这类粉丝的礼物，提升人格魅力是没有用的，需要多多分享自己的穿搭、化妆等技巧，或是找点感性的话题引起共鸣，让这类群体感觉有收获；男主播想要得到这类群体的礼物就简单了，只要颜值够，多展现点才艺，还得不到礼物吗
学生党	人数多	消费能力不统一、人数众多	这类群体的目的很简单：找人聊天	应对这类群体，主播需要的是时间，他们比较无聊、单身居多。主播主要肯花时间陪伴和关心，会让他们把零花钱都投进来刷礼物
上班族	固定	消费稳定	这个群体比较屌丝、心疼钱，但是虚荣心较强，渴望得到主播的关心	这个群体的消费稳定，固定的在一段时间内往这个平台投多少钱。主播需要做的就是捧高他们，尽量不拒绝他们的要求，即使比较粘人也不要紧，不要表现出不耐烦
小老板	数量不多	抠门、精明	这个群体大多就是靠抠门起的家，不会出手阔绰，在直播间找的就是刺激	主播如果想从这个群体中得到稳定、大金额的礼物基本不可能，因为达不到他们的目的。针对这类群体，主播可抱着平常心，得不到礼物也不要灰心
大老板	有教养	专一	这个群体和小老板最大的区别在于：有教养，不会提过分的要求	想要得到这个群体的礼物，就要拿出主播的涵养和品味来，默默关心他们。用自己的内涵来从他们手中得到更多礼物，一旦俘获，将是稳定的财主

经过表中粉丝送礼的类型分析，主播们可从直播间中分析自己的粉丝属于哪一类，然后对症下药，才能得到更多的礼物。

在很多人看来，花钱没有得到实物就不值得。那么，为什么还会有粉丝愿意为主播刷礼物呢？总的来说可分为几种原因：

- 娱乐消遣。粉丝们通过对主播提出要求，如才艺表演等，并获得满足，让粉丝得到了愉悦感。
- 情感得到满足。通过刷礼物，让粉丝感觉拉近了和主播之间的距离，谁不愿意被一个看起来比较优秀的人注意和关心呢？
- 看到了自己的重要性。都知道主播直播的原因是想挣钱，粉丝能贡献出自己的力量让主播有收入，内心会得到很大的满足，认为自己很重要。
- 认为自己让主播越来越好。粉丝都有一种心态，对于自己喜欢的人，希望他越来越好。对于主播来说也是一样的，通过自己的礼物，认为让主播更有动力，变得越来越好。
- 为自己的收获买单。粉丝也是有血有肉之人，能感受到主播在镜头前费力地表演以及对自己的陪伴。粉丝自己在主播过程中也可谓是收获颇丰，自觉地想为收获买单。
- 找存在感。通过刷礼物能得到主播的感谢，刷得多的，还能上排名，能让粉丝提升荣誉感和存在感。
- 不经意的花费。因为送礼是通过虚拟货币来完成的，在很大程度上降低了粉丝对金钱成本的感知。这种方式的送礼，让粉丝在未经核算中超预支地花费了金钱。

11.2 土豪级玩家的送礼心理

培养千百个小玩家，不如有几个挥金如土的大玩家。主播如何才能吸引到土豪级玩家的注意呢？首先需要详细分析土豪级玩家的心理活动。

1. 土豪刷礼物的心理活动

只有抓住了土豪刷礼物的心理活动，才能更好地抓住其要点，从土豪玩家那里得到更多礼物。

- 攀比心理。土豪给主播刷礼物并非就一定是欣赏该主播，也或许是对该主播完全没兴趣的。就是看到某个直播间的大财主刷礼物比较夸张，不争馒头争口气，一定要刷得比别人多，于是在该直播间为主播刷了大金额的礼物。
- 虚荣心作祟。这个月的排行榜上，自己刷的礼物数额被人超了，一定要超回来。钱财不是问题，面子不能丢，在一定的时间内必须保持在排行榜上的一个位置。
- 解压。在网络这个虚拟的世界里，可以做更简单的自己。也就是这一个理由，让土豪喜欢这个环境，有理由让土豪愿意买单。
- 新事物的萌生。对于年龄稍大一点的土豪，接触到直播这类新鲜事物，丰富了娱乐方式，也能接触到更多的年轻人。对于事业财富双丰收的他们来说，钱不是问题，能开心就好。

2. 土豪为什么突然来到自己的直播间

在主播数量惊人的直播平台中，主播也知道自己可能不够优秀，但是某天土豪级的玩家就是来到自己的直播间了。可能左思右想也想不通土豪为什么来到了自己的直播间。其实，土豪级玩家说走就走是很明显的，有土豪只是一个小开始，能留住才是成功。但是土豪级玩家往往不好留，原因如下：

- 一言不合就离开。土豪玩家来到直播间肯定是图个开心，不愿意花时间去和主播沟通。主播如果爱耍性子、摆架子，不好意思，玩家马上转战其他直播间。
- 无法满足土豪玩家的要求。"得不到的永远在骚动"并不适用于土豪级玩家，他们普遍没有耐心，刷了很多礼物也得不到主播的联系方式，那就不要想继续吊着胃口了，没有机会了。
- 没有新鲜感。土豪玩家追求的就是个新鲜刺激，主播一成不变的直播内容和翻来覆去的才艺早晚会被土豪级玩家嫌弃。既然有条件看到新鲜事物和面孔，人家为什么还要留下来浪费时间和金钱呢？
- 玩家的自身原因。既然是有钱的金主，玩家肯定也有自己的实际生活。工作和生活忙碌起来，也就没有频繁进入直播间的精力。
- 不可控的诸多原因。在生活中也会发现，想和土豪做朋友是一件很难的事，他们会觉得你是图他的钱才结交的朋友。在虚拟的网络世界里更是如此，土豪玩家更加不容易相信人，神出鬼没也是正常的。

🎤 **金话筒提示**　**主播想要留住土豪玩家是很正常的，但是也要注意尺度。不能仅仅为了经济利益就不考虑土豪玩家提出的要求是否合理，损害他人利益和自己的利益的要求都不能答应。**

11.3　拒绝习惯性打劫

对于等级高，送礼多的大玩家号，是所有主播都喜欢的财主。新财主的到来，让直播间的氛围迅速变得微妙起来，如何才能在财主那里得到更多呢？有的主播巧用技巧来吸引大财主的眼球，企图留下该财主。但是一般的土豪玩家都有固定心仪的主播，留下这个财主的概率可谓小之又小。

所以，一群只顾打劫的主播就产生了。只要看到有等级稍高的玩家进入直播间，不管自己是否和对方熟络，只管伸手要礼物。在上一节，分析过很多土豪玩家送礼物的心理在于攀比和虚荣心。确实，主播的这一要礼行为在一定程度上抓住了土豪玩家的心理，碍于面子，土豪玩家肯定也会为主播刷礼物。但是，该直播间还想这个土豪玩家再进来并送礼？实际情况，这个概率为零。

就如日常生活中，亲朋好友之间的关系是一样的。特别熟悉的朋友，偶尔可以和对方说自己想要某某礼物，对方可能会送，因为关系好。但是，对于陌生人，去和别人说自己想要某某礼物，可能会被对方反感。土豪玩家可能不缺钱，也不在意这一点礼物。重点就在于，没有人喜欢和不熟悉的人一来就谈钱。

主播只有和玩家的关系好了，才能有长期、稳定的关系，主播才有可能从玩家手中得到更多礼物。因此，无论大小玩家进入直播间，都不要急于求成，伸手就要礼物，不仅会被看成乞丐乞求施舍，还有可能引起直播间其他粉丝的反感。试着和粉丝们做朋友，用真心真情换来收获。

11.4 会哭的孩子有奶吃

"会哭的孩子有奶吃"这个俗语比喻了工作中埋头苦干的人在领导面前的印象还不如想办法在领导面前展现自己的人。在直播间中，很多主播碍于自尊或是其他原因很少和粉丝们要礼物。因为这类主播相信自己的努力是可以被粉丝们认可并赞赏的。

但是事实真的如此吗？对于自己的努力和付出是应该被肯定的，但是粉丝这个群体并非主播的直系领导，没有义务给主播刷礼物。当然，也有少部分的粉丝确实看到主播的魅力所在，想自觉地给主播刷礼物。但是也有很大一部分粉丝就是一个看客心理，如果没有收到主播的暗示是不会主动为主播刷礼物的。

曾有一个名为《撒娇女人最好命》的电影在上映后，引起很多女人的反思。既然撒娇能解决很多事，为什么还要自己去搬大米呢？在直播间里，如果是异性粉丝，或多或少会被自己柔弱或阳刚的一面所吸引，在适当的时间抛个媚眼，索要个礼物不也是一件轻而易举的事吗？

因此主播应该具备一些索要礼物的手段，得到和自己付出相应的收获，不能干坐着培养粉丝的自觉性。

🎤 **金话筒提示** 主播在和粉丝们索要礼物的时候也要注意当时的氛围和方式，不在气氛僵硬时索要礼物，不仅得不到礼物还有可能引起粉丝们的反感。

主播在和粉丝索要礼物时需要具备一定的技巧才不被粉丝反感。

- 注意使用语气词。想要自己的语言更生动，富有感染力，可在语言中加入语气词。例如在和粉丝们索要礼物时，加上如"真的吗？""太感谢某某了呢""真是太幸福了"。
- 语言和动作完美搭配。主播在和粉丝们撒娇的时候可以用语言和动作的完美搭配。例如，在某个粉丝生气时，主播可以娇滴滴地说："某某某，我错了"，在镜头前猛然抬头，露出一个活泼可爱的微笑。
- 卖萌撒手锏：装无辜。谁都喜欢一脸无辜的萌样子，例如主播在直播时不小心关闭了摄像头，粉丝们肯定在第一时间是骂声不断的。主播在这时候就要沉着冷静，做出很无辜的样子："实在对不起，我真是太笨了，不小心就点到关闭按钮了，真的很对不起。"粉丝们看到主播这样一副天然呆的无辜样子，自然也就原谅主播了，说不定还被主播萌到，送点小礼物呢。

直播在找技巧和粉丝们索要礼物时也要注意对方的底线，例如有的大玩家已经是见过大风大浪的人，反而不喜欢撒娇的主播。主播在这个时候再上去撒娇、卖萌不仅得不到礼物，还会遭到该玩家的嫌弃。所以，主播应该知道玩家都是有差异的，在要礼物之前需要知道对方的底线，自己使用的招数是否能正中对方的痛点。

🎙 **金话筒提示**　**主播在撒娇卖萌为自己收获更多礼物的时候也要注意场合和度。到处撒娇不仅不能得到礼物，还会招致更多人的反感；过度的撒娇和卖萌，也会让粉丝认为该主播"假惺惺""太装"，从而粉转黑、路转黑。**

11.5　给粉丝一个送你礼物的理由

做事都是需要理由的，在直播间，主播想要得到粉丝的礼物也是需要理由的。该粉丝喜欢主播，送礼物；该粉丝认为主播表演得很好，送礼物；该粉丝看到了主播的努力，送礼物。可能也有少部分粉丝不认为需要过多的理由，就是看主播顺眼就给主播送礼。

但是，对于毫无理由就给主播送礼的粉丝也是没有定性的，今天看这个主播顺眼，送礼物。明天看到另一个主播好像更顺眼，就把礼物都给别的主播了。因此，主播想粉丝长期给自己送礼，就需要主播给粉丝一个送礼的理由。

- 主播和粉丝的关系，从陌生到熟悉，是需要感情投资的。最好的感情投资就是主播发自内心去关心粉丝。在粉丝心情不好的时候，多停下来和他聊聊天，给予正能量的鼓励。
- 粉丝给主播送礼的理由也可以是让粉丝感到有收获。一天下来，主播分享了很多穿搭技巧、旅游胜地推荐、电影详解等，总之就是让粉丝感受到自己没有浪费这一天的时间。
- 主播的故事打动了粉丝，引起粉丝的共鸣。例如主播今天讲到自己的小时候，和爸爸妈妈发生矛盾后进行了争吵，现在回忆起来满是歉意，这会让粉丝也想到自己小时候的琐事，打从心底里和主播有共鸣。
- 主播的搞笑逗乐为粉丝们带来了欢乐。例如，辛苦了一天的粉丝在看到主播时，是发自内心的开心，让粉丝的心情好起来。
- 主播的才艺很棒，例如一首歌比原唱更有韵味，让粉丝看到主播的努力并得到粉丝的认同；也可以是一个很少有人能过关的游戏被主播打通关了，粉丝打从心底里佩服主播。

总之，主播不能靠刷脸去得到粉丝们的礼物，需要找到一个让粉丝送礼的理由。

11.6 为什么别人不送你礼物

新手主播在开播初期，心里肯定很郁闷，自己做了努力，为什么就是没有粉丝送礼物呢？其实主播偶尔也需要从自己身上找原因来解决。例如在直播中，主播是否经常犯类似下面的错呢？

- 用一个糟糕的形象和坏心情来直播。观众进入直播间决定去留的时间很短，通常没有耐心听主播絮絮叨叨说没营养的话。主播需要用一个养眼的形象让粉丝在直播间多停留一段时间，主播的心情是可以影响粉丝心情的，如果主播用一个心不在焉或愁眉苦脸的样子来直播，不如不要开直播。

- 让粉丝感受到主播的威胁。有的主播在开播时没有粉丝互动和送礼，往往会使用气话来激怒在线观众，例如，"明天开始不直播了，反正没有人喜欢"。要知道，直播平台上的主播众多，少一个大家都不喜欢的主播对于粉丝来说不会构成威胁，甚至让粉丝们认为该主播十分幼稚（或自以为是）。

- 眼里只看到大玩家和土豪。有的主播将自己的势利表现得淋漓尽致，只和大玩家和土豪打招呼，对小玩家不理不睬。今日的小玩家不代表明日不能成为大土豪，不要忽视身边任何一个可能送礼的粉丝。

- "逢场作戏"过于明显。粉丝们不是抱着手机只管给主播刷礼物的傻子，想要粉丝送礼就需要以心换心，确实让粉丝们感受到有收获，多为粉丝考虑，多主动关心一下粉丝们的日常。

在主播没有犯上述的错误之后，还是不能得到粉丝的礼物，怎么办呢？下面再教给大家几个和粉丝要礼物的小妙招，希望对主播们有帮助。

- 告诉粉丝自己以直播谋生。如果一个魔术师有一份朝九晚五的工作，表演魔术仅是自己的爱好，大多数观众可能会惊叹该魔术师的能力，但是不会做出什么。但是在街头魔术师如果让观众们都知道自己是以此为生的话，可能很多观众就会掏钱打赏。在直播中，主播同样需要让粉丝们知道自己的全部精力都花在直播上，粉丝们的礼物就是自己唯一的收入。粉丝们了解这一点后，也就会为主播的表演付账。

- 让互帮互助的心理深入粉丝的内心。主播在直播过程中多感谢粉丝的陪伴与支持，让粉丝感受到互帮互助，相信粉丝也会感到不好意思，只有多为主播刷点礼物，以作补偿。

- 给粉丝一个送礼的理由。在主播过程中，可以有意无意的提及自己近期需要更新某某设备或看中某个东西，也不要太直接地要礼物，就告诉大家主播有这个需求就可以。在有粉丝送礼物时，也可以说"谢谢某某某，回去可以入手昨天看中的话筒了"。这一信息的传递，让粉丝感受到自己送礼是帮助主播更好地直播。

- 让粉丝看到主播的努力。主播需要做的是打破粉丝的偏见，主播在镜头前不是随便一坐就能有过万收入的。主播可以通过讲述自己在开播前的准备工作、牺牲假期、辛苦学习等方面告诉粉丝们自己为直播付出了很多，这样粉丝才会知道原来主播也是一个辛苦的职业，心甘情愿地为主播刷礼物。

- 用完成任务来博取粉丝的同情。例如在周末或月末时，告知粉丝们自己需要完成某某任务，请粉丝们帮一把，把任务过了。相信粉丝们也不是铁石心肠，不会吝啬手中的礼物来帮助主播。
- 用升级信息来获得礼物。随时关注并提醒粉丝的升级状态，或者告知粉丝们自己要升级还需要做些什么，请求粉丝们帮助主播升级，获得更多关注和礼物。

11.7　连麦竞争刷礼物

主播在直播在保证稳定的同时也要考虑新鲜元素的加入。在前面讲述了通过连麦可以增加主播被更多人看到的机会，是一个很好的吸粉技巧。但连麦的优点不仅如此，还能通过连麦来活跃直播间的氛围，给在线观众新鲜感。连麦还有一个最重要的作用，就是在短时间内加大自己的收入。

如何通过连麦来获得更多礼物呢？如同比赛，因为有了竞争才让整个氛围活跃起来。主播们通过其他主播的连麦，来比拼才艺。在整个比赛环节中，如何判断双方主播的胜出方呢？就是粉丝们的礼物。

如图 11-1 中为 YY 直播平台上名为"大米歌"的直播间，左侧是大米歌本人，右侧是连麦名为"夏天"的女主播。两个主播通过连麦进行才艺比拼，直播间的气氛热闹非凡。

图11-1　某直播平台的两位直播连麦截图

这样连麦进行技艺比拼的方式，对两个主播来说都是有益的。最大的亮点在于有比拼就有竞争，能使围观的粉丝们在这段时间迅速活跃起来。从竞争能产生结果，这个结果由收礼的多少来判断。如图 11-2 所示，两位主播在 666 秒内，礼物的数量发生了明显变化。这样一来，在线的粉丝都成了专业的评委，可以为自己喜欢的主播刷礼物，主播得到的礼物越多，则说明胜出对方越多。

图11-2　两位主播连麦吸引粉丝送礼页面

输的主播会受到相应的惩罚，对于惩罚方式粉丝也是可以选择的，这也能进一步促进粉丝们的积极性。这个方法不仅仅可运用在才艺主播的直播间里，对于游戏、户外之类的直播间都是可以的。

11.8　礼物大比拼

主播除了能连麦引起竞争得到更多礼物外，还能通过自己团队内部的竞争来获得更多礼物。主播在自己有一定的粉丝量后可进行分类，如：护卫队、珍爱团、黑粉等，并为分好组的成员修改前缀或后缀的名称。在 5 分钟内，哪个分类送的礼物最多为获胜。粉丝们都有一种攀比心理，即使自己在最不起眼的这个分类里，也想自己所在的分类有不错的成绩，自然也会奋力地刷礼物。

- 在分类礼物大比拼中，需要主播有很好的运营能力，例如很多粉丝会问主播为什么自己是被分在某个分类里。主播要准备好充分的理由，让粉丝接受分类安排。
- 其次，主播要在比拼过程中要投入感情。例如感谢某某团刚才送的礼物，语气和神态要表现得真挚、诚恳。
- 在比拼中，符合气氛的背景音乐十分重要。这和战场上擂鼓的作用类似，用激昂的音乐调动起送礼气氛。

■ 既然是比拼，就需要奖惩分明。有输赢没有奖惩，对粉丝来说是没有动力的。但是奖惩又需要一个度，太过分或太轻松都是不可取的，需要主播自己衡量。

11.9　出售广告位为主播增加收入

明星代言的商品会更容易被该明星的粉丝购买和传播，因此，很多商品会选择花重金找明星代言。主播其实也是一种"小型明星"，因此，请主播为商品做广告也可以在一定程度上增加商品的销量。这就是主播的另一个收入渠道：为商品做广告。

如图11-3中，某主播的在线麦序上面就有老麻鸭、貂皮大衣、耐克、阿迪达斯等商品的广告信息和联系方式。该直播当时临近关闭直播，在线人数为45417人，主播也在关麦之前和粉丝们一一宣传了图中的商品，并伴有量身定做的商品宣传词。例如，主播对耐克、阿迪达斯是这样宣传的：大家关注一下第22号麦，耐克、阿迪达斯正品，七天内有质量问题包退换，有兴趣的加后面的微信号联系。直播间人数稳定的主播，可以在麦序和直播中提及有广告位出售的信息。

图11-3　直播间广告位出售图

🎙 **金话筒提示**　**主播在直播间内推广商品也要注意商品的质量。如果购买的商品频繁出现质量问题，或在购买商品后联系不上商家的售后，到时候愤怒的粉丝只能找主播发泄，会带来非常不良的后果，因此主播做广告前最好对商家进行一定的调查。**

11.10　电商渠道变现技巧

　　想必大家对淘宝直播并不陌生。在直播平台中，商品不再是单调的图片和简短的视频。和电视购物类似，越有名气的主播加入，越能迅速抓住观众的眼球。主播可以将商品的优点展现在消费者眼前，说服消费者购买。

　　主播和淘宝卖家之间的合作一方面能得到卖家的推广佣金，另一方面，主播在为商品做宣传时，卖家通常会赠送很多相关产品给主播使用。例如代言的商品是某个服装店的商品，在今后的直播中，就不用担心自己的衣服货源问题，这就能为主播省下不少钱。

　　如图11-4中，现场直播开蚌取珍珠，让粉丝看到珍珠从取出到加工的整个流程，在线观看人数为57228人，并且不断有关注和购买商品的粉丝增加；在图11-5中也是一样，主播在现场将口红的颜色和眼线笔的使用效果展现给粉丝们看，购买该商品和关注的人也在持续增加。

图11-4　直播现场取珍珠

图11-5　直播美妆产品使用效果

　　电商（淘宝）直播对于主播而言，是另外一个赚取收入的渠道。不仅收入来源不一样，粉丝群也和其他直播平台的有区别，淘宝直播的粉丝们比非电商平台的粉丝们好说话，很少对主播有过分的要求。

　　如果主播自己没有网店，可通过帮其他网店进行直播的方式赚取利润。主播和电商商家的合作可通过"阿里V任务"来建立。步骤如下：①在网址栏中输入网址；

②点击"申请开通"按钮，根据提示填写相关信息即可，如图11-6所示。

图11-6　阿里V任务页面图

🎤 **金话筒提示**　**主播要遵守与相应电商直播合作的规则，通过正规渠道和淘宝卖家进行沟通和协商。不能轻信在直播间粉丝的私信就接私活，没有中间正常的平台提供支持，容易与淘宝卖家发生纠纷。**

相比一般直播中的靠颜值和才艺吃饭，在电商中直播，需要主播更具有一定的运营能力。例如对热销商品的定位和商品差异化等信息要有自己的见解和说法。直接说来，主播更是一个高颜值的生意人。

由于淘宝直播是个新行业，没有成熟的运作体系可参考。对于社交经验较弱的新手主播来说，需要解决的问题还很多。所以，电商主播的成长也是一个艰难的过程。电商主播应具备以下能力：

- 对接商家。
- 保证产品与质量。
- 规划直播内容。
- 策划营销活动。
- 认识粉丝群体。

主播在与商家谈合作前，一定要全面认识产品，充分保证产品的品质与质量。在直播间，粉丝的购买行为是基于对主播的信任而产生的，如果产品存在问题，很容易流失粉丝。

这里先谈谈电商直播间的粉丝构成。不同的粉丝群体，其消费需求与购物习惯有差异。与纯娱乐的直播间不一样，电商直播间不仅有铁杆粉丝和娱乐者，还有一群购物者。购物者进入直播间的目的就是消费，且这类粉丝所占比例最大。购物者由于对产品感兴趣，可能会提出诸多问题，例如材质、大小等，主播应尽可能地回答这类粉丝的问题，促成交易。

再谈直播观看人数。很多新晋主播开播时发现播了3个小时，只有100多人观看。那如何提升观看人数呢？先来分析直播观看人数的来源途径。以淘宝为例，主要包括：手机淘宝APP的"淘宝直播"版块、手机淘宝APP推送、淘宝网PC端的"淘宝直播"、旺旺群及微信、微博等社交软件，其人流入口最大的当数手机淘宝APP的"淘宝直播"。

手机淘宝APP淘宝直播的获取流量公式为：

$$流量 = 展现量 \times 点击率$$

其中，影响点击率的重要因素包括：首图、标题、排名、观看人数等。主播要改善排名，可以从首图和标题入手。

首图根据特点包括颜值引流、爆款引流及场景引流：

- **颜值引流**：高颜值总让人有点击欲望，主播可用精致妆容的照片来作为首图，吸引粉丝点击。
- **爆款引流**：可暂时抛开产品属性，穿着时下较为火热款式的服装来吸引粉丝的点击。
- **场景引流**：把主播安排在多个环境中，找到最能表达产品的主题场景，吸引粉丝点击。例如，主播今日推荐的产品为新鲜水果，可将主播在地里现采摘水果的照片用作首图。

11.11　直播中植入广告

当主播有一定的人气后，可以考虑与商家合作，在直播、短视频中加入广告。如抖音里有一个名为"小兰"的账号，小兰是两个孩子的母亲，也是一个务工人员的妻子。她用抖音记录自己和老公在深圳的日子。老公日常外出务工，她则负责一家人的一日三餐，截至2019年5月共有200多万粉丝，视频点赞量过十万。很多人都从她的镜头里看到平凡生活的同时，纷纷留言说喜欢这样真实的她。

闲暇之余，小兰也开通直播间和粉丝们聊聊天。随着关系的熟络，部分粉丝体谅小兰，直接留言，希望小兰多接广告，如图11-7所示。甚至在插入广告后，很多粉丝留言赞同该广告商品，如图11-8所示。

主播在接广告时，首先要确定商品质量，如果商品质量差，粉丝使用后骂声不断，则容易为主播造成负面影响，再多的广告费也得不偿失。另外，应在积累一定的粉丝后再接广告。部分粉丝反感广告，如果直播内容或短视频皆不能满足粉丝的视觉要求，而且被广告包围，很容易被取关。

图11-7　粉丝希望主播多接广告

图11-8　粉丝赞同主播推荐的商品

11.12　做好自媒体变现

主播积攒了一定的粉丝量后，在大众面前的辨识度也会随之上升。这个时候，主播可以通过经营自媒体账号来扩大自己的知名度，一方面能吸引到更多的粉丝来关注自己的直播间，另一方面能提高自己的知名度。

微信公众号是最典型的自媒体平台。主播可以将自己直播中的有趣视频截取下来，放到公众号内容内进行传播。如果公众号的粉丝不多，可在直播间宣传公众号，号召粉丝关注自己的微信公众号。等到公众号关注数上去之后，就可以间歇转发、分享一些商家广告，为商家做宣传得到另一份收入。

微博、博客、论坛、贴吧等平台的运作思路也大致相同，即先在直播间进行宣传，号召粉丝关注，待关注数到达一定水平后，就可以打广告了。

🎤 **金话筒提示**　自媒体运营需要主播掌握一定的技巧和时间，粉丝的积累并非一两天就可以完成的。主播们需要通过丰富公众号内容的方式来加大传播范围。同样，更需要主播有足够的耐心坚持，才能吸引到更多的关注。

11.13　为直播打造噱头，引起关注

在直播中，一个好的噱头往往可以引起大量粉丝的关注，从而使直播的效果事半功倍。因此，为直播打造一个让人印象深刻的噱头成为不少主播和直播平台吸引粉丝关注的利器。那么，主播在直播的过程中到底应该如何去打造噱头，引起更多粉丝的关注呢？下面就来看看为直播打造噱头的两个小技巧。

1. 引用网络热词做噱头

在策划直播主题时，主播们要学会利用网络上的热门词汇来做噱头。在互联网时代，网络上的热门词汇和热点事件往往能够有效带动用户的传播和分享。因此，以网络热词做噱头进行直播能够很好地吸引住人们的注意。例如，2016年里约奥运会期间，傅园慧的"洪荒之力"，经过她风趣幽默的表达，带动了这个词汇的传播，成为风靡一时的热词。又例如，被"德云女孩"带火的"盘他"一词，如今在直播圈中相当的扯眼球，成为不少主播和粉丝互动的符号。

一般来说，主播要想扩大影响力，增加知名度，可以在直播主题中植入自己的个性标签，让粉丝通过这个核心标签就能感受到主播的内涵。除此之外，主播还可以借助一些名人、事件来帮助自己发酵。

2. 抛出爆炸性新闻做噱头

主播在做直播主题策划时，为了满足粉丝猎奇的心理，在不违背国家相关法律法规、不触碰社会道德底线的前提下，可以适当向粉丝抛出一些爆炸新闻或重磅炸弹信息，用这些噱头打开用户的好奇心，吸引粉丝观看。

这种爆炸性新闻，不一定真正的要有多劲爆，而是在直播话题上打造一个有看点的新闻，让粉丝因此走进直播间。主播只需要在直播前，抛出一个观众感兴趣的话题，吸引大家前来围观，然后在真正直播中尽量给大家带来一些有用的干货即可。

11.14　分析产品特点，作产品的专家

如果直播内容生产者想要通过直播内容吸引住用户，并最终实现商业变现，那么就需要围绕产品特点进行直播主题策划，向用户全面展现产品的优势和特点，这样才能够更好地激发出用户的购买欲望。

围绕产品特点的核心就是要以产品为主，让产品做主角。有的主播在直播时，将产品放置在一边，整个直播过程中完全没有向用户详细介绍产品的优势和特点，只是一味地给用户讲一些无关紧要的内容；而有的主播则从直播一开始就滔滔不绝地向用户推荐产品，没有向用户介绍任何有关产品的实用技巧。这两种直播方法都是不可取的，对直播变现来说是没有任何帮助的。

直播内容生产者们想要通过直播方式销售产品，就必须要清楚在直播过程中，

产品才是关键，产品才是主角，直播的目的就是为了让产品给用户留下深刻印象，从而激发用户的购买欲望。

那么主播们要具体怎么做才能让产品成为直播的主角呢？下面就为大家总结的3个基本的做法，帮助主播们展现产品的优势和特点。

- 主播所讲的话要与产品相关。
- 主播的动作要能够联系产品。
- 主播最好将产品放在自己旁边，方便随时向观众介绍产品。

如图11-9所示，是一家销售女包的商家在淘宝直播中展示产品的相关信息。这场直播的内容全部都是围绕产品进行的，例如介绍包包的特点、材质、适合的人群等，而且用户在观看直播的同时还可以直接点击产品链接购买该产品。

由此可见，用户观看以销售为目的的直播往往是因为对直播中介绍的产品感兴趣。因此，直播内容生产者们在进行直播主题策划时，应该以产品为主，大力宣传产品发优势和特点，只有这样用户才会观看直播，从而购买产品。

图11-9　以介绍商品为主的直播页面

11.15　抓住限时心理做特价

既然直播的目的是为了销售产品，那么如何让观看直播的用户产生购物欲望就是商家需要思考的问题了。在直播的过程中，商家可以利用一些用户在购买产品时冲动消费的心理，适当加入一点"小心机"，来刺激用户的购物欲望。例如，采用"限时购＋直播"的模式销售产品。这种模式是一种心理营销战术，在直播中采用限时购的方式特价销售商品，能够最大限度地激发用户的购买热情，从而实现营销的最终目的。

"限时购＋直播"的具体做法一般都是在直播过程中，主播一边向用户介绍相关的产品，屏幕上就会弹出相应的产品购买链接，并出现限时购买的信息提示或倒计时。这时对产品感兴趣的用户为了把握住特价购买产品的机会，就会果断下单购买。

有些商家在直播中还设置了"关注店铺或主播，派送购物红包"等活动，这也是一种非常明智的营销手段。这样做不仅可以促使本身就对产品感兴趣的用户快速下单购买，同时又可以吸引大量潜在用户购买产品。

🎙 **金话筒提示** 像淘宝天猫、聚美优品等电商平台非常适合这种"限时购＋直播"的营销模式，因为这类平台都可以使用户在观看直播的过程中购买自己喜欢的产品，能够更好地为用户提供浸入式的购物体验。

当然，要想在直播中加入"限时购"模式也是需要技巧的。商家应根据用户的心理挑选时机来变换弹出产品的方法，太过单一的形式，一般不容易引起用户的注意。

11.16 善用增值内容来满足用户需求

要想直播能够获得好的营销效果，主播在直播时就不能够只单纯地介绍产品，还应该为用户提供一些产品的增值内容。使用户不仅能获得产品，还能收获与产品相关的知识或者技能，这样用户自然会心甘情愿地购买产品。向用户提供增值内容一般可以从以下三点出发，如图11-10所示。

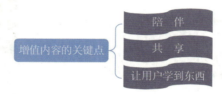

图11-10 增值内容关键点

其中，让用户在直播中学到东西是最典型的增值内容。淘宝直播在这方面就做得非常不错。在淘宝直播上，很多商家为了更好地利用直播销售产品，往往会推出一些与产品相关的教程，以此来满足用户的软性需求。例如，淘宝直播中的一些化妆直播，主播不再是简单地介绍产品的特点、功效、价格等，而是直接在镜头前展示产品的使用过程，边化妆边介绍产品，如图11-11所示。这样做用户不仅可以通过直播了解到产品的相关信息，还能学习到一些适用的美妆技巧。用户在得到优质的增值内容后，自然就会忍不住想要购买产品，直播营销的目的也就达到了。

图11-11 产品使用教程直播页面

11.17 学会借势和造势吸睛

热点事件的传播速度通常比较快，借势推广就是利用热点事件进行推广。直播想要获得更多的浏览量，就需要借助热点事件的影响力来吸引用户观看直播。例如，在聚美优品的"洗护节"活动中，不少品牌商家就借助"洗护节，主播带你逛"这一主题来进行直播推广。

除了借势推广，造势推广也是一种非常不错的推广方式。造势推广简单来说就是，如果没有热点事件可以借势，就自己创造热点事件来进行推广。

造势推广一般需要一个过程：首先，直播策划人员在直播还没有开始前就应该为直播的顺利进行营造气氛，让用户知道这件事情。其次，直播策划人员应该根据产品的特点设计直播的主题。最后，直播策划人员需要邀请网红主播或者明星进行直播，并提前将网红主播或者明星来进行直播的消息透露出去，以此来吸引用户观看直播。

直播造势推广的方法有很多，最常用的就是利用自身品牌和明星等造势。例如，淘宝在自己的直播平台利用"淘宝造物节"这一活动吸引用户观看直播。在直播开始之前，淘宝首页就已经开始进行"淘宝造物节"直播活动的宣传了，并且邀请了名人前来参加"淘宝造物节"活动，最终在活动当天，观看直播的人数超过千万，取得了非常不错的推广效果。"淘宝造物节"活动宣传，如图 11-12 所示。

图11-12　"淘宝造物节"宣传图

11.18　专注一个类目商品，做到专注、专业

为了让用户更加关注产品，直播策划人员在策划直播内容时，应当尽量专注一个类目的产品。这种方法对于没有过多直播经验的人而言非常实用，因为直播跟学习一样，不能囫囵吞枣，要做到专注、专业。

通常直播中只专注于一个类目的产品，会大大增加直播营销成功的概率。在打造专属产品时，直播策划人员应当注意两个方面的问题，如图 11-13 所示。

图11-13　直播策划人员应注意的问题

只要做到了上述两点，产品在直播时就能够快速进入用户的视野，给用户留下深刻的印象，从而为产品的销售打下良好的基础。例如，2016 年 7 月 20 日，

H&M 服装品牌与直播平台美拍合作，借助里约奥运会这一热点事件，打造了一场别开生面的直播。在直播当天 H&M 正式发售了该品牌的高级系列 For Every Victory 产品，并邀请了两位人气明星身穿 H&M 服装为品牌造势，引得大量粉丝关注。这场直播为 H&M 赢得了不少人气，直播中的产品也一度成为爆款，产品的销售量节节攀升。

11.19　用福利吸引关注，为用户提供大惊喜

人们往往都会对优惠的东西失去抵抗力，就像很多人都喜欢在打折促销时进行购物一样，用户在网上购物时也希望能够获得更多的优惠。因此，如果想让用户在观看直播时快速下单，通过送福利的方式"诱导"用户购买产品是一个非常不错的方式。

如图 11-14 所示是淘宝直播平台联合多家品牌家电商家进行的一场主题为"家电狂欢日，狂撒红包雨"的 618 促销直播。用户仅通过这场直播活动的主题，就可以知道直播中会有很多品牌的家电商家会为用户提供各种优惠福利，于是也就自然而然地产生了观看直播的想法。在直播中，主播为了最大限度吸引用户购买产品，也是使出了浑身解数进行促销，全面向用户介绍产品的优势，并向用户发出各种福利，例如领红包、抽福利奖品、限量秒杀、红包雨等。用户领取到了各种福利以后，就可以点击直播页面下方的产品链接，直接下单购买产品。通过这些努力，观看直播的用户越来越多，流量也在不断转化为销量。

图11-14　"家电狂欢日，狂撒红包雨"活动直播

向用户送福利这种方式除了可以在大型直播活动中使用以外，商家在平时的产品上新和产品清仓的直播中也可以使用。送福利这种方式能够最大程度地调动用户购物的积极性，对产品的销售有非常好的促进作用。

🎙 **金话筒提示**　在直播中给观看的用户发送优惠券也能很好地吸引用户。送优惠券的方式主要有以下 3 种。

- 通过直播链接发送优惠券。
- 在直播中发送优惠券。
- 在直播中抽奖送优惠券。

11.20 用短视频快速抓住用户

无论个人还是企业，无论做实体还是做互联网，将良好经营持续变现的前提，都是必须获取巨大的流量。在过去的传统媒体时代，电视、广播是传播信息的主流媒介，也是巨大且集中的流量汇聚中心。但随着移动互联网时代到来，人人都有了智能手机，自媒体、短视频异军突起，用户的注意力都放在了快手、抖音等短视频APP上。一个短视频捧红一个关键意见领袖（KOL），一个短视频捧红一个品牌，一个短视频增加数百万粉丝的例子，已经屡见不鲜了。

既然短视频是互联网内容领域最疾速的风口之一，那么如何用短视频快速抓住用户就成为短视频运营者们不得不思考的一个问题了。下面就为大家介绍一下用短视频快速抓住用户的方法。

1. 了解和分析目标用户

做短视频之前首先需要考虑的就是目标用户的问题。如果短视频运营者没有目标、没有方向，只凭一股子热情发布一堆自己认为内容很好玩的短视频，这样做往往是起不到很好的营销效果的。因此，在选择开始做视频之前，短视频运营者一定要先了解好自己的目标用户的基本属性，例如目标用户的性别、年龄层次、职业和教育背景等。

了解目标用户之后，接下来就需要对目标用户进行分析。只有将目标用户的需求痛点分析清楚，短视频运营者才能从某个点入手，制作出来更优质的内容。那么具体要怎么做才能知道目标用户的需求痛点呢？短视频运营者可以制作一些线上调查问卷，或者发动话题互动，引导用户参与进来，从中了解用户最关心的问题，然后从这些问题着手策划短视频的内容。

2. 输出优质内容

在了解和分析完目标用户之后，短视频运营者就需要输出优质的内容了。吸引用户最重要的是内容，将用户喜欢看到的内容作为短视频的播放内容，再加入一些创新的元素来丰富画面，就可以呈现出较为优质的短视频内容了。

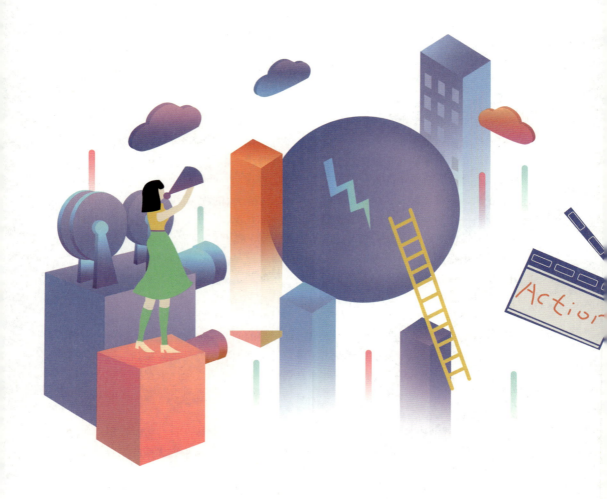

短视频内容策划与拍摄 ^{第12章}

本章导读 ————————————————————————————

　　对于短视频的创作而言，内容的策划与拍摄非常重要，是决定短视频最终呈现效果的关键。做好短视频的内容策划和拍摄，可以有效地诠释短视频的内容，清楚地表达出作品所要传递的主题和中心思想，实现资源的优化配置。

12.1 内容要满足粉丝的需求

短视频的内容要满足粉丝的需求，这是短视频创作中最基本，也是最关键的一点。但是有很多人自始至终都不知道粉丝真正想要的是什么，例如粉丝们想要好玩有趣的内容，他们就拍摄一些恶搞的视频上传。这种没有价值和创意的短视频内容，只是一味地在迎合粉丝，讨好粉丝，根本不是真正满足粉丝需求。

那么什么样的短视频的内容才能真正满足粉丝的需求呢？例如，抖音上面的"趣味生活杂谈"，它是一个生活类的短视频账号，粉丝群体主要是家庭主妇。那么，试想一下这些家庭主妇的需求是什么？家庭主妇的需求无非就是做饭、带孩子、料理家务等方面的生活小技巧。因此，"趣味生活杂谈"所打造的短视频内容就是给粉丝们分享各种生活小技巧、小妙招，帮助粉丝解决生活中遇到的一些难题，真正满足粉丝的需求。"趣味生活杂谈"的抖音主页，如图12-1所示。

图12-1 "趣味生活杂谈"抖音主页

1. 找到不能满足粉丝需求的原因

短视频的内容无法满足粉丝的需求，主要有以下几个原因。

- 在人力、财力、时间等方面跟不上粉丝的需求，自身能力发展受限。

- 对核心粉丝的定位不够明确，并且不能让核心粉丝充分地了解短视频内容能给他带去什么样的价值，从而导致粉丝的流失。

- 因为想要满足全部类型粉丝的需求，所以导致短视频内容的定位不够明确，视频内容过于繁杂，无法形成自己的风格。

例如，"日日煮"这款以美食为主的产品上面所创作的一些短视频就非常好。"日日煮"所创作的短视频内容都是一些日常食物的制作，在人力、财力和时间等方面不会造成太大的障碍，也不会因为自身能力的原因而导致短视频更新中断。其次，"日日煮"有明确的核心粉丝群体，就是那些热爱美食且喜欢动手制作美食的人群，因此"日日煮"的短视频内容基本上都是在教粉丝如何制作美食。最后，"日日煮"的短视频内容只专注于美食的制作，只满足某一类型粉丝的需求，并没有想要满足全部类型粉丝的需求。如图12-2所示为"日日煮"的网站首页。

图12-2 "日日煮"网站首页

2. 找到粉丝需求中存在的问题

满足粉丝需求的首先需要了解粉丝的真实需求，但是粉丝表象上所给出的反馈，就是他们真正想要的吗？粉丝的需求是多样性的，这其中也会存在很多问题，主要的问题包括以下几个方面。

- 不少粉丝的需求在本质上是相互排斥的。
- 粉丝的潜意识里会把问题的解决方案当成需求。
- 粉丝表达的有可能是情绪，而不是需求。
- 粉丝的需求与相应的场景不对应。

3. 能满足粉丝真正需求的逻辑框架

短视频内容是否能够获得粉丝的认可的关键点在于内容是否能够满足粉丝的真正需求，而不是内容本身。所以，在进行短视频内容创作时，短视频创作者们需要遵循以下逻辑框架。

（1）确定粉丝哪些需求是需要被满足的。一个粉丝需求是否要被满足，需要考虑以下几点。

- 这个需求是否是大多数粉丝的需求？
- 竞争对手们对粉丝的这个需求反应如何？是不是大家都根据这个需求来创作短视频内容，大家都不做的顾虑又是什么？
- 为了满足粉丝的这个需求，投入产出比是多少？根据这个需求来创作短视频最终是否可以获取回报？
- 短视频创作者是否有能力去完成粉丝的这个需求？

（2）打造核心点满足大部分粉丝的需求。每个人的需求都是不同的，每个需求的群体规模也是不同的。如果想让短视频的内容获得较大的关注度，那么就需要先确定短视频内容核心点所针对对象的群体规模的大小，把核心点定位到最大规模的群体上。

（3）不断创新跟上粉丝的需求变化。粉丝的需求不是一成不变的，因此，短视频创作者在进行内容创作时，要能够跟上粉丝需求的变化，不断创造新的内容去满足粉丝。

12.2　爆款内容的核心要素

如今是一个内容为王的时代，想要让短视频达到最佳的传播效果，短视频创作者们就需要好好地在短视频的内容上下一番功夫，打造出高质量的、受用户欢迎的爆款内容。短视频的爆款内容通常都具有以下几个核心要素。

1. 贴近生活

大多数人都对真实的生活场景有着莫名的亲近感和深刻的感悟，所以在创作短视频内容时，那些贴近生活、接地气的内容，往往更能引起用户的关注。视频内容贴近人们的真实生活，有利于帮助人们解决平时遇到的一些问题，或者让人们了解生活中的一些常识，因此基于生活的需要，很多用户看到这类短视频就会忍不住的想要点开进行观看。

这种贴近生活的短视频内容在各大平台上都很常见。例如，生活手作类短视频节目"造物集"所拍摄的系列短视频就非常贴近生活。如图12-3所示是"造物集"中的一条短视频，该视频的内容主要是向观众展示麻绳的多种用法。麻绳是日常生活很常见的一个物品，虽然不起眼，但合理利用也能发挥出很大的作用，还能为枯燥的生活增添不少乐趣。所以这条短视频对于那些喜欢手工制作、热爱生活或者苦于不知道应该怎样处理家中麻绳的用户来说是非常有吸引力的。

图12-3　一条关于麻绳的短视频

2. 饱含正能量

短视频的存在大多数是为了帮助用户打发无聊时光，娱乐消遣的，但是如果能在短视频中多加入一些能够激励人心、积极向上的正能量的内容，就能有效地激发受众感动情绪，从而吸引更多人的关注。例如，见义勇为、善于助人的英雄事迹，或者辛苦创业的励志故事等等，都可作为爆款短视频的内容，激发受众的感动情绪，点燃受众心中的信念，为受众指引正确的人生方向。向社会大众传播正能量即是短视频行业的正确发展之路，也是短视频创作者的责任和义务。

如图 12-4 所示是一场展现爱国情怀的快闪活动的短视频。该视频中上千名警察和市民共同演唱《我和我的祖国》，表达自己对祖国的热爱。当观众看到这样的短视频，会感觉到热血沸腾、心中涌动，自己的爱国情怀也会自然而然地被点燃。这种内心澎湃翻腾，心中油然而生的激动情绪正是这类短视频想要达到的传播效果。

图12-4　饱含正能量的短视频

3. 温馨的爱意

在日常生活中，人们总是会被某些让人产生爱意的事物感动。例如，离家的游子收到父母从家乡寄来的土特产；一对恩爱夫妻迎来他们期待已久的小宝宝；一对相爱大半辈子的老夫妇携手漫步在黄昏后等。这些包含着温馨的爱意的事物和画面，都是能让人心生温暖的正面情绪，也最能触动人们心中最柔软的地方。短视频需要呈现人们真实的生活和精神状态，这些充满爱意，令人感动的情感和场景都是短视频中比较常见的内容，也是打造爆款内容必不可少的重要元素。

如图 12-5 所示的这条以"异地恋"为主题的短视频就充分表现出了那种令人感动的温暖和爱意。这段视频讲述的是一个女孩从另一个城市来看异地的男友，没想到看到的是男友中午十二点了还在大街上辛苦的

图12-5　关于爱情的短视频

派发传单，原来男友向女孩隐瞒了自己真实的经济状况。女孩很愤怒当即上前质问男友"有必要这样吗"，随后转身离开。男友本以为女孩生气离开了，非常伤心和无奈，但也只能收拾好心情继续工作，没想到这时女孩又回来了，还给自己买了午饭，随后女孩又主动帮男友派发起了剩下的传单。这条短视频所表现的爱情中的那种包容和理解，相信触动不少观众的内心中最柔软的情感。

4. 十足的干货

干货类短视频是指那种可以为用户提供有用、有价值的知识和技巧的短视频。随着短视行业的快速发展和内容结构的不断调整，这种有价值，包含干货内容的短视频将会越来越受到用户欢迎。

一般而言，干货类短视频的内容具有两个特征，即知识性和实用性。所谓"知识性"，是指短视频的内容要包含一些有价值的知识和技巧；而"实用性"则是指短视频内容中介绍的这些知识和技巧能够在实际的生活和工作中运用。如图12-6所示是梨视频上面播放的一条专门讲解摄影知识和技巧的短视频。

图12-6　讲解摄影知识和技巧的短视频

🎙 **金话筒提示**　一些介绍人文、历史的短视频，其内容也属于是有价值的干货内容，但这类干货类短视频的内容除了具有知识性以外，还具有一定的欣赏性。

5. 高超的技艺

如果短视频的内容是专注于某一领域或某一类事物，且视频中展现的内容又刚好体现了主角某项高超的技艺，那么这类短视频对于用户来说，也是非常具有吸引力的。如图12-7所示的这个短视频，视频中的主角将一块爽滑细嫩的豆腐切成如头发丝般的细丝，充分展现了主角精湛高超的刀工技艺。

图12-7 展现刀工手艺的短视频

当然，这类爆款短视频并不是所有人都能够打造出来，因为视频内容中的主角所具备的高超技艺是通过长年累月的辛苦训练才练就的，并不是所有人都可以做到。因此要想打造这类短视频，首先需要找到在某一领域有优势和特长的人作为视频内容的主角。

6. 吸引眼球的颜值

常言道："爱美之心，人皆有之"，可见大多数人对外表漂亮和美观的人物、事物都是没有抵抗力的。因此，高颜值的内容对于爆款短视频的打造是具有一定影响力的。当然，这里所说的颜值并不单单是指人物的颜值，还包括好看的事物、风景等。

从人物的方面来说，想要提升外在颜值和形象，衣着和妆容很关键。如果有条件的情况下，在拍摄短视频前应该尽量为视频中的人物搭配最合适的服装，并化上精致的妆容，这是提升颜值最轻松便捷的方法。

从事物、风景等方面来说，除了合理把握其本身的美感之外，还需要通过高深的摄影技术来进一步提升其颜值，例如精妙的画面布局、构图和特效等。如图 12-8 所示为某旅游短视频节目中的高颜值风景内容。

图12-8 某旅游短视频

7. 搞笑情节

人们在无聊和闲暇时间喜欢观看短视频主要是为了放松心情，包含搞笑情节的短视频内容能使人心情愉悦、开怀大笑，所以通常搞笑类的短视频特别受到用户的欢迎。而且对于搞笑类的短视频不仅观看的用户很多，乐于制作和分享的用户也很多，由此可见搞笑类的短视频受欢迎的程度是非常高的。

短视频创作者在打造搞笑类的短视频内容时，可以从搞笑的角度入手，运用各种创意技巧和方法对一些比较经典的内容和场景进行视频编辑和加工；也可以对生活中一些常见的场景和片段直接进行恶搞的拍摄和编辑，从而打造出幽默、有趣，能使人发笑的短视频内容。

搞笑类的短视频在各大平台上都比较常见，还有很多专门制作搞笑类视频的运营账号，例如抖音短视频平台上的"搞笑日常""搞笑工场"等。如图12-9所示的"搞笑日常"就是一个专门做搞笑段子的抖音号，里面的短视频内容都是以搞笑的文字片段为主。

图12-9　富有搞笑情节的抖音账号和内容

12.3　用户群定位与用户核心需求分析

对于短视频来说，高质量的内容始终是用户追求的重点。短视频运营者们想要在竞争激烈的短视频市场中脱颖而出，就必须依靠一系列的持续性的优质内容来建立和用户之间的联系，获取用户的信任。要想做到这一点，短视频运营者们首先需要找到自己的精准用户群体，然后根据精准用户群体的核心需求为其持续提高自己独特的内容。

例如，以原创视频为载体的新媒体公司东北猫，在短视频的打造上始终坚持以用户为中心、以创新为根本，利用分析和评估，对其核心用户的需求进行深入探讨，从而进行短视频内容的匹配。因此，东北猫打造出了一系列符合用户群体审美观和价值观的经典短视频，吸引了大量精准用户观看。根据有效数据统计，在东北猫的用户中，20～39岁的黄金受众群体占比达85%；19岁及以下占比6%；40岁及以上占比9%，如图12-10所示。

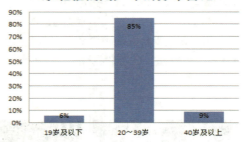

图12-10　东北猫的用户年龄分布占比图

所谓短视频创作，就是指以对短视频内容进行生产和重组的方式，使用户的视频观看需求得到满足，并在此基础上，对内容加以创新，以此来提升用户对品牌的认可度和忠诚度，最终实现品牌的成功营销。因此，短视频运营者们在对短视频进行定位时，一定要对用户的核心需求进行深入分析，始终围绕用户的核心需求进行短视频的内容创作和创新。例如，确定用户更喜欢看段子、新闻还是深度分析等，以此来确定短视频最终的调性是无厘头的还是走心的，是吐槽的还是魔性的。

短视频的内容创作必须要能够准确抓住用户的核心需求，找准短视频的调性，这样才能打造出一个具有高辨识度的品牌，才能实现短视频的成功扩散。

12.4　新意与深意：题材筛选与审核

选择做一个什么样题材的短视频，对于短视频创作来而言是非常重要的。在内容营销时代，短视频团队的发展和生存主要依赖于不断向用户推送优质的内容。从一定角度上来看，选择一个赋有新意与深意的短视频题材，实际上就是一个短视频团队发展思路和盈利模式的创新，同时也是短视频团队提高竞争力的关键环节。短视频运营者们，只有不断创新，推出新颖且有特色、有深度的内容，才能从同质化严重的行业市场中脱颖而出，并向着更好的方向发展。

那么在短视频的选题上，短视频运营者们具体应该怎么做，才能使选题更具有创意呢？下面就为大家介绍几种做好创意选题的常见方法。

1. 场景化选题

用户的需求往往都是存在于现实的生活场景中，场景化的选题能够直击用户的痛点，挖掘出用户最真实的需求。因此，通过场景化选题所创作出来的短视频内容才更容易引起观众的共鸣，受到观众的喜爱。

要想做好场景化的选题，首先需要将用户观看短视频时的场景依次罗列出来，然后根据不同场景挖掘出用户相对应的需求，最后根据这些需求进行短视频内容的策划。这样能够让短视频的内容与用户产生关联，从而更好地满足用户的需求。

选题场景可以大致划分为以下 3 种类型。

（1）用户感兴趣的场景

在选择短视频题材时，可以选择大多数用户都感兴趣的场景，这些场景不一定用户都亲身体验过，但必须要让用户有很强的代入感，要能够引起用户极大的兴趣。

例如图 12-11 所示的是以"哈士奇"为题材创作的短视频。很多喜爱宠物的人家中，都会饲养猫咪、狗狗等各式各样可爱的萌宠，这些宠物时常为主人们带来欢笑与温馨。当用户看到"哈士奇爆笑拒绝主人命令"这个标题时，有的人会觉得这个视频应该会很有意思，而有的人会想要看看视频中的宠物和自己家的宠物有没有相似之处，他们都会不由自主地点开视频观看。像这种主题明确的短视频题材，可以让用户在看到题目时，就会自动在脑海中想象视频的画面，这就是场景化选题的重要表现。

哈士奇狗狗爆笑拒绝主人命令.

图12-11　以"哈士奇"为题材创作的短视频

（2）重现用户体验过的场景

重现用户体验过的场景不同于用户感兴趣的场景，它要求短视频的创作者在选择题材时，尽量选择用户经常会遇到或者经常会体验的真实场景。

短视频以观众经常遇到或者体验的场景作为选题，能够吸引大量用户主动点击观看。通常的场景是很多用户在日常生活中都有过的体验，但是每个人的行为反应和解决方式是不同的。因此，当用户面对这些高频场景时，出于好奇的心理，一般都有想点开视频看看他人在会有什么样反应的冲动。

例如，人们日常生活中最常见的吃饭点餐的场景，如图12-12所示，这样的短视频选题就是用户最真实的场景再现，也是很受用户喜欢的场景化选题类型。

图12-12　吃饭点餐场景的短视频

（3）能够引起用户共鸣的场景

这类场景在用户日常生活中出现的概率并不算高，但对用户却具有很强的吸引力，能够快速引起用户和短视频内容之间的情感共鸣，直击用户的痛点。例如，"处理前任留下的物品""为父母补办一场婚礼"等，这类选题并不是经常出现的场景，但创作出来的短视频内容却很容易触动用户，可以轻而易举地引起用户的共鸣。

2. 个性化选题

短视频在题材的选择上还应该突出个性化，观看同一个短视频的用户可能在需求、特点以及喜好等方面都存在一定的差异性。为了满足这些用户的需求，短视频创作者在创作短视频内容时，应先将用户进行细分，然后再根据不同类型的用户提供个性化的内容。

3. 多角度思考

面对相同的话题和事件，如果大家都从同一个角度出发进行短视频创作，就很难引发用户的兴趣。短视频创作者要想做创意选题，就需要在面对同一个热点话题或事件时，有自己独特的视角，选择区别于大多数人的角度进行短视频内容创作。

在做选题时，针对同一个话题或事件，可以充分发挥短视频团队中每一人的思维进行思考，因为不同的人看待同一件事情的角度往往是不同的。这种头脑风暴的方式，非常有助于短视频创作者从多角度思考问题，从而找到最具创意的短视频选题。

🎙 **金话筒提示**　对于很多已经被选择过的短视频题材，如果没有足够的把握从一个新的视角出发进行内容创作，最好就不要考虑这类题材了，因为只有新鲜的事物才能刺激用户观看短视频的欲望。

4. 与用户互动

短视频在题材的选择上，还应该注重与用户之间的互动，能够引起用户积极互动的选题，流量自然也不会太低。以美食类的短视频为例，如图 12-13 所示。如果短视频中厨师教大家做了一道烹制过程很复杂的菜。也许用户在观看视频后会夸赞厨师手艺很高超，菜品制作得很精美，但却不会跟着一起做。因为这道菜的烹制过程过于复杂，需要准备的材料也很多，所以不容易引起用户的互动。相反，如果短视频中厨师使用普通的原材料，教大家做一道简单易学的菜肴，相信有不少用户都会愿意尝试亲自动手制作。

图12-13　美食类短视频

12.5　设计剧本与脚本

剧本和脚本是短视频内容策划中存在的两种不同的表现方法。剧本和脚本虽然所表现出的内容存在一定差异，但是它们存在的目的都是为短视频内容拍摄提供帮助。

剧本所呈现出的内容较为详细，包括视频内容的整体脉络，以及各种细节因素，甚至包括短视频内容发生的时间、地点、人物动作、对话等细节。相较于剧本，脚本所呈现出的内容就要简单得多，主要侧重于表现故事脉络的整体方向，相当于故事的主线或者发展大纲。

在策划短视频内容时，剧本和脚本选择是非常重要的，要根据实际情况来做考虑。很多人在策划短视频内容时并非严格按照每个类型的剧本或脚本的要求进行创作。剧本更加偏重于对情节的把握，而脚本更倾向于对画面的设计。短视频形式多样，单纯的剧本形式或者脚本形式往往满足不了短视频的内容创作，因此，常常需要二者相结合进行创作。对于一些剧情表演和技能表现结合的短视频，选择这种介于剧本和脚本之间的改良方式，不但能满足对画面的设计，而且加上对话还能体现视频的故事情节。

总之，对于剧本和脚本的取舍，不应该过于刻板，要结合短视频的特点，对剧本或脚本做出些创新和改良，在精简的基础上，还要尽量保证内容的丰富流畅。

🎤 **金话筒提示** 短视频最大的特点就在于时间较短，将主题浓缩在小部分时间里，既要保证主题鲜明又要保证内容精简。因此，在短视频内容策划时，大多创作者都会选择脚本进最初的规划。但是创作者也不要局限于脚本的条条框框，要将短视频的拍摄细节、思路、人物对话、场景等内容丰富到视频脚本中，将一切需要的内容留下，那些不可控的、没有用处的内容则可以全部去除掉。这样一来不但节省时间和精力，而且还能让短视频获得最好的效果。

12.6 按照大纲安排好素材

对于短视频创作而言，素材的选择和安排是非常重要。如果视频素材选择合理，视频标题也不算太差，那么短视频播放量自然也就不会太低。相反，如果素材安排不恰当，即使标题再好，播放量也不会太高。

素材的安排要根据短视频内容来进行选取。在策划拍摄短视频时，创作者需要对主题内容进行一个大概的规划。大纲属于短视频策划过程中的工作文案，在写作大纲一定要注意把握两点要素：一是要在大纲中呈现出短视频的几点关键要素，包括主题、情节、人物结构等；二是要能一目了然地看到短视频所要传达的信息。

大纲写作完成后，创作者在接下来的策划工作中，应该按照大纲的以下几点基本要素为短视频安排相应的素材，以此来丰富短视频的内容。

1. 主题

主题是大纲中必须包含的一个基本要素，也是短视频所要表达的中心思想，简单来理解主题就是创作者的拍摄意图。即使是相同的人物、相同的事件、相同的场景，但是由于创作者的拍摄意图不同，在素材的安排和选择上也会有所不同。

每个短视频，都是在表达某种中心思想，而素材就是中心思想的支柱。有了这个支柱，才能突显短视频的主题，才能使短视频更具有说服力。因此，在为短视频安排素材时，一定要紧扣短视频的主题，明确短视频的风格，选择那些与主题有密切关系且合适的素材进行创作。素材的选择不在于多少，而在于是否能真正表达短视频内容的主要思想，使主题更加鲜明。对于那些与主题没有直接关系的素材要毫不犹豫地剔除。

例如，即刻视频制作的《真味法国》系列短视频，如图 12-14 所示。该系列短视频为了突出"法国"这个主题，就与法国团队合作拍摄，使整个画面看上去更加地道。短视频的整体风格也都是以法式风格为主，包括拍摄背景、音乐等处处充满了法国元素，甚至连视频中出现的文字素材也都是用法语的形式体现出来的。

2. 故事情节

大纲中的故事情节是短视频拍摄的主要部分，而素材的收集也是为这一部分内容而准备的，像拍摄需要什么样的风格、背景、音乐、道具等，这些都需要通过故事情节而确定。

图12-14　《真味法国》系列短视频

通过设定主题，创作者们拥有了一个初步的拍摄思路，可以筛选出适合的素材；而了解故事的情节，则可以帮助创作者们更加精确地挑选出合适的素材，并且能在现有素材的基础上进行创新。创作者也只有在弄清楚故事情节的发展之后，才能运用各种各样的素材内容来丰富自己的短视频。

🎤 **金话筒提示**　**在短视频的创作过程中，除了前期的策划和拍摄人员要根据故事情节选择素材以外，在后期剪辑时，剪辑师也需要弄清楚故事的整体脉络，从而明确哪些素材剪辑到一起才更合适。**

3. 短视频题材

短视频大纲内容还包括对视频题材的阐述，不同题材的作品有不同的创作方法和表现形式。近几年来，短视频的题材是越来越丰富了，常见的短视频题材主要有幽默搞笑类、生活技巧类、数码科技类、美食类、购物类等。

不同类型的短视频题材所对应的素材是不同，例如数码科技类的短视频。数码科技类的产品本身具有一定的复杂性，且更新速度较快。虽然数码科技产品的这些特点能够为短视频的创作提供很多素材，也能够保持观众的持续关注，但是在拍摄这类短视频时，一定要注意对素材的时效性进行严格的把控。针对数码科技类的短视频，早一秒播出要比晚一秒播出所带来的价值高很多。因此，在创作数码科技类的短视频时，创作者们需要获得第一手的素材，快速进行处理、制作，然后进行传播。

总之，在安排素材时一定要紧贴短视频的题材，根据题材的特点来搜集素材。

12.7　人员、器材与场地的筹备组织

质量是短视频的生命，是实现短视频传播的重要保障。要想创作出高质量的短视频作品，就需要搭建优质的创作团队，正确选取拍摄器材，并合理利用场地。

1. 人员配置

新时代的创业已经从单打独斗变成了团队作战，短视频的创作也不例外。一个短视频团队基本的人员配置一般为 4 ～ 6 人，主要包括编导、摄影师、剪辑师、运营等。下面就来看这些人员具体的工作职责。

（1）编导

在一个短视频创作团队中，编导是最高指挥官，也是整个创作团队的核心，其工作内容主要包括内容策划、脚本创作、镜头、包装以及部分剪辑工作。一个好的短视频编导，必须按照短视频定位以及风格确定好拍摄计划，协调各方面人员，以保证工作的进程。

短视频虽然播放的时长较短，但是其需要表现的内容却必须完整。短视频的信息密度较大，同时还得吸引用户注意，并引起用户转发，这对于短视频编导的整体规划能力提出了很高的要求。一般情况下，编导都需要拥有丰富的影视作品创作经验，能够对视频拍摄过程中出现的各种情况做到心中有数。此外，短视频需要在短时间内吸引大量的流量，在这个过程中，编导的创意思维是不可或缺的。

（2）摄影师

摄影师也是一个短视频创作团队中的重要成员之一。短视频的表现力以及意境都是通过镜头语言来表现出来的，因此摄影师对于短视频创作来说必不可少。摄影师主要是对视频的拍摄负责，通过镜头来完成编导规划出的拍摄任务。好的摄影师不仅能完美地实现视频的拍摄目的，还能给剪辑师留下非常好的原始素材，并节约大量的制作成本。

（3）剪辑师

后期制作是短视频创作团队中不可或缺的一个职位。一般情况下，在短视频制作完成之后，剪辑师需要对拍摄的素材进行选择组合，舍弃一些不必要的素材，保留精华的部分，还会利用一些后期编辑软件对拍摄的作品进行配乐、配音以及特效等方面的工作，其根本目的就是要更加准确地突出短视频的主题思想，保证短视频结构严谨，风格鲜明。

对于短视频创作来讲，后期制作非常重要，它可以将杂乱无章的片段有机地组合在一起，形成一个完整的成果。将素材变为作品的过程实际上也是一个精心的再创作过程。

（4）运营

短视频的内容被创作出来以后，接下来需要做的工作就是进行网络推广，让更多的人看看到短视频的内容。现在是一个多渠道、多平台传播的时代，不管短视频的内容有多精彩，如果没有一个优秀的运营人员来进行短视频的运营推广，很有可能前期辛苦创作出来的作品就会被淹没在茫茫的信息大潮中。所以，精彩的内容是短视频的必备技能，而网络运营则是短视频能够爆红的幕后推手。

运营人员的主要职责是将创作出来的短视频内容在网上迅速传播，并获得大量粉丝。运营工作主要侧重于创作团队的整体规划，这就要求运营人员既要懂内容，又要懂传播。

2. 选择拍摄器材

对于短视频创作团队而言，短视频的素材内容固然重要，但也不能忽略了对拍摄器材的选择。拍摄器材决定着视频画面的质量，好的拍摄器材往往可以呈现出更优质的画面，提高用户体验。那么短视频创作者们，究竟应该选择什么样的拍摄器材来进行短视频的创作呢？

（1）智能手机

说到智能手机相信大家一定都不陌生。随着技术的不断发展和完善，智能手机的功能也是越来越强大，无论是打电话、发信息、拍照，还是上网、听音乐、看视频，一部智能手机就能轻松搞定。

摄像功能是智能手机自带的基本功能，一般的智能手机都可以进行视频的拍摄。现在很多网络视频也都是由智能手机拍摄出来的，例如社交平台上的短视频，拍摄者通过智能手机自带的摄像功能进行视频拍摄，然后再直接将拍摄完成的视频分享到社交平台上，实时查看发布的动态，从而检验自己作品的效果。

用智能手机拍摄短视频具备的优点具体如图 12-15 所示。

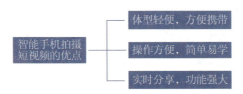

图12-15　手机拍摄短视频的优点

（2）单反相机

近几年来，使用单反相机拍摄视频也是比较流行的一种视频拍摄方式。对普通的摄像爱好者来说，单反相机是非常合适的，因为单反相机的整体性价较高，在画质方面，它比智能手机更加专业；在价格方面，它又要比专业的摄像机便宜很多。因此越来越多的摄像爱好者把单反相机看作拍摄日常视频的得力助手。

用单反相机拍摄短视频具备的优点具体如图 12-16 所示。

图12-16　单反相机拍摄视频的优点

（3）摄像机

摄像机属于专业水平的视频拍摄工具，一般大型的团队和电视节目都要用到它。虽然摄像机不像智能手机和单反相机那么轻便、易携带，但在视频效果摄像机却更为出众一些。

因为摄像机是更加专业的视频拍摄工具，所以在使用摄像机拍摄视频之前，要做好一些相应的准备工作。使用摄像机拍摄视频会用到一些辅助工具，例如摄像机电源、摄像机电缆、摄影灯、彩色监视器、三脚架等。准备好辅助工具后，还需要对摄像机进行相应的调整，主要包括 4 个步骤，具体如图 12-17 所示。

图12-17　摄像机调整步骤

🎤 **金话筒提示**　**使用摄像机拍摄视频，在拍摄过程中还有很多小窍门可以学习，例如避免反复使用推拉镜头，在摄像完成后可以适当多录几秒，以便后期处理。此外，摄像机的镜头不要直接对着强光源和太阳光，这样会对摄像管造成损害。总之，在使用各种设备拍摄视频时，一定要爱惜设备，这也是拍摄视频的要义之一。**

（4）麦克风

在拍摄短视频的过程中，如果想要达到比较优质的效果，不仅要注重画面效果，还要注重音频质量。除了设备本身自带的音频功能以外，还有没有什么别的方法可以提升短视频的声音质量呢？这个时候可以使用麦克风这个辅助工具，来提升短视频声音质量。麦克风的选择关系到短视频的质量的高低，因此，在选择的时候要仔细考虑其优缺点，同时还要根据自己的具体需求进行筛选。

（5）轨道车

摄像机轨道车也是拍摄视频会用到的一种辅助工具，特别是在拍摄外景、动态场景时，轨道车的使用会比较多。根据拍摄场景的需要，轨道车还可以分为多种类型，例如电动滑轨非载人、便携式轨道车载人、电动轨道车匀速以及电动轨道车脚踏等。

3. 选择拍摄场地

在拍摄短视频之前，应该对拍摄的环境进行观察，合理布置拍摄场地。只有这样，才能在拍摄过程中更好地利用场地，提高视频的拍摄效果。短视频拍摄的场地一般可以分为室内拍摄和室外拍摄两种。

通常美食、手工制作、吐槽等类型的短视频会选择在室内进行拍摄。室内拍摄的时候需要注意拍摄主题和背景的关系，拍摄背景应该尽量简单、整齐，这样可以突出拍摄主体，如果室内布置太杂乱，就会给人一种喧宾夺主的感觉。

一些访谈、情景剧等类型的短视频，则常常会选择在室外进行拍摄，通常以街景作为拍摄背景，有的会选择在一些有代表性建筑的地方拍摄。

无论选择室内拍摄还是室外拍摄，最重要的是场地的选择不应有太多杂音，否则会影响到短视频拍摄的质量。

12.8　短视频构图的基本原则

构图是视频拍摄的基本技巧之一，是对视频画面中各个元素的组成、结合、配置和取舍。优秀的视频构图，能够很好地展现作品的主题与美感。在视频拍摄中必须有一个主体，而构图的目的，就是为了将视频的兴趣中心点引到主体上，给人以最大程度的视觉吸引力。同样的事物，不同的角度就会有不同的构图。下面就来看看短视频拍摄时有哪些构图基本原则。

1. 主体明确

突出主体是对画面进行构图的主要目的，而主体又是表现视频主题和中心思想的主要对象。在短视频拍摄的构图上，要将主体放在醒目的位置。从人们的视觉习惯来讲，把主体放置在视觉的中心位置上，更容易突出主体，如图12-18所示。

图12-18　主体放在视觉的中心位置

2. 陪体衬托

如果只有主体没有陪衬，视频的画面会显得呆板而无变化。但是陪体不能喧宾夺主，主体在画面上必须显著突出，如图12-19所示。

3. 环境烘托

在拍摄短视频时，将拍摄对象置于合适的场景中，不仅能突出主体，还能给画面增加浓重的现场真实感，如图12-20所示。

图12-19 有陪体衬托的主题图片

图12-20 有环境烘托下的主体图片

4. 前景与背景的处理

一般而言，位于主体之前的景物为前景，位于主体之后的景物为背景。前景能弥补画面的空白感，背景则是影像的重要组成部分。前景与背景不仅能渲染主体，还能使画面富有层次感和立体感，如图 12-21 所示。

图12-21 背景与前景相得益彰的图片

5. 画面简洁

在拍摄短视频时，选用简单、干净的背景，可以避免观众对主体注意力的分散。如果遇到杂乱的背景，可以采取放大光圈的办法，让后面的背景模糊不清，以突出主体。或者选择合适的角度进行拍摄，避开杂乱的背景，这样也可以突出拍摄主体，如图 12-22 所示。

图12-22 画面简洁的图片

6. 追求形式美

在拍摄短视频时，拍摄者可以充分利用点、线、面等元素的结合，在视觉上追求画面感，如图 12-23 所示。

图12-23　充分利用点元素的图片

12.9　短视频拍摄手法

镜头是视频创作的基础，一个完整的视频作品，是由一个一个独立的镜头组成的。短视频的制作也就是通过多个镜头的组合和设计的表现完成的，所以镜头的应用技巧将直接影响短视频作品最终的呈现效果。那么在短视频拍摄过程中，要如何表现镜头画面呢？通过哪些镜头拍摄手法来表现呢？下面将对几种比较典型的镜头拍摄手法进行简单介绍。

1. 定场镜头

定场镜头，即短视频开始时的概括性镜头，是一种最常见、最基本的镜头拍摄手法。定场镜头主要是向观众传递短视频拍摄的背景，交代事情发生的时间和地点，以此来引导观众视线。定场镜头通常采用视野宽阔的远景拍摄，这样可以增强短视频的画面感和镜头感，对观众也有更较强的吸引力。定场镜头在情景剧的拍摄中被大量使用。

如图 12-24 所示，是"日食记"短视频开场的一个定场镜头，交代了事件发生的地点是在室内，并且室内有猫咪这个关键元素存在。

图12-24　"日食记"定场镜头

定场镜头具有承启转折的作用，不仅可以在视频开头处使用，还可以在视频的结尾处使用，同时还可以作为视频中新场景的转场镜头。在进行短视频定场镜头的拍摄时，拍摄者一定要深思熟虑。因为定场镜头的好坏，将直接关系着该短视频是否能够在一瞬间吸引观众的注意。定场镜头常见的拍摄手法主要有首尾呼应、主角开场、镜头对准暗示物、倒叙等。

2. 衔接镜头

衔接镜头的使用往往是用来遮盖掩饰视频中时空跳跃或者不连续的剧情。衔接镜头对于短视频的情节发展很重要，它的使用不仅可以是使短视频看起来更加连贯，还能有效地推动故事剧情的发展。

如图12-25所示，是一部美食短视频中的衔接镜头，该镜头的上一幕是在描述红烧肉的制作方法，而该镜头的下一幕展现的是和家人享用红烧肉的镜头，这时加上一个红烧肉的制作完成后的镜头就能很好地衔接整个短视频剧情，使整个情景的转化显得更自然。

图12-25 美食短视频的衔接镜头

需要注意的是，完美的衔接镜头会让观众觉得故事情节变化顺其自然；但镜头如果衔接不当，则会让观众觉得十分突兀。

3. 特写镜头

特写镜头是很多人都比较熟悉的一种镜头拍摄手法，它是采用近距离拍摄的方法来拍摄某一局部细节的镜头，即人、物或者景的某一部分。特写镜头在短视频拍摄中，应该是观众印象最深刻的镜头之一，它丰富了短视频的表现力。如图12-26所示，是一家销售芒果的淘宝店铺拍摄的产品短视频，在该短视频中展现芒果果肉的镜头就是采用特写镜头的手法进行拍摄的，该镜头有效地展现出了芒果新鲜、多汁、香甜的产品卖点。

4. 航拍镜头

航拍镜头是指通过无人机，从空中拍摄的俯视镜头。航拍镜头的优势在于能够清晰完整地表现地理形态。这种大场景的拍摄方式特别适合在短视频的开始镜头中使用。通常使用航拍镜头，会使视频画面看起来更壮观。如图12-27所示，是"航拍中国"纪录片中呈现的航拍镜头。

以前由于技术等原因，导致航拍镜头的拍摄成本普遍较高。但现在随着科学技术的不断发展，无人机的出现和普及，使航拍镜头的拍摄成本逐渐在降低。

图12-26　某美食视频的特写镜头

图12-27　"航拍中国"纪录片截图

5. 中景镜头

中景镜头多数是用来刻画人物的上半身动作的，一般很少应用在环境拍摄中。中景镜头比特写镜头包含的景物多，比全景镜头包含的景物少。中景镜头如果使用得当，可以作为场景之间的黏合剂。

中景镜头既可以用来表现角色性格，也可以用来烘托情感，有的时候也可以用来展现场景，让角色和场景互相衬托。中景镜头一般都带有较强的叙事性，因此更适合一些带有剧情的短视频拍摄。如图 12-28 所示，是电影"花样年华"中的中景镜头，该镜头清晰地刻画出了人物大半身的形体动作，使镜头中的人物表演有自由的活动空间，同时人物又不会与周围的氛围和环境脱节。

图12-28　电影"花样年华"的中景镜头

6. 远景镜头

远景镜头具有广阔的视野，常用来展示事件发生的时间、环境、规模和气氛，例如自然风景、群众场面、战争场面等。

远景镜头重在渲染气氛，抒发情感，而不注重人物的细微动作。有时人物在视频画面中可能会处于点状，因此不能用于直接刻画人物。但远景镜头可以通过画面组接的方式含蓄地表达出人物的内心情绪。

如图 12-29 所示，是某款旅游产品短视频中的远景镜头，该镜头深入地描绘了环境的全面，即表现了优美开阔的自然风景，也间接刻画出了人物休闲舒适的状态。

图12-29　某款旅游产品短视频中的远景镜头

7. 过肩镜头

过肩镜头，又称拉背镜头，是指隔着一个或数个人物的肩膀，对另一个或数个人物进行取景拍摄的镜头。过肩镜头的拍摄距离通常在中景镜头和特写镜头之间，拍摄时通常采用斜侧的角度（包括前侧和后侧），这样在拍摄过肩镜头时可以分清主次，也可以给观众营造一种旁观者的视角。

过肩镜头是一种既具有实用性又能突出画面美感的镜头拍摄手法，但其拍摄难度也要略高于其他镜头。在拍摄过肩镜头时，拍摄者要处理好拍摄主体和肩膀之间的关系，既要突出拍摄主体，使画面有深度，又要让肩膀与画面整体协调。

在短视频拍摄中，过肩镜头一般用来处理人物对话的场景。过肩镜头是一种关系镜头，会交代人物之间的位置关系，把观众放在旁观者的位置，从而可以加强观众的代入感。

例如，如图 12-30 所示的采访摄像就采用的是过肩镜头的拍摄手法，以记者的后侧为前景，拍摄被采访者的前侧面，并使其位于画面中间，把视觉重点置于被采访者身上，主体突出并且有深度感。

图12-30　某短视频的过肩镜头

8. 手持镜头

手持镜头是指拍摄者通过手持摄像机进行拍摄的镜头。手持镜头的作用在于营造一种现场感和自由的风格，让观众产生一种身临其境的感觉。这种镜头的使用取决于短视频的内容和风格。例如，"沈阳笑话""东北猫"等短视频就经常使用手持镜头的拍摄手法，使镜头具有强烈的纪实性。

短视频后期制作 第13章

本章导读

　　一个完美的短视频作品需要后期的千锤百炼，如剪辑视频、设置转场、添加滤镜、背景音乐、字幕等。可供短视频后期制作的软件非常多，移动端的视频编辑软件有小影、巧影、FilmoraGo 等；电脑端的视频编辑软件有快剪辑、爱剪辑、会声会影、Adobe Premiere 等；还有一些短视频后期制作辅助工具，如秀米、红蜻蜓抓图精灵、GifCam、PhotoZoom 等。本章主要介绍短视频的后期制作工具，让短视频作品更具魅力。

13.1 短视频后期制作软件介绍

视频后期编辑与制作软件可分为移动端的视频编辑 APP 工具和电脑端的视频编辑软件两大类。视频编辑软件的种类很多，功能基本上大同小异，用户只需根据个人的使用偏好和功能需求，选择一款简单实用的编辑软件使用即可。

13.1.1 移动端视频编辑APP

随着短视频行业的不断发展，短视频应用软件的数量也在不断增加，各种功能强大，独具特色的短视频编辑 APP 也是层出不穷。下面就为大家简单介绍几款目前市场上比较热门短视频编辑 APP。

1. 小影

小影 APP 是一款非常专业、简单的短视频制作软件，这款软件既可以实现短视频的拍摄，又具备基础的视频剪辑、编辑等功能。小影 APP 拥有多种视频拍摄风格、多种特效拍摄镜头，并且没有拍摄时间的限制，既可以拍摄几秒、十几秒的短视频，又能拍摄和编辑更长时间的微电影、微故事，所以受到很多年轻用户群体的喜爱。

小影 APP 主要用于短视频的拍摄与后期调整，它最大的特色就是可以即拍即停。在小影 APP 在短视频创作者可以拍摄视频，剪辑视频，还可以设置特效让视频画面呈现不一样的视觉效果。如图 13-1 所示为小影 APP 的视频编辑界面。

①视频剪辑：小影 APP 拥有非常强大的后期配置功能，如视频剪辑、视频配音、视频音乐等，这些功能简单易学，非常好操作，可以帮助用户快速实现电影级的后期打造。

②视频特效：视频特效主要是对图像进行特殊处理，具体的功能包括一键大片、拍摄、素材中心、FAQ（新手教程）、美颜趣拍、画中画编辑、画中画拍摄、音乐视频等，使用这些功能能够使视频图像呈现出特效效果。

③相册 MV：相册 MV 可以直接导入手机相册中照片制作成视频 MV。

此外，小影 APP 还具有视频平台分享功能，用

图13-1 小影APP的视频编辑界面

户可以将自己拍摄的视频上传到小影 APP 中，以供更多人欣赏。

2. 巧影

巧影 APP 是一款专业的视频处理工具，主要功能包括视频剪辑、视频图像处理以及视频文本处理等。巧影 APP 除了具备一些基本的手机视频编辑功能以外，还拥有丰富的视频动画贴纸、各种视频主题，以及多种多样的视频效果等，这些特色功能同样可以使视频的后期处理增色不少。巧影 APP 的功能页面展示如图 13-2 所示。

图13-2 巧影APP的功能页面

①视频编辑：点击该按钮即可以进行视频的后期编辑，巧影 APP 的视频编辑主要包括手机短视频的剪辑、添加字幕、添加特效、图层覆盖、为视频配音以及为视频添加背景音乐等具体功能。

②素材商店：用户可以在素材商店中下载相应的特效、滤镜、字体、背景音乐、贴纸等素材，这些素材使视频的后期编辑种类更加丰富。

③软件设置：点击软件设置按钮即可以对软件的各项硬件参数进行设置。

巧影 APP 的编辑界面不同于其他手机短视频后期软件的编辑界面，采用的是横屏操作界面，如图 13-3 所示。这样的设计使得编辑界面的功能分类显得更为集中，用户不用在到处寻找所需的功能或者频繁的转换操作界面，非常有利于用户进行视频的集中性后期操作。

图13-3 巧影APP的编辑界面

3. FilmoraGo

FilmoraGo APP 是一款专注于视频后期编辑的手机软件，可以快速制作短视频，并对其进行专业的后期处理。**Filmorago** APP 主要特点就是操作简单、免费、无广告且没有视频时间长度限制，还拥有海量的个性主题、酷炫的滤镜、特效、贴纸、字幕视频等素材可供用户选择使用。**FilmoraGo** APP 的主要功能页面非常简洁干净，如图 13-4 所示。

图13-4　Filmorago APP的主要功能页面

①创作视频：点击该按钮进入视频编辑页面，用户可以导入手机中的视频，并对其进行剪辑、添加视频主题、设置视频配乐、设置转场效果、调节视频画幅尺寸等操作。

②帮助提示：点击该按钮用户可以对软件进行评价、意见反馈、检查更新等操作。

③素材购买：点击该按钮用户可以购买自己喜欢的特效或视频编辑素材。

13.1.2　电脑端视频编辑软件

虽然如今移动端的短视频后期制作软件已经非常丰富了，而且功能全面，操作简单，但是短视频创作者们如果想让自己创作的短视频取得更完美的效果，更具有吸引力，还是需要更加专业的电脑端视频编辑软件来助力。电脑端的视频编辑软件相较于移动端的视频编辑软件，功能更加多样、系统和专业，当然相应的操作方法也要相对复杂一点。这里为大家简单介绍几款比较常用的电脑端视频编辑软件。

1. 快剪辑

快剪辑是一款支持在线视频剪辑的软件，功能齐全、操作便捷。快剪辑为用户提供了大量的特效功能，包括声音特效、字幕特效、画面特效等，并且该软件无强制片头片尾，无广告。快剪辑最大的优点在于一个字"快"，并且快剪辑在保证速度的同时，也能满足视频后期制作的基本需求，非常适用于新手使用。快剪辑的操作界面简洁大方，如图 13-5 所示。

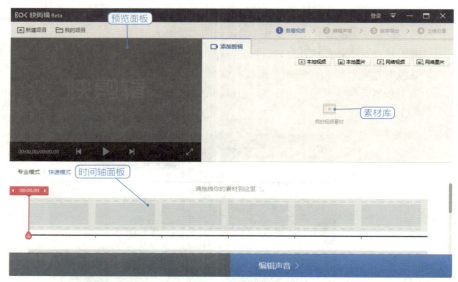

图13-5 快剪辑的操作界面

2. 爱剪辑

爱剪辑是一款根据大众使用习惯、功能需求与审美特点进行设计的全能型视频剪辑软件。该软件功能全面多样，不仅具有给视频加字幕、调色、加相框等齐全的剪辑功能，而且还拥有诸多创新功能和影院级特效。虽然爱剪辑的后期制作功能非常全面，但却操作简单，制作便捷，即使是新手小白也能够迅速上手。爱剪辑的操作界面，如图 13-6 所示。

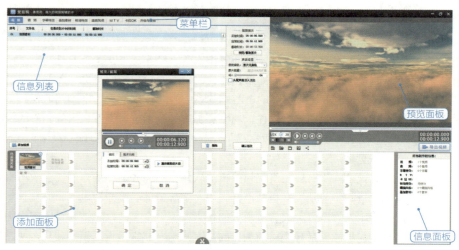

图13-6 爱剪辑的操作界面

🎙 **金话筒提示** 　爱剪辑和快剪辑有很多相似之处，例如界面简洁、操作简单，都非常适用于新手使用。但二者也存在一定的差异，爱剪辑的功能更加细分，且提供的素材更加全面；而快剪辑提供的视频剪辑功能是一站式的，制作完成后即可保存导出，也可直接分享上传，这样的设计无疑使整个视频后期制作过程看起来更加富有逻辑性。

3. 会声会影

会声会影是加拿大 Corel 公司制作的一款专为个人及家庭用户所设计的视频编辑软件。会声会影具有完善的视频编辑功能，用户可以利用它全面控制视频的制作过程，为采集的视频添加各种素材、特效、转场、覆叠、字幕、配乐、滤镜效果等。会声会影的操作界面如图 13-7 所示。

图13-7　会声会影的操作界面

会声会影的特点主要有：（1）操作简单，具有制作向导模式，只要 3 个步骤即可快速做出 DV 影片，使新手能够在短时间快速学会视频编辑；（2）功能丰富，提供有超过 100 多种的编制功能与效果，可导出多种常见的视频格式；（3）具有成批转换功能与捕获格式完整的特点，可以使视频编辑的效率更快、更高。

4. Adobe Premiere

Adobe Premiere 由 Adobe 公司推出的一款常用的视频编辑软件，被广泛地应用于影视编辑领域。Premiere 有着专业性强、操作简便等优点，可对声音、图像、视频、文件等多种素材进行加工处理。Adobe Premiere 的操作界面如图 13-8 所示。

🎙 **金话筒提示** 　电脑端视频剪辑软件通常都包含时间线窗口、素材窗口、预览窗口、剪辑窗口等窗口。而基本编辑操作都包括对素材的采集、添加到轨道、剪断、删除、移动、修剪等。短视频创作者不要觉得视频后期制作很困难，只要掌握了基本的操作，随便什么剪辑软件都可以快速上手。

图13-8　Adobe Premiere操作界面

13.2　短视频后期制作的辅助工具

要想创作出高质量的短视频作品，除了需要借助功能强大的视频后期制作软件以外，还需要通过一些辅助工具来完成图文排版、视频封面图设计、GIF图截取等细节方面的工作，使短视频最终的呈现效果更加美观大方、细致出众。下面就为大家介绍几款简单实用的短视频后期制作的辅助工具。

1. 秀米

秀米是一款基于微信公众平台的图文编辑工具，功能强大，操作简单。在微信公众平台中发布图文、视频、音频等信息就一定会涉及排版编辑的问题，而排版的好坏往往决定着内容的质量和受众的视觉体验，所以像"秀米"这样的图文排版工具的出现，就是为了解决这一问题的。

秀米的操作界面非常简单清晰，如图13-9所示，在页面的左边可以选择模板，在页面的右边直接进行编辑。秀米的素材库中拥有各种精美的图文模板，使用者可以直接保存需要的模板。

🎤 **金话筒提示**　关于秀米使用教程在该款工具的页面中有详细的介绍，这里就不再赘述了，新手只需按照页面引导进行操作即可轻松掌握，但需要特别注意的是在编辑时要使用谷歌浏览器。

图13-9 秀米的操作界面

2. 红蜻蜓抓图精灵

红蜻蜓抓图精灵是一款完全免费的专业级屏幕捕捉软件，能够帮助用户更加便捷地捕捉屏幕截图。屏幕捕捉功能主要适用于电脑软件方面实际操作的步骤录制，因此如何了解和使用一款功能强大、操作简单的屏幕捕捉软件，是录制实操性短视频非常重要的一项技能。

红蜻蜓抓图精灵的屏幕捕捉的功能比较全面，捕捉图像方式非常灵活，不管是整屏捕捉，选定区域截图，还是网页截图等，它都能轻松搞定。而且红蜻蜓抓图精灵的图像输出方式也很多样，包括文件、剪贴板、画图、打印机等；软件还具有屏幕取色、捕捉历史、捕捉光标、设置捕捉前延时、显示屏幕放大镜、图像打印、图像裁切、图像去色、图像大小设置、常用图片编辑、墙纸设置、水印添加、实用工具等功能。所以红蜻蜓抓图精灵是一款非常实用的屏幕捕捉软件，界面设计简单大方，操作步骤也是一目了然。红蜻蜓抓图精灵的操作界面，如图 13-10 所示。

图13-10 红蜻蜓抓图精灵操作界面

3. GifCam

大家在逛微博或论坛时，常常会看到一些人的头像和签名是使用 GIF 动画制作的，这些 GIF 动画图片非常搞笑有趣，能够有效吸引更多人的注意。现在，很多微信公众号也开始在发布的内容中加入 GIF 动画制作的表情包来增添乐趣，而且还会与短视频形成对照。随着新媒体平台的不断发展，GIF 图已经逐渐成为与图文、短视频并肩的重要内容形式之一。

GifCam 就是一款集录制与剪辑为一体的屏幕 GIF 动画制作工具，录制后的动画可以逐帧编辑。GifCam 的使用非常简单直观，如果想要将某一小段视频录制成 Gif 图片，使用者只需将其窗口的"取景框"拖放到视频播放的区域，然后按下录制按钮即开始录制。该工具会像一个摄像机一样能将"取景框"拍摄下来并保存成 GIF 图。借助 GifCam 用户可以快速方便地制作演示教程或者将视频中一些搞笑经典的片段制作成动画图片。GifCam 的操作界面一目了然，如图 13-11 所示。

图13-11　GifCam操作界面

4. PhotoZoom

PhotoZoom 是一款功能十分强大的图片无损放大软件。一般情况下，使用工具对数码图片进行放大处理时，总会降低图片的品质，而 PhotoZoom 软件使用了 S-SPLINE 技术（一种申请过专利的，拥有自动调节、进阶的插值算法的技术），尽可能地提高放大图片的品质。PhotoZoom 最大的特色就是可以对图片进行放大而没有锯齿，不会导致图片失真。

PhotoZoom 作为短视频制作的辅助工具，可以在制作短视频的封面图时发挥重要作用，例如遇到一些很有创意的图片，但没有找到合适的尺寸，或者图片不符合封面图的要求，这些时候都可以用到 PhotoZoom 软件。

PhotoZoom 的操作方法很简单，工作界面也很简洁，如图 13-12 所示。

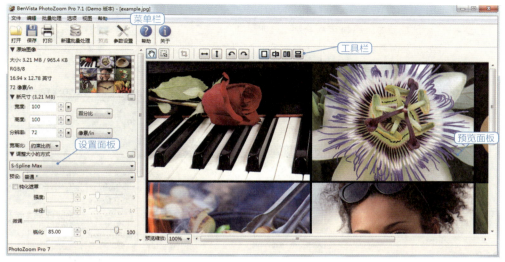

图13-12　PhotoZoom操作界面

13.3　实战操作——用爱剪辑编辑短视频

作为一款颠覆性的视频剪辑软件，爱剪辑创新的人性化界面能够帮助用户快速上手，完成视频剪辑。下面就为大家具体介绍一下爱剪辑视频编辑的常用操作。

13.3.1　剪切视频

下面先来看看如何使用爱剪辑视频编辑软件剪切视频。

1. 添加视频

（1）运行爱剪辑软件，新建一个空白文件，如图 13-13 所示。

（2）在主界面菜单栏上选择"视频"选项卡，单击"添加视频"按钮，或者双击面板下方"已添加片段"列表的文字提示处，在弹出的"请选择视频"对话框中选择相应的视频，如图 13-14 所示。

2. 剪辑视频片段

（1）在主界面右上角预览框的时间进度条上，单击凸起的向下箭头【快捷键 Ctrl+E】，打开"创新式时间轴"面板，并结合"音频波形图"和"超级剪刀手"精确踩点。

（2）通过"创新式时间轴"剪辑视频片段时，涉及的快捷键如下：

■　+：放大时间轴。

- -：缩小时间轴。
- 上下方向键：逐帧选取画面。
- 左右方向键：五秒微移选取画面。
- Ctrl+K 或 Ctrl+Q：一键分割视频，如图 13-15 所示。

图13-13 新建空白文件

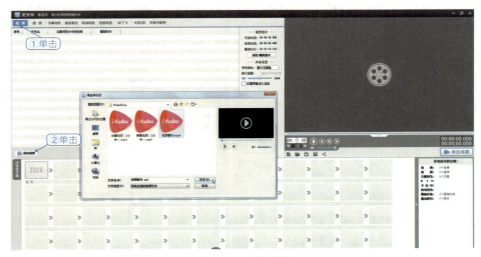

图13-14 添加视频

　　双击底部"已添加片段"的缩略图，弹出"预览／截取"对话框，通过快捷键 Ctrl+E 调出时间轴，选取需要的画面，单击该对话框"截取的开始时间"和"截取的结束时间"处，快速拾取当前画面的时间点，可截取视频片段。如图 13-16 所示。

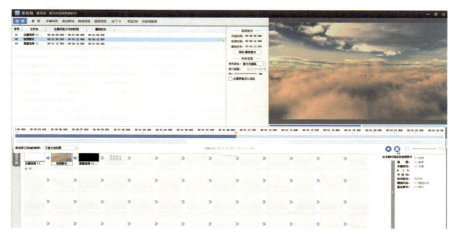

图13-15　剪辑视频

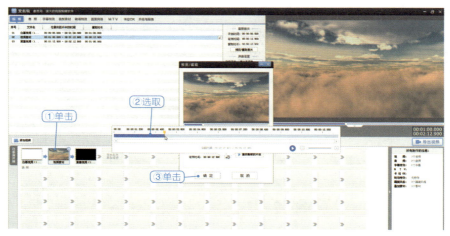

图13-16　截取需要编辑的视频片段

3. 导出视频

（1）视频剪辑完毕后，单击视频预览框右下角的"导出视频"按钮，弹出"导出设置"对话框。

（2）设置相关参数，即可导出视频，如图 13-17 所示。

🎤 **金话筒提示**　导出视频前一定要注意保存文件。如果原片清晰度足够，记得选择导出 720P 或 1080P 的 MP4 格式，并参考视频网站的清晰度标准，设置合适的比特率，一般 720P 的 MP4 设置到 3500kbps 以上最佳。

图13-17 设置视频参数

13.3.2 为视频添加同步配音

使用爱剪辑给视频配音很简单，其具体操作步骤如下。

1. 添加及截取音频

（1）在"音频"面板的音频列表中，单击"添加音频"按钮，在弹出的下拉框中，根据需要选择"添加音效"还是"添加背景音乐"选项，如图13-18所示。

图13-18 添加音频

（2）在弹出的对话框中选择要添加的音频文件，进入"预览/截取"对话框，截取音频片段，在"以上音频将被默认插入到："栏目，选择需要的选项，单击"确定"按钮即可，如图13-19所示。

🎤 **金话筒提示** 爱剪辑在支持各种纯音乐格式作为背景音乐的同时，还支持提取视频的音频，作为台词或背景音乐，并可实时预览视频画面，方便快速提取视频某部分的声音。

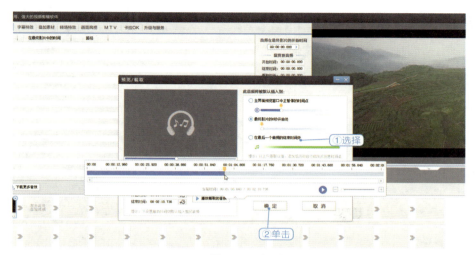

图13-19 截取音频片段

2. 编辑音频

在"音频"面板的音频列表中,选中要编辑的音频选项,在音频列表右侧,在"音频在最终影片的开始时间""裁剪原音频""预览/截取"处修改即可,如图13-20所示。

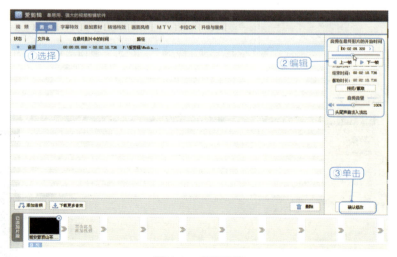

图13-20 编辑音频

3. 删除音频

在"音频"面板的音频列表中,选中要删除的音频选项,单击音频列表右下角的"删除"按钮即可,如图13-21所示。

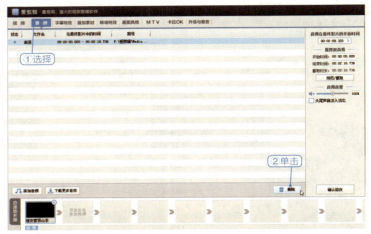

图13-21　删除音频

13.3.3　为视频添加文字字幕

　　爱剪辑不仅能为视频添加声音，还能给视频添加字幕，并且还可以轻松制作字幕特效。添加字幕具体步骤如下。

　　1. 输入文字

　　（1）在主界面单击"字幕特效"选项卡，在右上角视频预览框的时间进度条上，单击要添加字幕特效的时间点，将时间进度条定位到要添加字幕特效处，如图13-22所示。

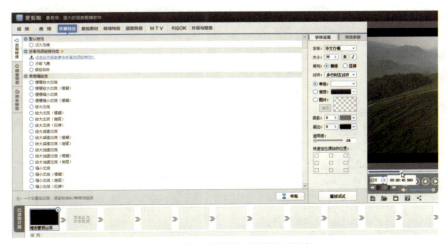

图13-22　选中需要添加字幕的时间点

（2）双击视频预览框，在弹出的"输入文字"对话框中输入文字内容，并可在"顺便配上音效"下方单击"浏览"按钮，为字幕特效配上音效，如图 13-23 所示。

图13-23　输入文字

2. 给字幕应用特效

（1）确保在视频预览框选中要添加字幕特效的字幕，使其处于带方框的编辑状态后，在"字幕特效"面板左上角的"出现特效""停留特效""消失特效"相应字幕特效前打钩即可应用此类字幕特效。

（2）如果需要取消"出现特效""停留特效"或"消失特效"其中某一种，在相应特效栏目中取消勾选即可，如图 13-24 所示。

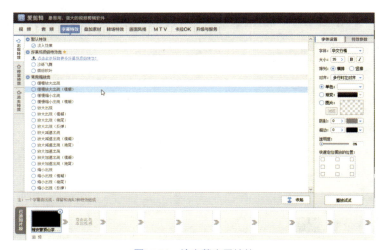

图13-24　给字幕应用特效

3. 设置字幕样式效果

设置字幕的字体、颜色、阴影等样式效果。在视频预览框左侧"字体设置"栏目，可对字幕的字体、大小、排列方式、字幕颜色、阴影、描边、透明度等进行设置，如图13-25所示。

图13-25　设置字幕样式效果

4. 设置字幕特效的持续时长和速度

在视频预览框左侧"特效参数"栏目，可对字幕的特效时长进行设置，该设置决定了字幕特效速度，"特效时长"越短，速度越快，"特效时长"越长，速度越慢。同时，该设置决定了字幕持续时长，如图13-26所示。

图13-26　设置字幕特效的持续时长和速度

5.删除字幕特效

如果想删除字幕特效，在"所有字幕特效"列表右上角单击"垃圾桶"按钮，即可删除字幕特效，如图 13-27 所示。

图13-27　删除字幕特效

13.3.4　为视频添加场景特效

恰到好处的转场特效能够使不同场景之间的视频片段过渡更加自然，并能实现一些特殊的视觉效果。爱剪辑提供了数百种转场特效，使创意发挥更加自由和简单。添加转场特效的操作步骤如下。

1.为视频片段应用转场特效

如果需要在两个视频片段之间添加转场特效，选中位于后位的视频片段为其应用转场特效即可。譬如，如果需要在视频片段 A（前）和视频片段 B（后）之间添加转场特效。

（1）在"转场特效"面板底部"已添加片段"列表中选中视频片段 B。

（2）在转场特效列表中选择需要应用的转场特效。

（3）在效果列表右侧的"转场设置"面板中设置"转场特效时长"为转场持续时长，单击"应用 / 修改"按钮即可，如图 13-28 所示。

2.修改设置好的转场特效

（1）在"已添加片段"中选中要修改转场特效的视频片段。

（2）在主界面顶部单击"转场特效"，在转场特效列表中，会看到应用的转场特效前已经打钩。如需应用其他转场特效，直接双击其他转场特效即可。

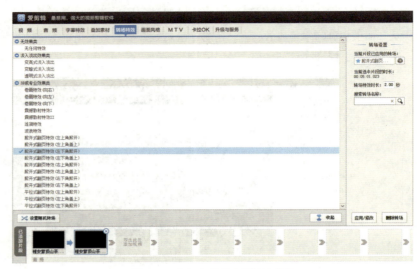

图13-28 为视频片段应用转场特效

（3）在"转场设置"中修改参数，单击"应用/修改"按钮即可，如图13-29所示。

图13-29 修改设置好的转场特效

3. 删除设置好的转场特效

（1）如果想删除转场特效，在"已添加片段"中选中要删除的转场特效所应用的视频片段。

（2）在主界面顶部单击"转场特效"，在转场特效列表中会看到应用的转场特效前已经打钩。

（3）在右侧"转场设置"面板中单击"删除转场"按钮即可，如图13-30所示。

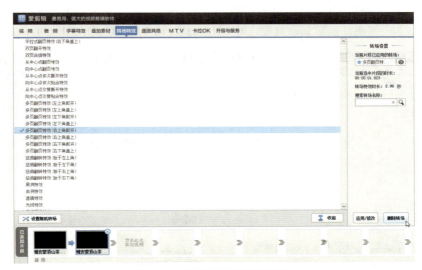

图13-30　删除设置好的转场特效

13.3.5　为视频添加LOGO图片

爱剪辑还提供了很多想象不到的贴图素材，以及各种一键应用的动感特效，使制作个性化的视频更加简单。给视频添加LOGO图片的操作步骤如下。

1. 为视频加LOGO

（1）导入视频后进入"叠加素材"界面，单击左侧的"加贴图"栏目。

（2）在右上角视频预览框的时间进度条上，单击要添加贴图的时间点，将时间进度条定位到要添加贴图处。

（3）单击贴图特效列表左下方的"添加贴图"按钮，或者双击视频预览框，在弹出的"选择贴图"对话框中选择贴图，可在"顺便配上音效"下方单击"浏览"按钮，为贴图配上音效，如图13-31所示。

2. 对给视频添加的贴图进行详细设置

（1）添加贴图后回到主界面，此时右上角视频预览框里的贴图已处于带方框的可编辑状态，我们可以通过可编辑方框，实现放大、缩小、旋转、变形、移动以及删除贴图。编辑贴图时，涉及的快捷键如下：

■　Esc键：将贴图一键居中或复原。

■　上下左右方向键：对贴图位置进行精确到1个像素的调整。

- ■ **Shift+Esc 键**：等比例智能缩放自动居中。
- ■ **九宫格定位框 +Shift**：通过"叠加素材"面板中央的"贴图设置"处的九宫格定位框，可快速定位贴图位置。默认情况下，摆放位置会离视频画面边缘适当距离。当同时按下 Shift 键时，则会紧靠边缘，如图 13-32 所示。

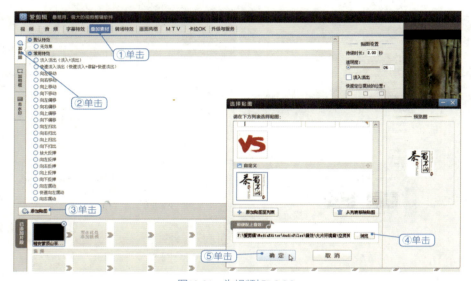

图13-31　为视频加LOGO

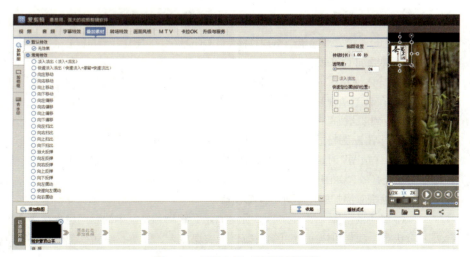

图13-32　编辑方框，实现编辑贴图

（2）在左侧"加贴图"栏目的特效列表中，选择要为贴图添加的特效（即处于打钩状态）。

（3）在特效列表和视频预览框中间，可在"贴图设置"栏进行更详细的设置，如图 13-33 所示。

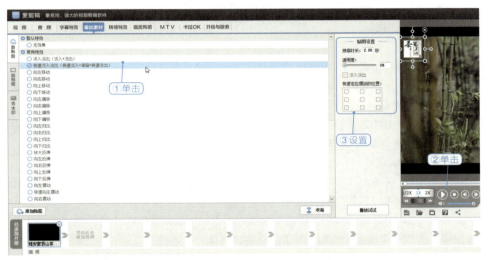

图13-33 "贴图设置"栏进行更多设置

3. 删除已添加的贴图

如果想删除贴图，则在"所有叠加素材"栏目选中需要删除的贴图，单击"垃圾桶"按钮即可，如图 13-34 所示。

图13-34 删除已添加的贴图

13.3.6 调整视频的播放速度

使用爱剪辑可以轻松调节视频播放速度的快慢，以实现一些特殊或有意境的视觉效果。使用爱剪辑调整视频播放速度的具体操作步骤如下。

1. 调慢视频

（1）在导入视频时，或在"已添加片段"列表双击要对其调节速度的视频时，会弹出"预览／截取"对话框。

（2）在该对话框的视频预览框下方单击"魔术功能"选项卡，在"魔术功能"面板的"对视频施加的功能"下拉框中，选择"慢动作效果"。

（3）在其下面的"减速速率"滑杆处设置一个值即可，数值越大，则调节后视频速度越慢，如图 13-35 所示。

2. 调快视频

（1）在导入视频时，或在"已添加片段"列表双击要对其调节速度的视频时，会弹出"预览／截取"对话框。

（2）在该对话框的视频预览框下方单击"魔术功能"选项卡，在"魔术功能"面板的"对视频施加的功能"下拉框中，选择"快进效果"。

（3）在其下面的"加速速率"滑杆处设置一个值即可，数值越大，则调节后视频速度越快，如图 13-36 所示。

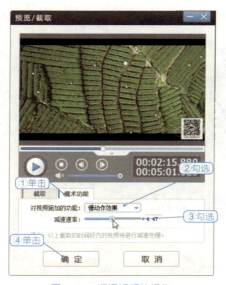

图13-35 调慢视频的操作

图13-36 调快视频的操作

13.3.7　设置视频的画面尺寸

视频编辑完成后，需要设置视频导出的格式与尺寸。爱剪辑提供了20多种默认尺寸选项，还可以根据自己的需求设置视频的尺寸。使用爱剪辑设置画面大小的操作步骤如下。

（1）在完成视频编辑之后，单击"导出视频"，在弹出的"导出设置"对话框中的"参数设置"栏下设置导出尺寸。

（2）选择"导出路径"，单击"导出"按钮，如图13-37所示。

图13-37　设置视频的画面尺寸

短视频
营销实操技巧

第14章

本章导读

　　近年来，随着短视频行业的迅猛发展，短视频的商业价值不断被人们挖掘出来，不少企业和个人纷纷利用短视频进行营销活动，并从中获得可观收益。那么，这些短视频运营者到底是如何抓住红利机会，创作出具有吸引力的短视频内容的？本章将从认识短视频营销、短视频营销的策略和玩法、短视频营销内容的打造等方面入手，详细为大家介绍短视频营销的一些实操技巧。

14.1　短视频营销的优势

　　短视频，顾名思义，就是播放时间比较短的视频，而短视频营销则是一种将互联网、短视频、营销三者相结合的活动。短视频营销本质上是一种以互联网为载体，以短视频为基本工具，以丰富的内容为竞争力的网络营销方式，其主要目的是盈利。与其他营销方式相比，短视频营销有着自己独特的优势和魅力。下面就来看看短视频营销到底具有哪些独特的优势。

1. 互动性强

　　短视频营销有一个很明显的优势，就是互动性强。大部分短视频都支持单向、双向甚至多向的互动交流。对于商家而言，可以迅速获得用户反馈；对于用户而言，既可以帮助商家进行品牌传播，又可以直接表达自己对商家的意见和建议。

　　例如，图 14-1 所示是某护肤品牌在新浪微博上发布的产品短视频。商家发布产品短视频的目的是给自己的品牌产品造势，吸引消费者的注意。通过该条微博可以看到，商家不仅通过动态的短视频来宣传推广产品，还通过评论送福利的方式积极与用户互动，以此吸引更多消费者的关注。

图14-1　某护肤品牌在新浪微博上发布的产品短视频

2. 营销成本低

与传统广告营销的高额资金投入相比，短视频营销的成本相对较低，这也是短视频营销比较明显的一个优势。对于短视频营销而言，无论是制作成本、传播成本，还是后期的维护成本，都比传统的广告营销低很多。

短视频要想在不耗费太大成本的情况下实现快速传播，并获得不错的营销效果，关键在于对短视频内容的打造。例如，微博上某位网红达人自创的一部短视频，如图 14-2 所示。该段视频是由这位网红达人自导自演的，在视频的制作上几乎没有什么太大的花费，却收获了几十万的点赞、评论和转发。这部短视频之所以能够以较低的成本获得较好的营销效果，其根本原因就在于短视频的内容能够真正击中受众的痛点和需求点，使其能够产生情感共鸣。

图14-2 微博上某位网红达人分享的短视频

3. 营销效果好

由于短视频画面感比较强，能够给人一种更为立体、直观的感受，以及可直接与电商、直播等平台结合，所以通过短视频销售产品，营销效果显著。一方面直接而富有画面感的内容能够有效激发消费者的购买欲望，另一方面"边看边买"这种快捷高效的营销方式又能很好地满足消费者的购买欲望。

短视频可以将产品的购买链接放置在视频播放窗口的周围，这样消费者就可以一边观看短视频，一边购买产品。如图 14-3 所示，是淘宝平台上某商家利用短视频进行产品销售，用户可以在观看短视频的过程中，随即点击短视频下方的购买链接进入产品购买页面购买产品。

4.营销指向性强

短视频营销可以帮助企业准确找到产品对应的目标受众人群，从而实现企业的精准营销。通过短视频寻找受众群体的方式主要有两种：一是短视频平台通常都会设置搜索框，并经常对搜索引擎进行优化，而用户也通常都会通过关键词来搜索自己感兴趣的短视频，这样一来无疑增加了短视频营销的精准度；二是短视频平台会不定期地组织一些活动和比赛，以此来聚集用户。如图14-4所示为抖音短视频平台的搜索页面。

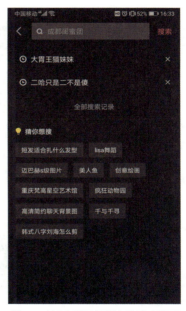

图14-3　淘宝商家利用短视频销售商品　　　图14-4　抖音短视频平台的搜索页面

5.传播速度快

短视频营销作为网络营销的一种重要形式，还具有传播速度快的优势，能够迅速地在网络上传播。而且由于短视频的播放时长较短，也非常适合当下快节奏的生活。

用户在短视频的互动中可以对短视频的内容进行点赞、评论和转发。如果短视频内容精彩，能够引起大量用户的兴趣并使其积极转发，那么就很有可能达到病毒式的传播效果。

除此之外，短视频平台还积极与社交平台合作，将内容精彩丰富的短视频通过流量庞大的社交平台来进行展现和传播，以此吸引更多的用户。如图14-5所示为新浪微博上的短视频展示界面。

图14-5 新浪微博上的短视频展示界面

6. 存活时间长

如今短视频平台上的大多数短视频都是由用户自己制作并上传的,不需要耗费太大的费用,所以短视频一般不会因为费用的问题而停止传播。只要短视频运营者能够承担短视频的运营费用,不删除短视频的内容,该短视频就会一直存在,因此,存活时间长也是短视频营销的一大优势。如图 14-6 所示是抖音短视频平台上的用户发布的短视频内容。

图14-6 抖音平台用户发布的短视频

7. 营销效果可衡量

可以分析和衡量短视频的传播和营销效果。通常，无论是在社交平台上还是在视频平台上，平台方都会展示出该条短视频内容的播放量、评论量、转载量等，短视频运营者通过这些数据即可对短视频的传播和营销效果进行分析和衡量。如图14-7所示为"日食记"在新浪微博上发布的短视频内容，可以看到这条短视频的转载量和点赞量均已过万，评论量也有8000多条，说明这条短视频的传播和营销效果还是非常不错的。

图14-7　"日食记"在新浪微博上发布的短视频转发、评论、点赞截图

14.2　把握四点，轻松实现高效营销

要想实现短视频的高效营销，其实很简单。短视频运营者只需在制作好短视频以后进行针对性的推广，再结合不同受众的特点进行营销即可轻松获得理想的营销效果。在对短视频进行针对性推广营销时，短视频运营者应当重点把握以下四点。

1. 短视频的类型

短视频的类型多种多样，不同类型的短视频所产生的营销效果往往是不同的。如果想要使短视频的营销效果达到最佳，短视频运营者就应该根据用户的喜好，使用不同类型的短视频进行营销。总体而言，目前短视频主要包括以下几种类型。

- 电影解说类：这类短视频最早起源于B站，做这类短视频时，一定要注意内容必须要有辨识度。在选择电影时，短视频创作人员应当选择当前较为火热的电影题材。
- 路人访谈类：这类短视频有两种常见类型：第一种是路人在回答完问题后，提出一个问题让下一个路人回答；第二种是用一个固定的问题采访所有路人。在制作路人访谈类视频时，一定要选择能够引起大众兴趣的话题。

- 实用技能类：这类短视频以日常生活中的小技能切入点，通过一两分钟的时间为观众讲述一个实用小技能。这类短视频一般以美食制作、整理家务为主。
- 吐槽类：生活中，很多人都会遇到一些想要吐槽的人或事，如果这些吐槽都能够通过短视频表现出来，一定会引起不少观众的共鸣。如网红达人 papi 酱就经常找一些社会现象进行吐槽，从而获得很多人的关注。
- 文艺清新类：这类短视频的画面通常比较唯美，给人一种文艺、清新的感觉，就像看纪录片一样。这类短视频的粉丝黏性非常高，营销效果也非常不错。
- 产品销售类：这类短视频一般都是直截了当地在视频中推广产品。有的短视频创作人员也会相对含蓄一点，以故事的形式拍摄短视频，并在视频内容中加入要推广的产品。

2. 短视频的推广目标

选择短视频投放平台时，短视频运营者首先需要明确自己的推广目标。一般来说，短视频的推广目标主要是打造品牌，提高品牌的认知度和影响力。那么为了实现这个推广目标，具体应该怎样选择投放平台呢？

- 选择与短视频内容紧密相连的平台投放，这样有助于提高观众的黏度和忠诚度。
- 尽量选择影响力较强的平台投放，例如新浪微博、抖音、快手、腾讯、网易等。

3. 短视频的目标受众

在进行短视频推广时，短视频运营者不能随心所欲地将视频放在不对口的平台上进行推广，这样做不仅浪费平台的资源，而且推广效果也不好。那么，究竟该怎么做才能提高短视频的推广成效呢？短视频运营者应该考虑不同人群的喜爱，根据目标受众的特征来推广短视频，其具体流程如图14-8所示。

图14-8　根据目标受众的特征来推广短视频的具体流程

🎙**金话筒提示**　在分析目标受众特征时，可以从目标受众的年龄、职业、地域、兴趣爱好、消费倾向、品牌认知度等角度进行分析，同时还需要注意影响短视频传播的各种因素，以便实现高效营销。

4.短视频的平台价值

短视频的平台价值是以投放平台的质量为基础的，一个高质量的投放平台在短视频的关注度、影响力、浏览量、点击率等方面都有一定的保障，所以能够轻松实现短视频的高效营销。

例如，微信平台上投放的短视频广告就很高效、精准。微信平台在用户设置账户时，就已经掌握了用户的年龄、性别、地域等基本信息，平台方会根据用户的这些基本信息对其进行定位和分析，最后适时在用户的朋友圈中投放短视频广告。如图 14-9 所示是某企业投放在微信朋友圈的短视频广告。

图14-9　微信朋友圈的短视频广告

14.3　短视频变现的四种经典玩法

直播最直接的变现方式是在线打赏，而短视频的变现则不一样。如之前的视频变现主要取决于内容的视频访问量和播放次数，通过计算"有多少人看到了广告"进行付费。现如今的短视频变现主要集中在电商变现、付费变现、广告变现以及平台补贴和粉丝打赏四个方面。

1.电商变现

"电商＋短视频"是短视频营销变现的有效模式之一。如今很多短视频平台都与电商企业进行合作，为电商企业引流，或者直接在短视频平台上开展电商业务。

　　"电商＋短视频"这种短视频营销变现模式，既有利于获取到庞大的流量，又能使销售的商品更加直观和更具有说服力。如果短视频的内容与商品能相互融合，则无论是商家还是短视频创作者，都能获得不错的收益。

　　短视频的内容与销售的商品相辅相成，形成了一种"边看边买"的营销模式。例如，淘宝上很多商家都会以发布短视频的形式来吸引用户购买商品。通常，淘宝商家会在店铺的首页或者专门设置的"视频"菜单中放置短视频。如图14-10所示为某淘宝店铺在"视频"菜单中展示的短视频。在播放短视频的过程中，会不时地跳出商品的购买链接，如果用户对商品感兴趣就可以直接点击商品链接进入购买页面购买商品。

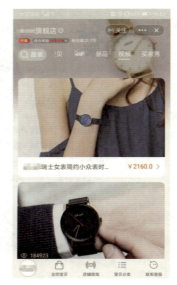

图14-10　某淘宝店铺短视频展现页面

2. 付费变现

　　知识付费与短视频是很多自媒体人比较关注的话题，也是短视频变现的一种方式。知识付费和短视频的结合可以说是一种新的突破，既可以让知识的价值得到充分的体现，又可以使短视频成功变现。

　　从内容上看，付费的变现形式主要可以分为两种形式：细分专业咨询付费；教学课程收费。

　　（1）细分专业咨询付费

　　细分专业咨询付费是知识付费中比较垂直的领域，如摄影咨询、育儿咨询等。细分专业咨询的主要特点就是针对性比较强，目前国内也推出了很多这种类型的知识付费问答平台，例如"问视"付费视频问答平台，如图14-11所示。

图14-11　"问视"付费视频问答平台

（2）教学课程收费

知识付费的变现形式还包括教学课程的收费。通过上课实现短视频变现的方式之所以能够成功，主要是基于两点原因：一是线上授课在之前就有了成功的经验；二是教学课程的内容更加专业，具有精准的指向和较强的知识属性。目前已经很多视频教育平台都形成了较为成熟的视频付费模式，例如沪江网校、网易云课堂、腾讯课堂等。如图14-12所示为腾讯课堂的首页。

图14-12　腾讯课堂首页

3. 广告变现

广告变现也是短视频变现中比较常见的一种方法。短视频中的广告形式多种多样，常见的主要有冠名商广告、植入广告、贴片广告、浮窗LOGO以及品牌广告等。

（1）冠名商广告

冠名商广告是指在节目内容中提到名称的广告。这种广告形式通常比较直接，内容也相对较为生硬。对于冠名企业而言，可以通过短视频创作者发布的短视频打响品牌、树立形象，吸引更多忠实的客户；对于短视频创作者而言，也可以从广告商方面得到赞助，双方都可以从广告中获利，成功变现。

（2）植入广告

在短视频中植入广告，就是将短视频内容和广告相结合。植入广告可以分为硬性植入和软性植入两种形式。硬性植入是指不添加任何修饰，硬生生地将广告内容植入短视频当中。软性植入也称为创意植入，是指短视频创作者不露痕迹地将短视频的内容、情节与广告的理念融合在一起。软性植入不容易让人察觉，因此接受程度也相对更高。

（3）贴片广告

贴片广告是通过展示品牌来吸引大众关注的广告变现方式。贴片广告是短视频中采用最多的一种广告变现方式，给人的印象比较直观，通常出现在短视频的片头或片尾。贴片广告主要具有明确到达、传递高效、互动性强、成本较低、可抗干扰等优点。

（4）浮窗 LOGO

浮窗 LOGO 是指视频在播放的过程中悬挂在视频画面角落里的标识。浮窗 LOGO 是非常巧妙的一种广告变现形式，可以在视频中展现很长时间，并且不会过多的影响观众的视觉体验，但是由于浮窗 LOGO 一般放置在画面的角落等隐蔽位置，所以也很容易被观众忽视。

（5）品牌广告

品牌广告是以品牌为中心，为品牌和企业量身定做的专属广告。这种广告变现形式从品牌自身出发，打造自然、生动的广告内容，以此来表达企业的品牌文化和理念。品牌广告相较于其他广告变现形式，针对性更强，受众的指向性更明确，变现能力也更高效，因此其制作费用相对而言也较高。

4. 平台补贴和粉丝打赏

随着短视频行业的不断发展，各个短视频平台的盈利模式也在不断翻新。那么这些短视频平台到底是怎么实现盈利的呢？下面就以快手、抖音、火山、美拍等常见的短视频平台为例进行具体讲解。

（1）快手

快手短视频平台的收益方式以直播时粉丝打赏为主，同时快手的直播功能也可以为主播分成，具体的分成方法为扣税 20% 左右，五五分成。对于主播而言，只要有足够的粉丝支持，且视频内容质量较高，就能够获取较为可观的收益。

（2）抖音

抖音短视频平台的收益主要来源于平台补贴。同时抖音还常常与品牌主发起相关话题挑战，吸引用户参与，如果用户发布优质的内容，且引起了较为广泛的传播，平台就会给出奖赏和补贴。抖音为了使用户获取更多收益，也开通了直播功能，相较于平台补贴，直播中获得的粉丝打赏收益更加直接，获取的收益也更丰厚。

（3）火山

火山小视频的主要收益来也是自于平台补贴。平台主要通过火力值来计算收益，用户在平台上发布短视频，即可获得相应的火力值，而这些火力值都可以兑换为现金。

（4）美拍

美拍短视频平台的主要收益来自于粉丝打赏，而打赏又依赖于粉丝的积累，有了足够多的粉丝才能变现，从而获得丰厚的收益。

14.4　短视频运营的三个核心要素

短视频的运营离不开粉丝的数量和黏性，只有做出符合粉丝口味的内容，才能得到更多关注和点赞。短视频运营的核心要素应包括以下三方面：

1. 满足粉丝和平台需求

短视频平台不同，其粉丝群体也有所不同。如淘宝、天猫等购物网站的粉丝，主要通过短视频了解商品信息；而抖音、火山等平台的粉丝，主要通过短视频娱乐，了解一些热门信息和趣味段子。所以在不同的平台发布短视频时，需要先分析该平台的粉丝需求。

2. 分析热门类型

根据热门短视频的点赞数来分析热门类型。例如，近期抖音平台新出了一款特效，很多热门视频都应用到该款特效，短视频创作者也可以选用该特效拍摄视频，增加上热门的概率。

3. 内容为王

注重内容的原创性、专业性和数量。短视频时长日趋成熟，只有拍摄出有辨识度的内容，才能被粉丝持续关注。例如，抖音平台的"黑脸 V"与其他靠颜值吸粉的创作者不一样，他主打技术流，视频中含有巧思和创意，受到不少粉丝的青睐。

14.5　打造短视频标题的技巧

短视频的标题是决定点击量和播放量的关键，如同人的名字一样具有代表性，能让粉丝快速了解短视频的内容。短视频的播放时长通常较为简短，所以要想完整而丰富地表达短视频创作者所要传递的思想内容，就需要为短视频设置一个画龙点睛的优质标题。

视频创作者在发布视频前，应根据短视频的内容为其策划一个好的标题，以获得更多用户点击，在策划短视频标题时，应注意以下技巧：

- 标题字数设置：短视频标题的字数最好控制在 10～30 个字符，20 字符为最佳。若字数过少，则标题的吸引力有可能不够；若字数过多，则标题容易被折叠，导致其无法正常显示。
- 善用数字：标题中加入数字会让标题更加直观，含有数字的标题在快速辨识记忆方面的效果往往高于不含数字的标题，所以以包含数字的标题点击率也比不含数字的标题点击率更高。短视频创作者在设置标题时，可以在标题中加入简洁直观的数字，以此快速吸引用户的注意力。例如"1 个操作告诉你是否还是对方的微信好友""3 月不减肥，4 月徒伤悲。3 步制作夏日瘦身汤"等标题。
- 善用疑问句：在短视频标题中使用疑问句往往能够激起用户强烈的好奇心，起到很好的引导作用。例如"男朋友背着我给异性同学转账，还不屑解释，我们还有必要继续下去吗？"
- 选用合适的关键词：很多短视频平台都是根据关键词来向用户推荐短视频的，因此，选用合适的关键词作为短视频的标题非常重要。例如"豆角这样做太好吃啦，不炒不凉拌，上桌一家人抢着吃，真解馋"，这个标题就很清晰明确，用户能很快从标题中提取到关键词"豆角"，并且能够直观地知道视频的内容就是介绍豆角的做法。在为标题选用关键词时，要尽量挑选一些高流量热词。短视频创作者可以通过参考百度指数或热搜指数，选择流量较高的词语和流行语来设置标题，从而提高短视频的搜索量。
- 设置带有矛盾冲突的标题：含有矛盾冲突的标题，往往更容易使用户产生好奇心。例如"今天是我大喜的日子，可是我却笑不出来。"大喜日子本是很值得开心的事，为什么又笑不出来呢？用户为了一探究竟，可能就会选择点击视频内容，从而带来更多点击量。
- 设置刺激性较强的标题：在标题中加上刺激性比较大的词句，通常更容易引发用户点击。例如抖音很火的短视频标题"全网最难的手势舞，相信没有第二个人会"。这种过分肯定句式的标题，容易引发用户的好奇，继而点击查看视频的手势舞到底有多难。
- 选择大众标题：标题覆盖面广，点击量也会有所上升。例如标题中含"数码类""工作""两性情感"等关键词，由于覆盖面广，因此点击量较高。因为大多数人都在使用手机、相机方面有疑问，也都经历过工作上的起伏，更经历过感情上的欢笑与眼泪。

另外，在不同平台发布短视频，标题特点也略有不同。如图 14-13 所示为淘宝视频，简单明了的标题说明该视频的主旨是"用袜子做宠物衣服"，获得 85 万次播放量；再如图 14-14 所示，某旅游账号推送的视频标题内含"端午""花海""草原""峡谷""瀑布"等关键词，满足大多数人对旅游的向往，获得 2 万次点赞。

图14-13　某淘宝平台短视频标题　　图14-14　某抖音平台短视频标题

14.6　做一个让人忍不住想点击的封面图

短视频时长较短，需要用封面和标题来吸引观众的注意。如何制作一个让人有点击欲望的封面图，成为很多短视频运营者需要思考的问题。在制作封面图时，要注意以下要点：

- 根据内容来选取封面图，换言之就是内容与封面图的关联性。封面图应能表达视频内容的中心思想，让用户了解该段视频的主要内容。通常，在选取短视频封面内容时，都选自视频中出现的画面。
- 引发用户好奇心：可选取引发用户好奇心的封面，提高用户对视频的关注。值得注意的是视频封面图可与标题相呼应。例如，视频封面选取一张男女暧昧的镜头图，标题可为"男女之间是否存在纯洁友谊？"。
- 以人物封面为主：人物封面更具吸引力，如知名短视频达人papi酱，封面都以自己为主。papi酱表情极其丰富，且经常对一些社会想象进行吐槽，形成了自己的风格，吸引了很多粉丝。
- 感情牌：想要唤起更多人的感性认识，可以适当用图文内容来打感情牌。例如，在母亲节前后，发出的短视频可以截取老母亲牵着孩子手的背影照片来吸引更多用户点击关注。
- 使用特效：适当使用特效，使封面图看起来更具美感。如略带文艺的短视频封面，可添加背景虚化特效，使整个画面更具朦胧美感。

部分短视频封面可添加文字来吸引更多用户的点击关注。如图 14-15 所示，"没有灵魂的滑梯"主要与短视频内容相呼应；如图 14-16 所示，"走进猫生"是封面图和标题相呼应，且封面中的文字更具吸引力。

图14-15　与视频内容相关的标题　　　图14-16　与封面图相关的标题

14.7　用好"@"好友的功能

在设计短视频标题时，可使用"@"好友功能使得该视频获得更多浏览量。特别是在抖音短视频 APP 中，很多视频创作者都会在标题中设置"@"好友，以此提升短视频推广和提高关注度。

如图 14-17 所示，视频标题"@"抖音小助手；再如图 14-18 所示，视频标题"@"好友。两个视频都获得了较高的点击播放量。

在标题中"@"好友时，需注意以下两点：

- 相关性："@"的对象要与短视频内容有一定关联度，如图 14-18 所示，视频中的女主人公经常与被"@"的男主人公组合唱歌，被很多粉丝默认为抖音情侣。
- 热度："@"的对象应该选择那些本身就有很多粉丝的用户，利用优质内容吸引更多观众的关注。

图14-17　"@"抖音小助手　　图14-18　"@"抖音好友

14.8　用#符号建立容易火的话题

通常，在标题中插入与视频相关的话题，都能起着提升短视频推广效果的作用。如图 14-19 所示，该视频中插入"旅行"的话题，点击该话题如图 14-20 所示，有 100 多亿次播放量。

在标题中插入话题的操作很简单，如图 14-21 所示，点击标题下方的 # 按钮，即可弹出相关的热门话题，如图 14-22 所示。当然，视频创作者也可以原创话题，直接输入 #，再输入相应的新话题即可。

14.9　选择合适的背景音乐

在短视频制作完成后，需要为视频添加合适的背景音乐，在选择时需根据视频的内容主旨、整体节奏来选择。一段合适的背景音乐能提升视频的整体效果，让观众的情感、心理和视频内容融合在一起。一段富有情感的视频，更容易获得更多的关注。

通常，短视频平台都提供相应的背景音乐。如图 14-23 所示，为抖音平台提供的"选择音乐"页面，可根据"热歌榜""飙升榜"等分类寻找细分音乐。如图 14-24 所示为抖音平台提供的热歌榜歌曲。

图14-19 标题中插入#符号　图14-20 #旅行话题下的部分短视频截图　图14-21 点按#按钮

图14-22 输入新话题　图14-23 抖音"选择音乐"页面　图14-24 抖音热歌榜歌曲

在挑选背景音乐时，不能只考虑音乐是否热门，还要考虑以下因素：

■ 掌握短视频的情感：通常，短视频都有一个中心情感，根据视频情感来选择相应的背景音乐。例如，某段短视频以拍摄山水风景为主，可选择大气磅礴的背景音乐，使得整个视频更具画面感。

- 视频的整体节奏：背景音乐可以带动整个短视频的节奏和情绪。总体而言，视频画面节奏和音乐匹配度越高，整体效果越好。视频创作者可根据视频情节的发展来选择节奏相似的音乐。

- 避免喧宾夺主：背景音乐对短视频起着画龙点睛作用，但是要注意不能让背景音乐喧宾夺主。例如，视频中的主人公语速一般、声调一般，但背景音乐过于嘈杂，甚至掩盖女主人公的话语，就会严重影响短视频的观看效果。

- 培养乐感：平时可以多听音乐，培养一定的乐感。在挑选背景音乐时，可挑选自己脑海中丰富的词曲库中较为心仪的歌曲。

总之，在挑选背景音乐时，不要只关心该音乐是否热门，更多的应是关心音乐与内容是否契合。

14.10　怎么在15秒内传播自己的产品

较为热门的短视频平台——抖音，视频时长为15秒或60秒。如何用15秒的时间把内容表达完呢？

例如，某美食主播在15秒的短视频中，先展示食材（鱼）的生长环境，再展示从河里捞鱼、杀鱼的过程，最后几秒展现烹饪鱼的过程以及吃鱼的镜头。短短15秒，该视频给观众呈现了一个完整的美食诞生过程。所以，只要懂得一定的拍摄技巧和剪辑，就可以在15秒内呈现出好的故事。

很多社交平台都会出现节奏感很强的快闪视频，它们制作简单、内容充足，能在极短的时间里传播视频内容。特别是在抖音搞笑视频中，快闪视频频繁出现。因为快闪视频更加灵动，也更受观众喜欢。

快闪视频有以下几个特点：

- 节奏由慢到快：特别是背景音乐，从最开始的轻缓逐步加速，无形中营造急促的氛围。

- 快速切换画面：在切换画面时，要做到"快"，但注意不是一味地闪屏。

- 根据音乐来卡点：根据具体的背景音乐来确定画面时长，让音乐的点刚好卡在某个需要重点突显的镜头上。

视频创作者也可以借助工具对视频进行压缩。例如，Hyperlapse就是一款简单、易操作的手机APP，可以将长时间的视频压缩到几十秒。该软件的设计简单，无须账号登录，整个操作界面只有一个圆形的拍摄按钮，如图14-25所示。安卓用户和苹果用户都可在应用市场中找到该软件，如图14-26所示。

图14-25　Hyperlapse操作界面　　图14-26　在应用市场中搜索Hyperlapse

Hyperlapse 不仅可以压缩视频，还可选择任意变速倍率，达到想要的视频长度。另外，其防抖处理技术也十分受欢迎。

14.11　三步打造短视频选题

短视频的选题不是一蹴而成的，需经过以下几个步骤：

第1步：建立选题库。短视频创作者可以策划多个主题，选取其中一个使用。例如，在策划一期推广农产品的视频时，可从农产品的环境、老板创业故事和低价优惠等几方面来拍摄。

第2步：分析竞争对手。选题不能千篇一律，虽然竞争对手的视频可能已经收获了几万的点赞量，但盲目模仿不可行。想要被人记住，视频必须具有辨识度。所以，在选题之前，可以分析竞争对手，但切记不能盲目模仿。

第3步：对选题进行包装。对主题的内容展开联想，如选择什么呈现方式，人物选择采访还是叙事的形式等，让整个选题看起来更加饱满。

热门视频几乎都有自己的拍摄风格和选题。成功绝非偶然，需要经过缜密的策划。选择视频的主题是拍摄短视频的重点。在选题时，应注意以下几点：

■　受众面：进行短视频创作，首先需要定位目标受众，再由目标受众来决定选题方向。在选题时，要满足大多数观众的喜好。例如，一些受众面较广的生活技巧、情感视频更容易得到关注。

- 引起感情共鸣：一个视频能唤起的共鸣越大，被转发分享的可能性也就越大。所以在选择短视频主题时，要先考虑能不能抓住大众的痛点，引起共鸣。
- 控制好节点：拍摄短视频需要蹭一些热点，把握热点的时间节奏与切入角度，以此避免同质化。

例如，某美食类短视频节目在端午前夕拍摄了一段关于包粽子的视频，并在其中设计了"小时候，妈妈教我包的第一个粽子"这样的故事情节。"包粽子"这个话题在端午节前后，受众面广，视频中又加入"妈妈教我包粽子"这样一个能够引起人们情感共鸣的情节，所以这样的短视频主题更容易引起人们的关注。

14.12　打造爆款短视频的技巧

有的短视频能够达到几十万甚至上百万的播放量，而有的短视频则无人问津。那么短视频创作者要怎样才能打造出爆款短视频，收获大量粉丝呢？其实，爆款短视频具有几个很明显的特点，例如稀缺感、冲突感和生活感等。

1. 稀缺感

稀缺感是观众在需求没有得到满足的情况下所形成的一种感觉。在稀缺感的作用下，观众的注意力会自动转向没有得到满足的需求上。例如，有些观众有减肥的需求，就会特点关注减肥技巧类的短视频；有些观众有学习办公软件的需求，就会关注办公软件使用技巧类的短视频。所以，短视频创作者在策划短视频之前，应思考自己的目标用户有哪些需求，从而满足他们的稀缺感，这样短视频的内容才会被更多目标用户看到。

2. 冲突感

冲突感指的是人与人的矛盾、人与意志的矛盾和意志与意志的矛盾。有冲突才有故事，很多文学故事上都有冲突，而短视频创作的内容也应该有这种冲突感。例如，短视频中的主角是一个既想要吃尽天下美食又想保持苗条身材的女人。那么主角要如何在美食和身材中做一个合适的选择呢？因为主角恋爱了，在见对象家长时受到冷眼，所以决定通过少吃油腻食物、增加运动和挑选合适的服装来改善一些身材缺陷。这种冲突感，最容易引起那些对自己身材不满的观众的共鸣，得到这部分观众的点赞。

3. 生活感

越是贴近生活的视频内容越容易引起观众的兴趣。如很多短视频都以"小时候""学生时代""实习期"等关键词来拍摄内容，因为这些阶段几乎是每个人都会经历的，或多或少有些难忘的经历。

在打造爆款短视频时，短视频创作者还需要掌握以下几个技巧。

（1）引发好奇

利用好奇心能够很好地吸引用户观看短视频，在创作视频内容时，短视频创作者可以适当制造一点神秘感或者将重要的话说一半，让观众在好奇心的驱使下，关注该账号的更多内容。例如，"独身带孩子的妈妈为什么不要理会路人的帮忙请求？"很多人在看到这个标题时的第一反应应该是：为什么不能理会？在好奇心的驱使下，用户就很容易点进去看看内容。

（2）提供价值

对于用户来说，有价值的内容才值得被长久关注。例如"15秒学会某某某""每天1分钟，教你某某某"等短视频，通常会让用户感觉投入较少的时间就能学到很多东西，非常划算，用户也就自然愿意更多地关注这类短视频以及短视频的创作者。

（3）名人效应

在打造爆款短视频时，适当蹭名人的热度，利用名人效应来吸引更多用户观看短视频是一个非常的方式，一般具体的做法是"@"某热门网红达人、明星，与某热门网红达人、明星合拍等。例如，在2019年，抖音上火热的"浪胃仙"，以大胃王出名。很多美食主播在推荐美食商家时，都会"@"浪胃仙，并在内容中提及"浪老师"。

【实例】

广誉远始创于公元1541年，截至目前已有470多年的历史，过去因常年做户外及央视硬广曝光量大，合作量级过亿。然而，定坤丹品牌虽然海量曝光，但对于年轻用户而言，只能记住"定坤丹"这个名字，对于产品功效则一知半解，使得定坤丹的品牌和产品传播受到约束，很难在千篇一律的药品广告中脱颖而出。

2018年，广誉远新推出一款针对年轻女性经期问题的药品"定坤丹"，通过多个活动，借助短视频、直播等渠道，成功融入年轻人的阵营。为取得更好的营销效果，广誉远找来了"恋珊妮"和"智勇别这样"两位视频达人拍摄一系列关于产品的视频。

短视频中，"恋珊妮"以生活中男朋友的气愤和对妈妈的抱怨为开端，通过让男友穿高跟鞋、垫卫生巾、体验分娩痛苦等场景，让男友理解妈妈的不易。

"智勇别这样"则与女友搭档，深情演绎儿媳妇如何解决更年期婆婆身体虚弱、情绪不稳、唠唠叨叨等问题，贴心准备定坤丹，在化解老公与婆婆矛盾的同时得到婆婆的认可。

除了线上找达人进行短视频和直播合作，线下推出直播男性群体体验母亲"分娩""经期"疼痛等过程，让更多人感受"母亲"的伟大。这些视频使得广誉远在母婴圈层、泛娱乐圈层双火热，持续发酵母爱话题，让更多年轻人接触、了解到品牌本身。

14.13　做好短视频互动，吸引注意

互动是一种非常好的短视频营销方式，让用户与视频中的内容展开互动，能够有效地吸引用户的注意力，获得更多人的关注。通常用户只需要点击手机屏幕上的

各种互动图标，即可参与到短视频的互动中，对短视频播放的内容进行点赞、评论或者转发等。

如图 14-27 所示是抖音上一条短视频的内容界面，在页面的右边有三个可以与用户进行互动的图标。其中，🗨图标表示点赞；💬图标表示评论；↪图标表示转发。

🎤 **金话筒提示**　在抖音上，平台会根据短视频的点赞量、评论量、转发量和完播率向用户推荐短视频。这四个指标越高，就越容易被平台推送给更多用户。所以做好短视频的互动工作，引导观众进行更多的点赞、留言和转发，对于短视频营销大有益处。

短视频的互动不一定非要被动地等着用户点赞、评论和转发，短视频运营者也可以通过发起讨论、发起投票等方式主动与用户进行互动，充分调动用户参与互动的积极性。例如，图 14-28 所示，

图14-27　抖音平台互动的图标

某短视频创作者写到"还有什么想让我削的，评论区见"；如图 14-29 所示，很多观众果然在评论区给出如"削核桃""荔枝削一削"等评论。

图14-28　短视频标题与内容页面

图14-29　某短视频的评论页面

还有的短视频互动是在视频内容的结尾处进行的，例如，短视频的内容讲述的是一段悬疑故事，在视频的快要结束时加一句"你知道某某这样做的原因是什么吗？评论区说出你的见解。下期见"。

14.14 持续更新短视频内容，涨粉原动力

在前面的直播内容中，提到养成粉丝观直播习惯，需要定时开播。这点对于短视频也是一样的，如果视频作品数量少，没有持续性更新，粉丝数量一直上不去，则为了增加粉丝量，应该保证视频的持续更新。

为更好地更新内容，视频创作者可在平时做好素材搜集的工作。如：

- 新闻时事：根据当前发生的热门新闻，制作热点视频。例如，头条号、搜狐、网易、微博等，每天都会发布一些热点新闻。想创作短视频，对这些新闻要敏感，快速收集这些热门信息，以备素材积累，应用到视频中。

- 经典电影：平时收集经典电影、电视剧，重点关注较为经典的剧情或对白，应用在短视频中去，更容易吸引观众。例如，周星驰在《喜剧之王》中与张柏芝的经典台词"不上班行不行？""不上班你养我啊？"被短视频广泛应用。

- 段子和小故事：不同于滥大街的段子和故事，应用在短视频中的段子和视频都需要一定的新意。《陈翔六点半》的原创视频就有很多段子，但所选的段子都是原创或较新的，拍摄成视频后，因为出其不意的结尾总是给人眼前一新的感觉，所以引来很多粉丝。在收集故事方面，收集身边的真人真事更具说服力。

为了保证短视频的持续更新，创作者还可以建立素材库：

第1步：收集素材。如前文提到的收集新闻时事、经典电影、段子和小故事等。在收集时，可采用碎片化收集或固定主题收集。

第2步：保存素材。收集的目的在于便于调用，所以应把收集好的素材分门别类地保存起来。如区分素材关键词"学习""明星""热点新闻""生活感悟"等。

第3步：挑选素材。把收集到的素材应用到视频中的前提是符合主题、能引起观众的关注。

实际上，视频创作者可以定期制定视频目标计划，如7月第一周围绕某个主题展开，可能用到哪些素材。另外，短视频的更新也应该有规律可循，如某美食主播每天7点半在抖音平台发布当日探店的短视频，每天8点准时在抖音平台开直播，让粉丝养成观看习惯。

多平台 第15章
短视频营销

本章导读

　　短视频平台多而杂，很多短视频运营者都有一个共同的烦恼：如何选择合适的平台做视频营销？实际上，各个短视频平台有着不同的特点。如淘宝、天猫站内短视频营销适合直接展现商品特点，带来转化；而抖音平台则适合拍摄含剧情、故事的视频，在视频中无意间透露产品信息，进而促进目标用户的转化。对于短视频运营者而言，为获得更好的营销效果，可根据产品特点，同时在多个短视频平台发布商品作品。

15.1 短视频平台引流

短视频营销的成功固然离不开高质量的视频内容，但平台和渠道的引流作用也不可忽视。一个好的平台和渠道可以轻松为短视频带来大量高效精准的粉丝，为短视频的成功变现奠定良好的基础。下面将从社交、资讯和营销三大类平台入手，详细介绍短视频如何进行平台引流。

1. 社交平台

社交平台是一直是短视频营销过程最重要的内容推广引流的平台。市面上的社交类平台五花八门，可以用于短视频传播、推广的社交平台也有很多，例如包含着巨大用户基础的微信、微博和QQ等平台矩阵。这里以微信公众号和新浪微博为例，简单介绍如何在平台上进行短视频的推广和引流。

如果短视频运营者想要选择一个用户基数大的平台来推广短视频内容，微信公众号是一个不错的选择。在微信公众号中，短视频运营者可以发布各种各样的信息并通过运营来提升知名度和品牌形象。所以通过微信公众号来推广短视频，既有助于短视频运营者构建一个良好的品牌形象，又能保证推广内容的多样性。在微信公众号上，可以通过多种形式进行短视频的推广，最常用的形式有两种，即"标题＋短视频"形式和"标题＋文本＋短视频"形式。如图15-1所示，"一条"微信公众号中的一篇文章采用的就是"标题＋文本＋短视频"的形式进行短视频的推广。

新浪微博同样是一个用户基础庞大的社交平台，在新浪微博上推广短视频，主要是依靠"@"和热门话题这两大功能来实现推广目标。在进行微博推广的过程中，"@"功能的作用是非常大的。推广短视频时，运营者可以在博文里"@"明星、达人、媒体、企业等，如果"@"的对象在博文下方的评论区对内容作出了回应，就能有效借助他们的粉丝扩大自身的影响力，从而获得大量粉丝和其他微博用户的关注。如图15-2所示为某美妆品牌通过"@"某明星来吸引用户关注，从而推广短视频和产品。

没有餐厅能比这更酷，身处海底5米，吃一顿人均2000

原创：点击右边星标 一条 前天

每天一条独家原创视频

在挪威最南端的海岸线上，有一块神秘的灰色长方体"石碑"，是世界最大海底餐厅Under所在地。

图15-1 "标题+文本+短视频"的公众号内容

图15-2　某美妆品牌通过"@"某明星来吸引用户关注

　　新浪微博中的"热门话题"功能是一个专门用于制造热点信息的区域，也是聚集网民数量最多的地方。短视频运营者应该利用好这些"热门话题"，推广自己的短视频，发表自己的观点和感想，以此来提高微博及短视频的阅读量和浏览量。如图15-3所示为华为公司在微博中借助与内容相关的话题"万物皆可AI"进行短视频的推广。

图15-3　华为公司在微博发布短视频进行品牌推广

2. 资讯平台

　　在这个信息爆炸的时代，人们的生活节奏加快，大多数人都是依靠碎片化的时间来获取各种信息的。短视频运营者们想要获取大量的流量，达到较好的推广效果，就需要想方设法地快速抢占用户的碎片化时间。资讯类平台凭借着传播速度快的特点，能够迅速占领用户的碎片化时间，从而带动庞大的流量。下面就以使用最广泛的资讯类平台——今日头条为例，介绍如何进行短视频的推广。

今日头条作为用户最为广泛的新媒体运营平台之一，是很多短视频运营者推广运营自己短视频内容的不二选择。今日头条的短视频矩阵由抖音、西瓜视频和火山小视频这三个各有特色的短视频平台共同组成，这三个平台上汇聚了大量优质的短视频流量，因此今日头条一直是推广短视频的重要阵地之一。今日头条上的短视频入口较多，为达到良好的推广效果，短视频运营者在推广短视频时应掌握一定的技巧。

（1）通过热点和关键词提升推荐量

在今日头条上面短视频的展现是由智能推荐引擎机制决定的，通常包含有热点信息或热点词的短视频会被平台优先推荐。热点的时效性越高，短视频的推荐量和播放量也就越高。因此短视频运营者要寻找平台上的热点和关键词，提高短视频的推荐量。

■ 热点：今日头条上的有专门的热点频道，里面汇聚的大量的热点资讯，并且每天都会进行实时更新。短视频运营者在发布短视频之前可以多在平台上查看这些热点，找出与要上传的短视频相关联的热点词，然后根据热点词来设置短视频标题。

■ 关键词：关键词主要运用于短视频的标题中，相较于与热点词，关键词的持久性更好。短视频运营者可以在播放量将高的短视频标题中，选择那些命中率较高的词汇作为关键词，再结合自己短视频的内容合理设置短视频的标题。

（2）打造高品质标题

在今日头条上，标题是影响短视频推荐量和播放量最重要的一个因素。一个好的标题往往能为短视频带来意想不到的引流效果。今日头条的用户中，有很多都是标题党，所以要想获得好的推广和引流效果，短视频运营者就需要打造出既能吸人眼球又能彰显品质感的短视频标题。短视频运营者在依照平台的推广规范进行操作时，可以通过学习平台上播放量高的短视频标题，帮助自己打造高品质的短视频标题。

（3）短视频内容审核机制

今日头条上的短视频发布前的审核，是由机器和人工两者共同完成的。首先，平台通过智能的引擎机制对内容进行关键词搜索审核；其次，再由平台编辑进行人工审核，确定短视频值得被推荐才会推荐审核；接着机器会把短视频推荐给可能感兴趣的用户，如果点击率高，平台则会进一步扩大范围，把短视频推荐给更多相似的用户。

🎙 **金话筒提示** 由于短视频内容的初次审核是由机器执行的，所以短视频运营者在利用热点或关键词设置标题时，尽量不要使用语意不明的网络词汇或非常规用语，这样会增加机器理解障碍，也会降低短视频通过审核的概率。

3. 营销平台

很多商家和企业都会选择在电商、外卖等营销平台上，通过短视频或者直播的形式来推广和销售自己的产品和服务，这样能够使用户更直观、更真实地了解所销售的产品和服务，从而提高产品的销量和品牌形象。下面就以淘宝平台为例介绍如何进行短视频的推广。

淘宝作为国内最大的电商平台，每天至少都有上千万固定访客，有着巨大的流量优势，如果短视频运营者利用这一优势进行短视频的推广营销，想必一定能取得非常不错的成效。在淘宝平台上，用户浏览短视频内容的入口非常多，例如微淘页面、产品页面等，短视频运营者可以通过这些入口进行短视频营销。

（1）微淘页面

在手机淘宝的微淘页面中有很多分类，例如"关注""上新""精选""晒单""美食""时尚"等，这些频道中或多或少地发布了短视频内容。短视频运营者发布的与产品和品牌相关的短视频内容，完全可以通过这些渠道来进行推广，让更多的用户看到。如图15-4所示是微淘页面中的"精选"频道和"美食"频道展示的短视频内容。

（2）产品页面

在手机淘宝的产品页面中，最上方的产品主图中显示了两种内容形式，即"视频"和"图片"。与图片形式相比，视频形式的产品介绍明显更加生动、具体，也更容易让顾客感受到产品的好坏。如图15-5所示为一款女装的产品主图视频。

图15-4 微淘页面中展示的短视频内容

图15-5 一款女装的产品主图视频

🎤 **金话筒提示** 在手机淘宝的产品页面中，主图视频的内容标签并不一定都显示"视频"二字，有可能显示的是视频内容的"功能""外观"等字样。

15.2　淘宝站内视频营销三板斧

内容创作者想获得更多收益，可申请成为购物网站站内达人，与商家达成合作，在站内发布图文、短视频和直播销售商品。淘宝达人往往需具备以下条件：时尚、有品位、品牌知识面广、有丰富的购物经验。这样的人挑选出来的产品，才具有说服力，更受广大用户喜欢。

1. 图文带货

在传统的图文导购详情页面中，商品描述是真正展示商品的部分，买家主要也是通过商品描述第一印象了解商品，所以详情页的内容应该是详细而简洁地表达出商品的功能、品牌、材质、产地、特色、优点和售后服务等。

对于淘宝达人而言，不能像详情页那样用长篇大论去表述产品材料、产地、售后服务、生产厂家等信息，而是应该从侧面描述这个产品为什么好，好在哪里。如图 15-6 所示为某达人在"有好货"频道推荐一款口红。首先从美剧演员说明该口红有一定的知名度，其次再从自己使用的真实感谈口红的效果。不是一上来就像做广告一样直接宣传该口红如何之好，而是从名人和自己的亲身感受的角度来向受众表述，使得整段文字更具吸引力和说服力，这样通过讲故事的形式来介绍产品更容易引起用户关注。

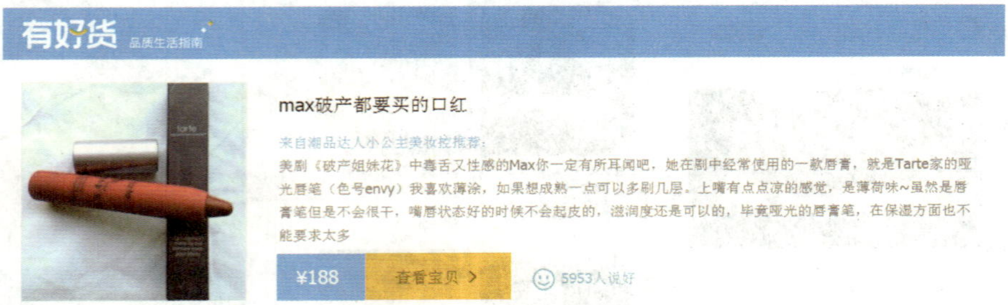

图15-6　达人通过"有好货"频道进行图文带货

🎤 **金话筒提示**　**达人认证有一定的要求，符合要求的内容创作者可在相应的购物网站申请为达人。认证通过后，登录相应达人平台，即可查看可合作的产品广告。**

达人在描述产品的基本属性时，应从感情上入手，抓住用户的心。让用户看完描述后，与达人描述的图文产生共鸣。例如，推荐一款适用于大学生背包的图文，可从"省钱""潮流""空间大"入手，侧面描述自己的学生时代想拥有一个背包，可惜经济比较拮据，一直没买到，心存遗憾，现在发现一款又潮又能装的背包，价格也很适中，因此推荐给更多学生。

擅于图文带货的内容创作者可在多种服务平台（如阿里 V 任务）发出意向合作信息，供给商家选择。如图 15-7 所示为阿里 V 任务"图文"版块的作者信息，从中可看到作者的粉丝数量、垂直领域、报价等信息。

图15-7　阿里V任务"图文"版块的作者信息

2. 短视频带货

　　短视频是 2017 年才开始发力的，在手机淘宝中尤为明显。在主图或详情页中加入短视频，有以下优点。

- 短视频要求在短时间内表现出卖点、创意，所以质量方面要求更高。如果在视频中加入导购，转化效果好。
- 短视频字节数占比少、加载快，便于传播。不至于让潜在消费者长时间等待加载视频。

　　淘宝站内短视频的展现位很多，如主图视频、详情页视频、每日好货等版块。这些视频都对商品起着转化作用，刺激更多用户下单购买。如淘宝主图视频的开通，让视图展示商品的方法更能吸引顾客，如图 15-8 所示。主图视频是很多淘宝卖家推广淘宝店铺的一个很好的方法，视频在吸引顾客的同时也对淘宝店铺起到宣传作用。

　　在短视频这方面，部分商家具备视频制作能力，自行拍摄、上传视频；部分商家选择在达人合作网

图15-8　某猫咪零食的商品短视频

站发布相应的视频要求，满足条件的达人可与商家取得联系，制作符合商家要求的短视频，从而获得商家给予的佣金。对达人而言，目前短视频正处于比较好的红利期，

应该积极把握。

擅于短视频带货的达人可在多种服务平台（如阿里 V 任务）发出意向合作信息，供给商家选择。如图 15-9 所示为阿里 V 任务平台"短视频"版块的作者信息，可查看作者的粉丝数量、垂直领域、所属机构、合作报价等信息。

图15-9　阿里V任务"短视频"版块的作者信息

🎙 **金话筒提示**　**据统计，短视频更能直观地展现商品的功能性、材料和成分等，降低营销成本。对于用户而言，用户阅读一条图文的平均时长约 1.16 分钟，观看一条短视频的时长约 1.62 分钟，二者所消耗的平均时长相差不大。但在制作方面，短视频的成本和耗时都要高很多。而且，部分用户更喜欢图文描述，认为慢慢细读，能更加全面地了解商品。所以，短视频营销固然重要，但图文营销也有着不可替代的优点。**

3. 直播达人带货

在前面章节提到过，直播变现中的重要环节是与电商商家合作。无论是在淘宝站内还是直播平台直播，主播都可通过与商家合作，带动货物销售来获得更多收益。主播可在各大达人网站，如"淘宝达人""阿里 V 任务"，寻找具体的合作。如图 15-10 所示，为阿里 V 任务"直播"版块的主播信息。

主播在接电商广告时，要在直播中围绕产品特点展现产品优势。主播应该有这样的意识：产品是关键、是主角，直播的目的就是让产品给用户留下深刻印象，从而刺激用户购买。所以在直播中，主播的言语间要与产品相关，动作也要联系产品，甚至把产品放在镜头前引起观众的注意。

图15-10　阿里V任务"直播"版块的主播信息

如图 15-11 所示，主播在直播中售卖桃子这个产品时，展现的是桃子在树上的镜头以及摘果对比桃子大小的镜头，使观众对不同价位的桃子有更为直接的了解。再如图 15-12 所示，主播在直播中售卖鞋子，将鞋子展现在镜头前，让观众快速熟悉鞋子的外观、颜色等特点。

图15-11　售卖桃子的直播截图

图15-12　售卖鞋子的直播截图

找主播合作卖电商产品目前已形成趋势，在主播的全面介绍下，观众可以更快速、更全面地了解商品，进而促进产品的销量。

15.3　网店商家如何结合短视频优质内容拉动销售

2018 年 8 月，抖音账号"李李李婉君"发布了一条变装短视频。在快节奏的音效下，视频女主角边走边换装，在 15 秒的时间里一共换了 16 套服装。这条视频很快在抖音上火起来，在短时间内，抖音粉丝突破 100 万。抖音平台为实现更多变现，推出直接跳转淘宝功能，用户可从该账号的商品橱窗中直接跳转具体商品详情页。由于关注该账号的用户多为时尚、爱穿衣搭配的女性，所以转化销售率非常高。使得该合作商家的月销售额直接从 200 多万元增长至 1000 多万元。

由此可见，新的营销方式正在诞生，将电商与短视频相结合可形成内容电商，通过短视频内容来引导用户消费。短视频是淘宝的趋势，它在提高转化的同时也会对商品加权。不同类目商品在短视频的制作上会有很多细节点，而且针对不同的用户，短视频的表达点也会不同。这里以讲解购物平台短视频特点为例，展开说明商家应如何拍摄相应的短视频来拉动销售。

1. 消费者分类

就目前的淘宝市场而言，消费者可分为四类：

- 快消用户。这类用户有显著特征"目的明确"，在购物过程中可以用"快""准"来形容。针对这类用户，短视频需要用最短的时间内表达出哪些商品性价比高、哪些商品很好用，让他快速决定买还是不买。针对这个用户群体的短视频时间控制在 9 ～ 30 秒，投放位置在主图第一张或详情页里。

- 无目的性用户。与快消用户相比，这类用户最显著的特点就是时间多，他们喜欢看新鲜、好玩的产品。考虑到上班和休息时间，尽量在周末投放一些带故事情节、新鲜玩物的短视频。

- 品味客户。这类用户的生活质量中等偏上，在购买商品时，特别注重商品质量，消费能力较强。针对这类用户，需要呈现的短视频需要花费更多的精力，在背景音乐、字幕、设计方面下功夫。

- 刚需用户。这类用户比较集中在家电类目中，故短视频中需要展现消费者关心的商品介绍、测评、售后及使用教程等内容。

2. 淘宝站内短视频分类

短视频的类型并非单一的，例如手机端的短视频分别在每日好店、必买清单、淘宝头条等版块展现。短视频的类型大体可分为两类：商品型及内容型。

（1）商品型短视频

顾名思义，商品型短视频主要以展现商品卖点为主，如图 15-13 所示。这类短视频比较符合快消用户的购买习惯，其展现时长为 9～30 秒，投放位置在主图第一张或详情页里。商品型短视频在发布后，有机会在"有好货""猜你喜欢""行业频道""购买后推荐"等位置展现，可获得免费加权流量。

图15-13　以展现商品卖点的短视频

（2）内容型短视频

相比商品型短视频，这类视频的拍摄门槛较高，多以故事情节或达人教学为主。针对新手卖家而言，可找达人、达人机构合作拍摄内容型视频。由于故事情节的丰富，内容型视频的时长比商品型更长，基本在 3 分钟左右。

内容型短视频被抓取展示的位置更多，且被抓取后，可能迎来相当可观的流量。具体的短视频类型展现位置如下表所示：

展现位置	内容型短视频类型
每日好店	店铺故事、镇店之宝、品牌新品故事、创意广告
必买清单	场景型内容，如做菜教学步骤、旅行必备
爱逛街	偏向于教学、评测类型的，重点类目包括时尚、美妆、美食等
猜你喜欢	不限类目，可以有商品头图类的单品展示，大多以展示头图视频为主
淘宝头条、淘部落、微淘	红人内容，如穿衣心得、化妆步骤、生活窍门
微淘、淘宝头条	直播切片

如果短视频被抓取展现，则可能迎来流量爆发期，短视频运营者要把握住机会，增加商品权重。

15.4　新零售下短视频内容营销的核心

对于短视频营销而言，内容即销售。电商商家利用短视频，实现快速圈粉，这种最大限度地使用视觉语言展现人格魅力的短视频，最容易让用户产生冲动消费，从而实现商品交易。所以，对于短视频创作者而言，做好短视频内容，将产品润物细无声地推荐给受众，才是短视频内容营销的核心。

和淘宝部分商品短视频不同，社交短视频不能直接夸赞某某商品好。需要从侧面出发，让受众用户在无意间认可产品，进入购买产品。例如，以一款母婴产品为例，首先分析购买母婴产品的用户：女性，22～35岁的妈妈，根据这个群体，分析她们的需求：

- 形成心智共鸣：以短视频的方式讲述自己是个带孩子的妈妈，在家带孩子的过程中遇到些什么问题，又是如何解决的。以这样的经历引起更多妈妈的共鸣。
- 让目标群体感到心情愉悦：妈妈其实是个高压群体，她们希望看到让自己心情愉快的内容。短视频中用泪点引共鸣的同时，也要用温情或笑点来使得这个群体感到心情愉悦。
- 让目标群体感知价值：分享高密度干货，如养育婴儿技巧、保持妈妈身材技巧等，让目标群体感知视频带来的价值。

一个短视频的内容能兼具这三个方向通常就能获得用户的关注。新零售的核心主要是"人、货、场"。还是以母婴产品为例，说说这三个核心：

- 人：对于母婴产品的目标用户而言，主要有两个特点：①圈层化，准妈妈从备孕、生产到抚养孩子，都叠加不同的圈层，收获不同的认知；②感受化，用户不仅看中产品带来的功能价值，还在意商家能提供什么服务。
- 货：现在很多人购买产品，在意的不仅仅是产品本身，还包括：①形式化，例如，好的产品包装才能吸引用户点击了解产品；②性格化，很多产品都有官方微信公众号、微博，以个性化、富有人情味地和消费者沟通；③社交化，商家和用户都希望产品具有社交属性，对于商家而言，希望社交属性能带来二次及以上的转发，对于用户而言，希望通过购买产品获得更多同类好友。
- 场：和以往的实体购物不同，现在延伸出多个购物场景，如购物平台和现在的短视频营销。越来越多的场景化营销带动消费者做转化。

所以，短视频运营者想要抓住短视频做好营销，应从内容和用户出发，编辑深受用户喜欢的内容，自然能从无形之中得到转化。

15.5 拍摄抖音短视频卖货

早在2018年3月26日，抖音就出现了关联淘宝的卖货链接。渐渐地，抖音已经发展成为带货能手，让很多视频创作者带火商品，获得来自商家的更多收益。例如佩奇手表、鞋刷、蟑螂抱枕、喷钱蛋糕等。

如图15-14所示，抖音出现了直达淘宝链接。用户点击商品，即可跳转相应的淘宝商品详情链接，如图15-15所示。淘宝卖家利用抖音可以为商品带来更多的销量。对于用户而言，在抖音看到的商品，可直接跳转到淘宝、天猫下单购买，使得整个购物流程更有保障。

抖音短视频商品推广的好处在于，可利用用户的碎片化时间来进行推广。例如，一般看淘宝短视频的用户，可能是对某商品有购买意向的。而看抖音短视频的用户，基本是在打发空闲时间，这类用户可能原本对商品没有购买意向，但在看完视频后，认为该商品还不错，点击购买。

图15-14　抖音出现的淘宝链接　　　图15-15　抖音跳转的淘宝网页

抖音与淘宝的强强联合，还有一个更为直接的推广效果：关联推广。如某用户近期在淘宝搜索过"保温杯"，在抖音中，就可能收到多个关于推荐保温杯的短视频。这种精准式推广，更容易满足用户的需求，进而促进下单。

部分人认为，想在抖音上做电商，可能需要大量的粉丝。实际上，只要短视频内容做得好，使商品更具吸引力和说服力，其转化率是非常高的。所以，主播在接淘宝商家广告，拍摄视频时，应注意以下内容：

■　产品用途广泛且实用性较强。

■　产品独具特点，有自己的闪光点。

■　产品价格适中。

当视频中的产品满足以上条件，能吸引观众的青睐，自然会顺藤摸瓜，将产品加入购物车或直接下单购买。

15.6　开通抖音直播带来更多收益

抖音不仅可以发布短视频，还可以直播。在 2018 年 12 月 1 日之前，想开通抖音直播权限，需收到官方邀请，对粉丝数量和视频质量要求比较高。自 2018 年 12 月 1 日起，抖音可以自助开通直播权限。如图 15-16 所示，满足条件的主播可按提示完成开通直播权限。

和其他直播平台不同，抖音平台的直播间粉丝大多来源于短视频推荐或原有粉丝。如图 15-17 所示，主播拍摄与直播内容相关联的短视频内容，让用户在看完短视频后，自觉进入直播间。如图 15-18 所示，很多人通过"视频推荐"来到直播间，提问与短视频相关的内容。

图15-16 抖音开通直播权限的条件　　图15-17 用短视频内容引导观众　　图15-18 观众通过视频推荐
　　　　　　　　　　　　　　　　　　　　　　进入直播间　　　　　　　　　　来到直播间

所以主播在接到与商家的合作产品后，应先思考该产品是否与自己之前的短视频定位相符，是否适用于粉丝。如果既相符，又适用，则可先拍摄一段能引人注意的短视频，引发观众进入到直播间。

主播在抖音平台开通直播间后，不仅可以收到商家给予的广告费，还能从礼物中获得收益。且关注主播的粉丝，都是黏性较高的忠实粉。所以，主播在直播间内要注意基本的直播礼仪，如主动问好、做好互动、感谢礼物等，最重要的是注意广告力度。部分主播为完成产品推广，在直播中不断植入广告，引得粉丝反感，不仅不会购买产品，甚至带来取关的风险。所以，建议主播在推广产品时注意力度，以表演才艺或聊天为主，推广产品为辅。

例如，在抖音平台发布自己与老公外出打工日常生活的某某，平时会发布一些做美食的短视频。很多观众从他们夫妻二人的平淡生活中，仿佛看到了自己所追求的平淡幸福，所以积极关注该账号。在一段时间后，为了加大上热门的机会，该视频创作者开通直播间，在直播间里讲自己与老公的相恋故事，也直播一些自己做菜、收拾家务的内容。久而久之，粉丝们会自觉地为主播打赏。随着粉丝数量的增加，有广告商主动找到了该主播谈合作。于是，某某在发布日常生活时，也会加入一些广告，为了更好地变现，她会在直播中推广商品，效果不错。

　　像这样，开通直播来获得更多收益的短视频创作者不在少数。依靠直播变现没有时间限制，只要具备吸引粉丝的能力，即可实现广告变现带来的丰厚收益。

　　与商家合作不是唯一的变现方式，部分视频创作者可通过短视频和直播来售卖自己的商品。例如，某手工爱好者喜欢发布一些自己平时制作饰品的短视频。在开通直播后，他在直播间直播饰品的选材、制作、完工过程，期间与粉丝互动。粉丝询问他，是否可以购买他的产品、在哪里可以购买、大概价位等。久而久之，他从一个手工爱好者发展成为一个淘宝店的店主，手工艺品几乎都被抖音用户购买了。

　　由此可见，短视频的创作者可通过开通直播来卖货，为自己带来更多收益。

15.7　将抖音作为自己的流量前端

　　根据百度发布的 2019 内容创作年度报告显示，短视频用户规模达到 5.94 亿。由此可见，短视频已经发展为目前规模较大的用户聚集地。其中，发展最为平稳的短视频平台要数抖音平台了。所以，短视频创作者在拍摄短视频时，可以把抖音作为流量前端，用于吸引第一批用户。

　　抖音为何可以作为流量前端？首先分析抖音火热的原因：

- 庞大的用户群体：根据 2018 年抖音用户数据显示，抖音国内日活跃用户突破 2.5 亿，国内月活跃用户突破 5 亿。
- 抓住时代文化特性：现代的社会背景致使很多年轻人都感到压力很大，拿起手机自娱自乐，成为很多年轻人追捧的休闲方式。
- 明星带动效应：诸多明星纷纷进驻抖音，明星效应带来很多自然流量。
- PK 性质：抖音采用配音录制模式，多名用户可以用同一段音乐、同一个特效拍摄视频，无形之间形成 PK，让视频更具趣味性。
- 低门槛参与模式：抖音的时长 15 秒，决定了拍摄门槛低，拍摄内容可以是初生婴儿，也可以是九十高龄老人，用户可以随意发布符合规定的视频。

　　和其他短视频平台不一样，想凭借自己打造爆款视频，需要精湛技术、高拍摄成本和众多的粉丝基数。但在抖音平台，一个新号可能因为某个无意拍摄的短视频被推送上热门，吸引众多粉丝关注、点赞、转发。所以，这也侧面决定了，可以把抖音平台作为自己的流量前端，吸引第一批粉丝。当粉丝数量稳定后，再植入相应的广告以取得更多收益。

🎙 **金话筒提示** 抖音平台还制定网状式传播结构，由个人界面、关注区域和推荐区域三部分组成，各个区域用户都是网状连接，用于增强用户互动，增加用户黏性。

15.8 抖音矩阵的高级玩法

抖音矩阵可以看作是抖音短视频运营者全方位地通过不同的语音账号实现品牌展现，或是通过抖音建立相应的链式传播，将关注同一品牌的不同粉丝流量通过矩阵式账号相互引流。例如，被称为网红城市的重庆，就建立了抖音矩阵。在重庆，已经有多个政府机构开通了官方抖音号，如图15-19所示。

图15-19 重庆多个政府机构的抖音账号

重庆这些抖音账号之间互相引流、互相推动，再加上一些当地人气大咖的助力，最终让重庆发展为抖音上的网红城市。如图15-20所示，很多重庆抖音账号在发布内容时，都会加上"重庆""山城重庆"等标签，吸引更多人拍摄同个标签内容。

图15-20　重庆抖音账号发布带地理位置和重庆标签的内容

对于商家也是一样的，可以有一个官方账号，又由几个运营人员分别建立自己的账号，平时就让几个账号互动起来。但要注意抖音矩阵定位需要广泛，几个账号之间的内容不能过于同质化，尽量为观众提供更多、更全面但又不脱离主要定位的信息。

例如，某大码女装店铺在抖音平台就有几个账号，官方账号负责新品发布，几个模特账号分别负责试穿、剧情、售后和分享自己的生活。几个账号之间相互联系，但内容又不都是推广商品。

15.9　快手/微视/火山/西瓜等平台的玩法

除了购物平台和抖音，短视频运营者还可以在快手、微视、火山等平台发布关于商品信息的短视频，吸引更多关注。不同的平台，其主要特点有所不同。

视频平台还包括爱奇艺、优酷、腾讯等，只是以上视频平台主要用于播放电影、电视和综艺。感兴趣的短视频运营者，也可以在这些平台上发布一些短视频。

主要短视频平台及主要介绍如下表所示。

平台名称	主要介绍
快手	快手可以用照片和短视频记录生活的点滴，也可以通过直播与粉丝实时互动。快手在功能上追求简单易用，所以很多用户都喜欢用快手来制作、发布和推广短视频。且快手的下载量巨大，决定了其平台人气高，同时快手支持不同时长的短视频制作。短视频运营者在发布快手视频时，为了推广视频上热门，可以设置双标题或多标题
火山小视频	火山小视频是一款今日头条旗下的15秒原创生活小视频社区，有着以下特点： （1）通过平台制作视频便捷，只需15秒 （2）基于大数据算法，提供个性化内容 （3）提供强大的视频特效，让内容更具可看性 （4）画质清晰，给用户更好的视觉感受 （5）提供直播功能和美颜滤镜，让镜头中的主播更具吸引力
西瓜视频	西瓜视频是今日头条旗下的一款独立短视频应用，其推荐机制与头条号的图文内容都是基于机器推荐机制实现的。西瓜视频提供边看边买功能，为视频创作者带来更多收益。短视频创作者可在西瓜视频中插入与视频内容相关的商品卡片，用户观看视频时点击商品卡片完成交易，短视频创作者可获得佣金分成收益。西瓜视频的优势主要体现在合辑功能、设置金秒奖、多种推广方式等方面
美拍	美拍由很多明星的使用与推荐，使得下载量巨大。美拍有着以下特点： （1）在短视频领域内，用户规模最大 （2）在微博平台上的话题阅读量最多 （3）"全民社会摇"广场活动参与用户最多 （4）"扭秧歌"春节拜年活动用户规模最大 由此可见，美拍短视频用户数量规模大、互动效果好，可用于发布适合讨论的短视频
微视	微视是腾讯旗下的一款短视频社交类软件，具有综艺感文字贴纸、动态挂件、美颜滤镜、AR拍摄、视频跟拍、歌词字幕、一键美型等特色功能。微视和抖音有着很多相似之处，但也有属于自己的特色，如短视频拍摄方面，有"美妆"和"美体"功能，使人物在视频中的形象更具吸引力

15.10 打造营销型短视频，提升产品转化率

营销型视频的概念比较广泛，不单指某一种视频形式，而是一整套完善的视频营销方案。营销型短视频常具备两个基本要素：

- 视频有影响力和号召力，可快递吸引用户关注。
- 视频的传播具有针对性，可为企业或产品带来精准用户。

营销型短视频可以帮助商家全方位地展现产品，让用户在全面了解产品的同时，加深对商家的印象，短视频创作者也可从中获得更多收益。营销型短视频有如下几个优点：

- 更为专业的营销策划：策划、制作营销型短视频需要很多准备工作，所以作品专业性较高，被仿制的可能性也比较小，因此能保证营销策划的原创性。
- 传递品牌信息：视频比文字更具视觉冲击，更能够植入到用户头脑中，也更加灵活地传达品牌和产品信息。同时，可以延伸用户的空间想象力，减少对广告

的排斥。

- 增加互动感：营销型短视频一般比较直观，互动性也较强。如很多官方账号在社交平台（微博、微信）发布相应的短视频，再以转发、互动、抽奖的方式进行互动。所以，这种短视频营销的方式，更能增加产品和用户的互动感。

- 更具吸引力：营销型短视频一般更具震撼力和冲击力，使得内容营销更具吸引力。例如，宜家的营销型短视频以大胆的创意、梦幻的色彩围绕产品展开，给用户带来极大的视觉冲击力，使得短视频更具吸引力。

- 提升转化率：在营销型短视频受到更多人关注的同时，产品也加大了曝光率。只要产品定位符合大多数用户，自然就能提高产品的转化率。

短视频创作者在接到商家广告时，应在短视频中加入更多有趣元素。因为大多数商家官方喜欢凸带创业故事、品牌故事、产品价值的内容。对于一般的视频合作者，可以在视频中添加趣味性，以吸引客户的注意力，既保证用户能看到视频，又保证用户主动将视频内容分享给好友，能实现更好的传播效果。

如图 15-21 所示，视频中的男主以问女友"你怎么不抱我呀？"的问题展开剧情，询问女友为什么不抱他。女主以天气热为理由不抱，男主说"开空调"，女主说"空调坏了还没修"。男主拿出便携式冷风机，室内温度降下来，男主女主抱在一起。很多用户在看完短视频后才发现这是一个营销型视频，但在评论中（如图 15-22 所示）纷纷表示虽然这是一个广告，但却不使人反感。

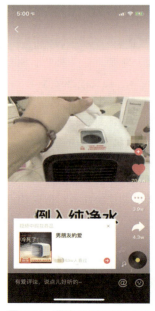

图15-21　带商品的短视频内容

图15-22　粉丝留言认同广告

这样富含趣味性的短视频，让广大用户在明知道是营销广告的情况下仍然接受广告。但想在视频中添加趣味性内容也是不易的，因为每个人的兴趣点可能不同。所以，短视频创作者在策划内容时，要分析大多数人的兴趣点所在。

15.11 打造病毒型短视频，瞬间引爆流量

病毒型短视频是病毒式营销的延伸和拓展，是短视频营销的高级形式。视频创作者通过打造富有创意的短视频，将产品植入到广告中，再由用户主动进行分享和传播，对产品进行宣传和推广。

病毒型短视频有着传播快、内容短、效果好、成本低等几个特点。

- 传播快：众所周知，病毒的传染力很强。病毒型短视频的传播力也很强，只要观看人数达到一定程度，就可能引起这些用户的认可和赞同，自觉转发、分享该短视频，使其内容得到快速传播。

- 内容短：简短的内容更能适应用户现在快节奏的生活，更容易被观看和分享。例如，著名的短视频"一条"，发布的短视频都在6分钟之内，在叙述完整故事的同时，也得到很多分享和转发。

- 效果好：病毒型短视频内容一般有趣、题材多样，往往能引发很多人自觉关注、转发。如"办公室小野"，打造有趣好玩的美食类短视频，凭借出其不意的烹饪方式，打造许多广受好评的短视频。

- 成本低：病毒型短视频的内容简短，从而决定了时长较短，相比微电影或长营销视频，病毒型短视频的制作成本更低。

病毒型短视频由于需要用户的关注、转发，所以常见于各大社交平台，常见平台有如图 15-23 所示的微博、朋友圈、论坛、短视频网站等。

在策划病毒型短视频时，可从以下方面入手。

- 含有技术水平的表演：一些含有高超、新奇的表演能吸引更多观众的眼球，因为人们普遍喜欢观赏那些极限挑战或比较少见的事物，如手工技艺、舞蹈杂技等。

- 含热点的内容：大多数观众都喜欢新鲜事、追赶潮流，所以热门话题总能带来高浏览量。所以，在策划病毒型短视频时，可加入热门话题或信息，使得整个短视频更具吸引力。例如，在明星林志玲微博公布婚讯时，可在短视频中加入"我失恋了，志玲姐姐宣布嫁给别的男人"，很多人会抱着好奇的心态点击查看，为何林志玲结婚，作者失恋？

- 制造话题：炒作是为了扩大影响进行反复宣传，制造让视频火起来的话题。如美拍某条短视频名为"17秒自己在家做沙琪玛"，很多人一看标题都觉得可能是噱头，因为少有人能在17秒之内自己独立完成制作沙琪玛，所以不自觉地点击查看内容。

Header: 第15章　多平台短视频营销

- 幽默搞笑或神转折：带有幽默、搞笑的内容最容易被分享，短视频也是一样的。如果一个短视频能使人开怀大笑，则被分享的概率就很大。另外，一些出人意外的转折也容易被转发。例如，"陈翔六点半"的一系列短视频，在给人笑点的同时，也给出令人意外的结局。

在策划病毒型短视频时，要选取能引起更多人共鸣的元素。如papi酱的短视频总是以幽默的表演方式拍摄生活中常见的情形，在带给观众欢乐的同时，也能引发观众自觉转发。如图15-24所示，papi酱分享在微博平台的美拍视频，提到自己的妈妈平时极其擅长说"不"，并用短视频形象地演绎妈妈是如何说不的。该视频引发130096次转发和90131条评论。

图15-23　病毒型短视频常见平台　　　　图15-24　papi酱在微博分享能引发共鸣的短视频

15.12　打造剧情型短视频，让内容更加饱满

剧情型短视频范围也很广，泛指拥有完整故事情节的短视频，类型多样，如幽默搞怪、爱情友情、公益教育等。剧情型短视频有时间、地点、任务、情节和主题等五要素。剧情型短视频通常有完整的故事情节，而不是即兴短片。

剧情型短视频主要是为了唤起大多数人的共同情感，常以亲情、爱情、友情作为题材，加入青春、励志、期许、感人等情绪，让更多观众从短片中看到自己的影子，从而喜欢该视频。如图15-25所示，一个标题名为"听说，这是你们做梦都想拥有的闺蜜？"剧情以女主角工作清闲、经济富足的现状，引申出自己的闺蜜是领导。但是闺蜜为何对她那么好呢？从帮闺蜜点咖啡来看，可知女主角非常了解闺蜜的喜好。闺蜜提出带女主去逛街买昨天看中的包，引发许多观众的感叹：好想拥有这样的闺蜜。继而引发很多观众自觉转发、评论该视频，纷纷"@"自己的闺蜜。

265

剧情型短视频和长电影不同，需要在最短的时间内展示一个完整的故事。所以，剧情型短视频要求情节紧凑、故事完整、波澜起伏。如"我是好平静"的抖音账号，目前有100多万粉丝，经常以"你好我是好平静"为开头展开剧情。

如图15-26所示，该短视频以女主角从床上起来，说一句"你好我是好平静"开始，谈到自己的老板喊走搞笑路线；故事的发展是今天想唱歌，于是改变形象站在话题前唱了一句歌；故事的高潮是话筒在这时坏了，引申出结局"今天又是平静的一天"。

图15-25　加入友情元素　　　　　　　图15-26　加入搞笑元素

剧情型短视频创作者在策划内容时，加入的主题要能引起人们真实的情感，能给观众带来多方面的思考。另外，剧情型短视频最好调性一致，让观众养成观看习惯，增加用户黏性。

在直播、短视频 中进行自我推广

第16章

本章导读

　　想要自己的知名度持续上升，粉丝量持续上涨，收获更多的礼物，需要做好推广工作。其实，在直播或短视频中就可以抓住很多机会做宣传。例如，在开播前及时将直播信息分享给身边的好友，录制直播精彩瞬间便于粉丝回放观看，尽可能地完善达人的资料，在直播中通过字幕、摆件、互动和弹幕等多重方式，为直播间、短视频做宣传等。总之，只有不断地推广，才能让自己在众多同行中脱颖而出。

16.1　把握好亲朋好友这支"蓝筹股"

每个人身边都有亲朋好友，在创业初期，往往是这个群体给予创业者最大的支持与帮助。在开始直播初期，达人可以把握好这支现有的蓝筹股，为自己助力。

在开播前，除了需要填充封面和直播名称外，系统还会给予适当的提醒，是否需要通知好友。如图 16-1 的虎牙直播和图 16-2 中的花椒直播，在开播前，都有分享至微信朋友圈、微信好友、微博、QQ 好友或 QQ 空间等选项。

对于需要分享的选项，达人可以一一进行勾选。通过分享，开播信息就可以传送给更多的好友。好友们来捧场，对一名新人主播来说帮助是很大的，不仅可以带动陌生人进直播间，还能缓解新手达人的紧张感，顺利渡过新手期。

对于刚开始拍摄短视频的人而言，也可以把短视频内容通过多种方式分享给好友，使得视频获得更多曝光量。如图 16-3 所示，为抖音平台的短视频分享渠道，包括私信给抖音平台好友、微信朋友圈、微信好友、QQ 空间、微博等。

图16-1　虎牙直播分享渠道

图16-2　花椒直播分享渠道

图16-3　抖音平台分享渠道

16.2　自建网站宣传直播间、短视频地址

有很多达人开通了博客、QQ 空间，有的甚至还有自己的网站。在这些平台上宣传自己的直播间时，肯定会遇到一个问题，即直播间的地址在哪里。没有直播间的

地址，访客就无法从网站跳转到直播间。

　　其实很多直播平台上都给出了达人的直播间地址，不仅如此，还有 Flash 地址和通用代码等连接，方便达人复制下来放到自己网站上，也可以发送到微博、QQ 好友和 QQ 空间等平台，如图 16-4 所示。

图16-4　虎牙直播网址分享按钮

　　短视频平台也可以生成相应链接，供用户分享。如图 16-5 所示，在抖音平台的分享渠道中，有"复制链接"选项，选择某段短视频，生成链接后，可分享在各贴吧、论坛、社交平台，便于更多观众点击跳转。

16.3　用好回放功能，留下最好的瞬间

　　有的平台会自动将每一次直播录下来，用于回放，增加被更多粉丝看到的机会。但是某些平台不具备这项功能，达人可以自己录制直播，用于回放。

　　因为达人的直播时间是有限的，不可能全天守在镜头前。在达人未直播的时间段，粉丝们可通过直播回放来看到直播的更多精彩瞬间。

　　如图 16-6 所示，在 YY 直播搜索栏中输入"大米"，单击"搜索"按钮，即可出现和"大米"相关的用户。

图16-5　抖音平台"复制链接"按钮

图16-6　YY直播搜索某用户操作步骤

可以从图 **16-7** 中看到，即使主播暂未开播，依然能看到近期的直播回放。这在一定程度上对直播间的宣传起了不小的作用。

图16-7　某主播的直播回放

🎤 **金话筒提示**　在选取直播录像时，尽量选择时间短、氛围高的直播片段。对于第一次见主播的观众来说，没有兴趣听主播絮叨，只有展现出自己最完美的一面，才能迅速俘获观众的心。

16.4　尽可能完善资料，让粉丝看到更全面的自己

对达人而言，应该尽可能地完善个人信息，如达人名称、直播间 ID、相关作品和相册等信息，才能让粉丝看到全面的自己，增进粉丝对自己的了解。

如图 16-8 中，某主播的 YY 资料详情页就有详细的名称、房间 ID、签约频道、标签、新闻、相册、简介等信息。短视频平台中，为获得更多合作机会，可在资料处公开合作联系方式等。

图16-8　某主播的YY资料详情页

🎙 **金话筒提示**　对于部分魅力十足的达人，也可以考虑为了留下神秘感，故意将自己的某些信息进行封锁，不对外公开。

16.5　主播公告——推广的小喇叭

公告，原指的是政府、团体对重大事件当众正式公布或者公开宣告、宣布。在虎牙直播中，就有主播公告的版块。达人可以利用好这个版块，将更多有用、有利的信息传递给粉丝们，最大限度地宣传直播。

如图 16-9 中的某主播在虎牙直播上，将自己直播时间"下午 2 点到 5 点，晚上8 点到 10 点，或 11 点 12 点"，以及 QQ 群和微博号等信息写在公告上，让粉丝们很容易注意到该信息。

🎙 **金话筒提示**　公告的字数并不是越多越好，贵精不贵多。而且一般的公告有字数限制，例如，虎牙直播的主播公告限制 60 字，并且伴有相关的示例，如图 16-10 所示。

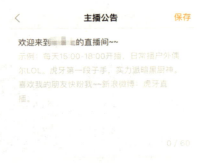

图16-9　某主播在虎牙直播上的直播公告　　　　图16-10　虎牙主播公告示例

16.6　重复有用信息，实现更好的潜移默化

为什么课堂上老师会将同一道题讲解多遍呢？因为学生记忆能力和接受能力有区别，讲解一遍可能会有很多学生记不住，或理解不了。对于直播间也是一样的，如果想要粉丝们关注直播间，就需要主播的反复提醒。

在达人做完某个才艺表演或气氛正热闹时，可以将直播间的信息或达人的信息进行重复。例如，一个名为"桃子"的直播达人在斗鱼直播上的直播间 ID 为 90900。主播在直播时就可以适当地将这段信息进行重复："欢迎大家有时间常来斗鱼 90900做客，喜欢桃子的请点击关注。"观众们多听几遍，这个房间号或主播名称的信息就潜移默化地被记住了。

🎤 **金话筒提示**　**在直播中经常提及的信息，主播可在线下常做练习，做到不假思索脱口而出的地步，这样可以给粉丝一种流畅的效果，留下深刻印象。另外，这些信息还可以编写成顺口的句子或段子，便于粉丝的记忆。**

16.7　从互动中完成宣传

在达人和粉丝们的互动中，一般是可以通过公屏打字的方式。通常达人在表演才艺时都会给粉丝们提示，认为主播还行的请在公屏上打"66"，或有人发问主播的身高时，主播为加大互动会说"你们猜猜"，粉丝们会在公屏上打"158""160""165"等数据。

其实这种互动也可以用来宣传自己的直播间。达人在和粉丝互动时，可以问大家："我们的直播间号是？"粉丝们自然也会在公屏上打出直播间的号码，这对新进直播间的观众起到一个提醒作用，也能加深老粉丝们对直播间号码的印象。

🎤 **金话筒提示**　当然，主播在和粉丝们互动时推广直播间，需要注意频率。例如直播时间为3小时，通过和粉丝互动推广直播间的频率应控制在6次内，太多会招人厌烦，适得其反。

在短视频中，可在开头或结尾处抛出问题，获得更多粉丝的互动，从而达到宣传效果。如某短视频每天晚上7点更新短视频内容，在某段短视频中可以抛出问题："你是忠实粉吗？知道我们每天更新的时间吗？"等粉丝们纷纷留言后，可在下一段短视频中抽取两个幸运儿送出礼物，并重申"我们是某某团队，每天晚上7点，不见不散哦"。

16.8　给屏幕留个广告位

通常，游戏主播在直播中都有两个画面。其中一个用于进行游戏画面的直播，而另一个则用于主播自己的画面。在如图16-11中，主播的画面共分为三部分：一是进行游戏的画面；二是主播自己的画面；三是用于主播宣传的画面。

图16-11　有三个画面的直播

图16-11中的广告位是十分明显的，只要一看屏幕就能看到直播达人的QQ群消息。但是这样三个画面的是如何完成的呢？一般在直播中设置多个画面是由软件来操作的，如熊猫伴侣软件就能支持多画面。主播也可以下载"易-Live"工具实现多画面的呈现。

16.9　将有效信息整合成字幕公布在直播、短视频中

一种较为直观的宣传方式就是在直播画面上添加水印或字幕，这也是很多录制视频都有带有水印的原因。在每次粉丝回放视频时，水印也能得到显示。如图16-12

中，左上角中有虎牙直播的水印，是虎
牙直播平台自带的。但是在本图的右上
角有"一组 30 赞播歌"和 QQ 粉丝群等
内容的字幕；在直播页面最下面印有"有
咱家徽章或者改好咱家马甲格式的宝贝
可以免费点歌"的字幕信息。

图16-12　带有宣传字幕的直播间

　　这样的水印和字幕让直播间的识别
度快速提升的同时，还能起到宣传和推
广的作用。不用主播刻意通过语言或其
他指导，字幕就可以直接对在线观众起引导作用，这是一种十分有效的宣传方式。

　　字幕制作也十分简单，很多软件都可完成。如图 16-13 中的 YY 伴侣就是其中一
个支持字幕的软件，制作过程如下：①单击页面下方的"多媒体"选项卡；②单击
右侧窗口弹出的"字幕"按钮；③对字幕内容、字体、大小、颜色进行设置；④单击"确
定"按钮。

图16-13　用YY伴侣制作字幕

🎤 **金话筒提示**　虽然说字幕能起着很好的宣传作用，但是达人在直播时需要更多的视觉空间
用于展示主播自己。因此，在设置字幕时需把握尺度，不能让字幕占据太多的直播画面，喧
宾夺主。

　　在短视频中，也可以加入一些带有宣传性的摆件或字幕。如制作美食的系列短
视频，可在厨房显眼位置摆放一张带有宣传字幕的摆件"某某，专注做川菜第 20 年，
谢谢大家的关注"。

16.10　合作共赢，好友的友情推荐

爱屋及乌是一个普遍现象。例如粉丝喜欢某明星，就会关注这个明星的生活、朋友甚至宠物。同理，达人的粉丝会对达人身边的人感兴趣，也会对达人经常提及的人或物感兴趣。因此，达人们利用这一点，可以相互进行宣传。

例如小王是喜欢唱歌的才艺主播，有着南方姑娘的婉约美，喜欢在镜头前表演唱歌；而小张是喜欢热舞的女主播，东北人，直来直去的性格深得粉丝们的欢心。两位女主播可以相互合作，互相介绍，扩大各自的粉丝圈。

在大家都看腻了小张的热舞表演，准备寻找新主播时，从小张的口中得知她有一个文静、温柔的女主播朋友，这时粉丝就会考虑去小张的直播间听歌。同样的道理，在小张直播间待久了的粉丝也可以偶尔来小王的直播间看看热舞。这样两人的粉丝圈都扩大了。

因此，主播们除了找人连麦加大露脸机会外，还可以通过这样一种好友互相推荐的方式得到稳定的粉丝。

在短视频平台，发布关于好友的内容，可直接"@"好友。如图 16-14 所示为网络达人毛毛姐和李佳琦一起吃火锅的视频，毛毛姐在发布该条短视频时"@"李佳琦，获得 200 多万的点赞，5 万多的评论。如图 16-15 所示，很多粉丝纷纷留言关于李佳琦的内容。

图16-14　@好友的短视频内容

图16-15　粉丝们关于@好友的留言截图

16.11 收大额礼物的广播推广

在很多直播平台中，除了一些免费的推广渠道外，还有一些花钱推广的渠道。如图 16-16 中，在虎牙直播的平台中，当粉丝赠送大额礼物时，会在平台内所有直播间内公示粉丝名称、主播名称和礼物。

图16-16 大额礼物的广播

看到公示后，其他在线观众肯定也会好奇，忍不住进入直播间一探究竟，这就让该直播间的观众量短时间内陡增，其中不少人会成为该主播的粉丝，这就起到了推广的作用。因此，主播可尝试向粉丝索要大额礼物来帮助自己上广播，让自己的直播间得到更好的推广。

16.12 上推荐位被更多人看到

之前有直播达人在直播时谈论到走红这个问题的时候，发出"如何定义主播是否走红"的话题，在线粉丝有人说人气旺就是走红的象征，也有粉丝说收到的礼物居多的主播就是走红，也有的粉丝说，主播走红既要有人气也要有大额礼物。

其实，人气和礼物是相辅相成的。人气上去了，进入直播间的粉丝多了，主播才有可能收到更多的礼物；主播收到的礼物多了，更有机会上推荐位被更多粉丝看到并关注，人气也就上去了。如图 16-17 中的热门排行榜，有音乐、舞蹈、脱口秀、特色、精彩推荐和直播预告等推荐位。

如图 16-18 所示，在短视频平台中也有相应的热门推荐。若短视频能进入到热门推荐中，会带来更多曝光量。只要内容够好，能促使该短视频账号收获可观粉丝。

那么，如何才能上推荐位呢？有以下几个方法：

- 新人推荐位。在前面提过，平台会给予新达人、新账号一定的支持。所以新手们应抓住福利期，在开播初期打造优质的内容。
- 附近的人。在直播前或发布视频前开启位置定位，会被更多附近的人看到，继而进入增加人气。
- 关注的粉丝多。订阅人数上去了，在开播或更新短视频的第一时间，收到开播通知或新内容发布的粉丝数量也多，人气自然旺起来。
- 选取的时间段极好。在大流量达人不在的时间段直播，更容易上推荐位。
- 买热门。这算是一个灰色技巧，在淘宝等平台可以购买粉丝，在一定时间内，使用付钱的方式买到更多的粉丝来直播间，使直播间的人气迅速飙升。部分短视频平台则支持购买上热门的机会。如图 16-19 所示，为抖音平台购买热门的界面。

图16-17　某直播平台的热门排行榜

图16-18　抖音平台的热门排行榜

图16-19　抖音平台热门计划投放界面

16.13　粉丝是推广好助手

　　一个篱笆三个桩，一个好汉三个帮。要充分利用粉丝的帮助来推广直播间或短视频。如图 16-20 中，主播将直播信息传递给粉丝，粉丝就会再传递给身边分好友，好友再传递给其他好友。

图16-20　主播与粉丝的关系图

　　粉丝们肯定也发自内心地希望达人越来越好，不需要过多暗示和提醒就会自觉地向身边的好友推荐该达人。但是也有的粉丝需要达人发出请求才会帮助推广。因此，达人在适宜的时机将直播间推广的信息传递给粉丝，并暗示需要粉丝的帮忙是十分有必要的。

- 　　部分粉丝很甘愿为达人推广。针对这类粉丝，达人只需要稍加暗示希望直播间得到推广即可。
- 　　对于仅仅欣赏达人的粉丝，并不关注达人的粉丝量的多少。针对这类粉丝，达人需要抓住粉丝的心，说一些甜言蜜语。例如：最近练舞好辛苦，粉丝量还是上不去，各位哥哥姐姐们认为我还行的话，帮我向你们身边的好友推广一下好吗？
- 　　有的粉丝就是抱着看客的心理，并不愿意帮助达人。对于这类粉丝，撒娇卖萌都无济于事。达人要做的是先抓住他们的眼球和心，在直播中多提及这些粉丝的名字，让他们有被重视的感觉，提升他们的归属感，让他们愿意帮助达人推广。

　　在达人和粉丝进行游戏互动环节中，达人可以把奖惩中把需要粉丝帮助宣传这个内容加入其中。例如，粉丝在这轮游戏中赢了达人，达人要按照粉丝提的要求完成任务。但是如果是达人赢了粉丝，可以要求粉丝帮着将达人信息分享给 15 个好友。

🎤 **金话筒提示**　部分粉丝宁愿给达人刷大额礼物，也不愿意去做宣传推广。达人在请求粉丝帮忙推广的时候尽量以一种平和的心态去对待，对于实在不愿帮忙宣传的粉丝，也不要心怀怨气，口出怨言，这样只会失去粉丝。

16.14　在直播间多刷弹幕引注意

　　在直播时，在线的观众可及时将自己想说的话发布在直播窗口，被更多的人看到，这就是常说的"弹幕"。通常，弹幕越多，说明互动的人越多。也有部分专业打广告的粉丝会在人气旺的直播间刷弹幕广告。由此可见，弹幕也是一个做宣传的好去处。达人需要明白的是，弹幕并不是观众的专属品，达人自己也可以发送弹幕信息来做广告。

如图 16-21 中的直播达人在表演歌艺时，屏幕上就滚动着"欢迎所有大哥大姐走入 5032 直播间……"等信息。通过滚动弹幕，将直播间号、主播名称、QQ 群等联系方式展现在更多观众眼前。

图16-21　直播间刷弹幕

当主播在表演才艺或进行游戏，没有时间打字发弹幕时，可以让场控帮忙。场控应把握好时机，将更多有利于主播或直播间的信息打在公屏上，形成滚动弹幕，被更多在线观众看到。

🎤 **金话筒提示**　**弹幕宣传同样需要注意频率，在没有其他弹幕的时候，不合适频繁刷宣传弹幕。主播也可以在场控要刷弹幕之前，稍微提醒粉丝在公屏上打字，为弹幕宣传做铺垫。**

16.15　背景装饰中的宣传技巧

无论是直播间还是短视频拍摄，都需要一个干净利落的背景来衬托氛围。而在这个背景中，如何才能将有效的信息加入其中，显得不刻意又容易引起注意呢？方法是很多的，例如将二维码或直播间名称打印在镜头前的摆件上，不用刻意提醒就能引起粉丝的注意。

如图 16-22 中的 YY 女主播将自己的新浪微博名称信息公开在身后的小黑板上。对主播稍有兴趣的粉丝即可在微博中搜索到该主播的更多信息。

图16-22   YY女主播将新浪微博信息公开在镜头前

16.16   用好站内贴吧，让更多路人转粉

站内推广直播间目的是让更多路人看到主播。要达到这个目的，站内贴吧是个好去处。例如斗鱼直播等平台有自己的贴吧，主播可以在贴吧内多多发言，引起站内观众的兴趣，继而对主播的直播间感兴趣。

如图16-23中，这位名为"小缘"的主播在斗鱼贴吧（鱼吧）中发布帖子，该贴吧共有5万成员。除了帖子外，主播还能将近期动态和相册等信息完善。

图16-23   斗鱼贴吧

主播如果生病或有紧急情况可将自己暂停直播的信息告诉粉丝。除了在直播中及时提及停播消息外，主播还可利用这个站内的贴吧功能，在上面发布自己的动态信息，不仅让已经关注的粉丝看到主播的消息，也能让路人身份的群体看到主播的动态，从而起到推广作用。

在论坛 与贴吧中推广

第17章

本章导读

　　网络论坛是一个聚集无数人气的平台，如果一个论坛帖子非常流行，则会带来非常大的传播效应，从而制造无数的商机。可以利用人气论坛进行推广直播间和短视频。推广时要注意一些技巧，如注册、讨论以及撰写标题与正文等，都有一定的方式方法。

　　百度贴吧作为发展较快的论坛类平台，自然也是主播、短视频达人推广的好去处。在使用贴吧推广时要注意对内容的制作和发送，加以一定的回帖、顶帖技巧才能起到很好的推广作用。达人们也可以在贴吧中加上相关的活动，吸引更多网友的参与，扩大自己的人脉。

17.1　注册账号也有技巧

在论坛发帖营销当然首先需要有一个账号，而这个账号的注册同样也需要注意一些填写和设置。每个论坛都有自己的一套账号注册规则，以及账号所对应的权限规则，达人在注册前多注意阅读一下，以便确认是否真的适合推广活动的开展。在具体的注册阶段，可以从如下方面来考虑注册技巧的运用。

- 多账号注册。建议每个论坛注册 3 个以上不同的账号，注册时最好不要使用没有任何意义的数字或是英文字符，账号之间不要有明显的关联，以免被看出来是同属于一个人的。
- 完善个人信息。在注册的论坛账号一定要完善自己的个人信息，例如性别、年龄、地址、教育程度等，尽量填写完整。完善的个人信息不仅能加大自己的辨识度，还能使人觉得有亲近感。论坛管理者一看某个账号个人资料填写得比较详尽，而且看起来也基本属实，那么多少都会觉得这是个忠实的会员，即使偶尔发布一个软广告也会得到宽容的。
- 头像。论坛账号的头像设置也是一个技巧的地方。前面提到可以注册多个账号，用其中一个账号作为自己的大号，上传自己的真实照片作为头像，其余小号可用网络上的美女图片来作为头像。主要各个账号之间应选取不同的头像，让别人不易看出这是同一个人的账号。
- 签名档也是推广地。在论坛签名档中插入推广信息，其实也是一种非常好的宣传方式。每当自己回帖时，签名档就会显示在回帖后面，默默地为自己做宣传。

17.2　寻找适合推广的论坛版块

论坛的版块是多种多样的，如图 17-1 中的天涯社区，分为天涯网事、天涯别院、区域论坛、旅游论坛、职业交流和大学校园等版块。

在发帖时要找准版块并分析版块内容及气氛，防止推广主题与版面内容偏差太大，导致帖子被删。必要时可根据版面内容调整文章标题或内容，使软文最大限度地贴近主题。举例来说，对于如图 17-2 这样的论坛氛围，分享一些游记和旅游胜地，那就是最受欢迎的。达人如果想为自己直播间做宣传，或是为某个景点做宣传，那么就一定要结合和大家关心的方式将推广的信息植入进去，例如给大家分享一些景点的照片和路人对该景点的点评等。

图17-1　天涯社区首页

图17-2　旅游论坛版面

🎤 **金话筒提示**　如果实在找不到与自己所发布的信息完全相符合的版块，那么建议发布在灌水专区、杂谈之类的版块，提高帖子的存活率。

17.3　参与论坛讨论，引导推广话题

　　在论坛账号注册好后，可以多加入论坛中发言，积极参与讨论，混熟脸的同时也能提升账号的等级。

　　刚刚申请开通的账号，很多权限都没有，可以通过多回复别人的帖子来增加经验。在回复他人的帖子时也可以为自己做宣传。例如有人在论坛里咨询皮肤保养问题，在回复答案时，可在末尾加上：更多皮肤方面的问题，可加我 QQ452157**。如此一来，既解决了别人的问题，为自己账号涨了经验值，同时又推广了自己的信息。

　　当论坛账号积累了一定的经验后，开启了多个权限，就可以开始尝试发布主题帖了。这里需要注意的是，在做论坛推广时不能直接为自己做宣传，会被坛友反感，也会被版主删帖。因此，论坛广告要做得隐秘，做得婉转。

　　例如，在论坛里发布帖子后，可以尝试引导话题。当论坛中发布了一则穿衣搭配的帖子，在有人回复留言时，可将其话题引导到自己想要推广的信息中来。可以

在回复别人的留言中提到自己的职业信息："我是一名时尚达人，平时也蛮喜欢淘衣服的，经常在美拍分享我的穿搭技巧，你们如果有兴趣可以到美拍上来看我发布的更多作品。"

17.4 撰写标题两招

在论坛中发布帖子进行推广时，标题的撰写尤其重要。一个好的标题可以吸引更多的坛友关注，可以让推广变得更有效率。

1. 做足标题的噱头

论坛软文的标题其实和新闻软文一样，有足够的吸引力才会吸引大家来点击。这个吸引力怎么来呢？可以讲当下热点事件的一些关键词插入到标题中，例如在五一节前后，类似"五一假期十大放肆攻略 你知道吗"这样的标题，无疑会吸引更多的人来浏览。

2. 用疑问的标题来吸引讨论

标题使用疑问句，提出一些或现实、或荒诞的问题，引起大家的共鸣和关注，大家自然就会进帖来讨论了。这个时候，其实推广信息是次要的，目的主要是让大家进到帖子中来，通过浏览与讨论，让植入在这个帖子里的信息深入到网友们的心里。如图17-3中的帖子，先用疑问的方式提出问题，引发网友的关注和思考。

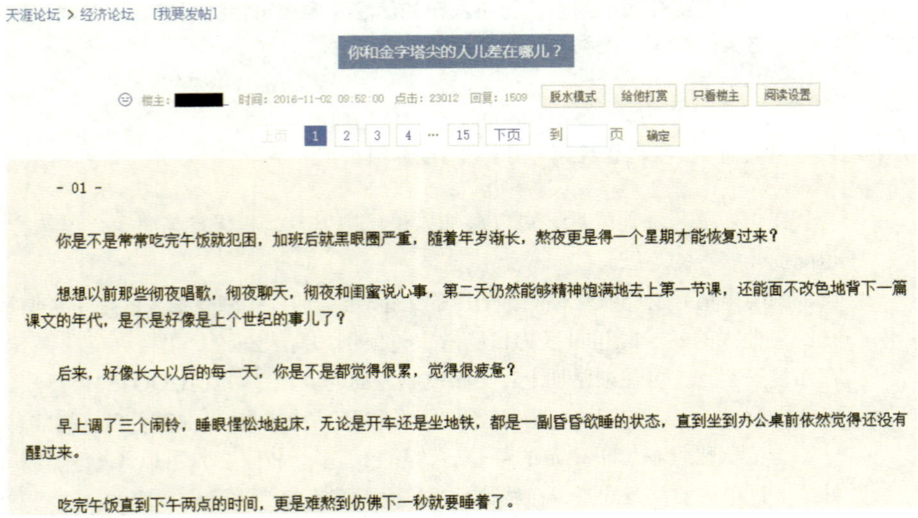

天涯论坛 > 经济论坛 [我要发帖]

你和金字塔尖的人儿差在哪儿？

楼主：■■■ 时间：2016-11-02 09:52:00 点击：23012 回复：1509   脱水模式 给他打赏 只看楼主 阅读设置

上页 **1** 2 3 4 … 15 下页 到 ___ 页 确定

- 01 -

你是不是常常吃完午饭就犯困，加班后就黑眼圈严重，随着年岁渐长，熬夜更是得一个星期才能恢复过来？

想想以前那些彻夜唱歌，彻夜聊天，彻夜和闺蜜说心事，第二天仍然能够精神饱满地去上第一节课，还能面不改色地背下一篇课文的年代，是不是好像是上个世纪的事儿了？

后来，好像长大以后的每一天，你是不是都觉得很累，觉得很疲惫？

早上调了三个闹铃，睡眼惺忪地起床，无论是开车还是坐地铁，都是一副昏昏欲睡的状态，直到坐到办公桌前依然觉得还没有醒过来。

吃完午饭直到下午两点的时间，更是难熬到仿佛下一秒就要睡着了。

图17-3 带有疑问句的标题

达人在撰写标题时，注意使用以上技巧，为自己发帖的内容做好广告，才有可能被更多网友注意和点击。

17.5　如何实现"渐进式"推广

如果在帖子里放比较"硬"的广告，不仅读者不感兴趣，而且帖子的存活率也很低，容易被管理员删除掉。因此要大量加入掩饰性内容，为推广信息做掩护，将网友的负面情绪降到最低。

在实施时，可以在帖子内描述一个场景，在帖子末尾不经意地传达出产品对用户的重要性或相关性即可，之后再在回帖中进行进一步的引导。这样一步一步"引君入彀"，就不会太容易引起反感，主帖被删除的可能性也小得多。这就是所谓的"渐进式"营销。

如图17-4的帖子中，发帖者在主帖里讲述自己想要养发的"曲折"经历，并在最后表明，自己尝试过的方法都不太奏效。

图17-4　从自己身份出发的帖子内容

很显然这样的主帖不会被删除掉，因为没有任何广告在里面。然后发帖者使用其他账号进行回复，制造热闹的假象，引导其他坛友回复，最后在适当的时机发布出广告信息，如图17-5所示。这样既能让主帖存活，又能在不引起坛友反感的情况下推广产品，是一种比较有效、常用的推广技巧。

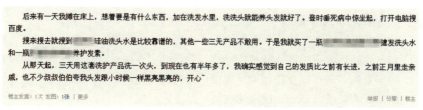

图17-5　渐进式营销的帖子内容

17.6　怎样选择主帖的情景

一篇好的主帖，可以引起争鸣，发人深省，引人捧腹……，总的来说要对读者有所触动，才能让读者竞相回帖，帖子热门了，才能实现推广营销的目的。那么在撰写主帖应该怎样选择情景，才能达到这样的效果呢？一般来说，主题的情景有"事件式""亲历式""幽默式"和"求助式"几种。实际上，还存在着其他类型的情景，只不过以这四种最常见，也比较容易把握。

1. 事件式帖子

事件式是指利用社会热点和网络热点来吸引人眼球，从而赚取点击和转载。根据当下热点或是百度搜索风云榜，都不难找到一些内容的亮点。有了热点后就要隐形地插入达人需要推广的信息，这便是事件式的论坛营销文案了。

2. 亲历式帖子

可以利用第三者的身份，发帖讲述身边朋友真实的生活故事和体验效果，这就是亲历式帖子。这种类型的帖子最适合用来做化妆品、服装、美食、旅游等需要用户反馈的产品。先虚构一个体验事件，然后说体验效果，这样对很多有同样需求的人来说是有参考价值的。

例如，想在论坛中主推一款护肤产品，可以以自身体验为主，偶尔透露一点儿产品信息。坛友们在阅读完这样的内容时，也不会认为广告味过浓，反而觉得是帖主在和大家分享真实体验。

3. 求助式帖子

同样是以一个事件开头阐述事情经历，然后直接提出问题需求大家帮助，内容中自然地植入需要推广的信息。这样的求助一定要掌握分寸，事件的展开一定要合情合理。

例如，某达人在推广自己网店中的服装时，可以以求助式的方式向网友们询问，自己春节要和男朋友回家见家长，应该如何穿搭呢？通过有人互动和回复时，将自己网店中的链接发给大家看，让网友帮助自己挑选，哪几套更为合适。整个帖子以求助贯穿全文，是非常容易引出跟帖的，参与的人多了，自己的商品自然也能得到一定的宣传和推广。

4. 幽默式帖子

帖子以轻松、搞笑、有趣的方式表达，能够给网友带来会心一笑。例如，一张富有趣味性的恶搞图片或搞笑动图，都可以用作题材进行发挥。给坛友们留下幽默的印象后，就可以在适当的时机推广将自己直播间，如"想亲眼看我怎样逗乐吗，快来我的直播间xxxx，比发帖搞笑一万倍"。

17.7　带你见识贴吧的推广价值

百度贴吧允许用户以某个主题建立贴吧进行交流，如"足球吧""股票吧"。由于任何用户都可以建立新的贴吧，因此很多直播平台建立贴吧，与用户进行交流，将直播平台信息进行推广的同时也便于达人们的推广。

如图 17-6 中前瞻产业研究院发布的《2017-2022 年中国社交网络行业深度调研与投资规划分析报告》数据显示，在 2016 年 4 月全球社交网络排名中，除了 QQ、微信和 QQ 空间外，百度贴吧的使用量占据中国社交网络工具中的第 4 名，使用该社交工具的人数达到 300 百万，因此，百度贴吧也可以是达人用来推广的好工具。

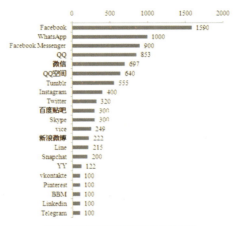

图17-6　2016年4月全球社交网络排名

百度贴吧的用户基数为什么连续十年都在高速增长？其中最主要的原因就是话题比较自由。只要是有人感兴趣的话题，在百度贴吧就能找到。大家因为兴趣聚在一起，积极互动，"想说什么就说什么，想知道的也能在这里找到答案"，是网友在百度贴吧最直接的体会。这个异常活跃的平台，也是推广直播间和短视频的好地方。

注册一个百度账号后，就可以在百度贴吧中创建一个开放性的兴趣吧，作为该贴吧的管理员，就拥有很多推广上的方便，例如，发布推广帖不担心被删除，组织起推广活动也不用申请。当然，前提是要把该贴吧运营好，让吧友聚集起来，才有推广的基础。

17.8　贴吧主题内容的制作

贴吧本质上是一个兴趣社区，所以，在贴吧发帖，一定要发布大家关注的内容，才能吸引吧友进吧。这是贴吧推广营销的一个关键所在。那么，如何发布受关注的帖子呢？

　　跟着潮流趋势走，永远都不会缺乏关注点。对于需要推广的吧主而言，一定要去从当前网友们关注的热点进行营销。这种做法其实就是先对热点关键词进行搜索，再把要宣传的内容植入当前热点事件中，那么当大家搜索热点关键词时自然就会看到相关的"软内容"。

🎤 **金话筒提示**　在寻找潮流和热点时可以关注"百度搜索风云榜"，这是比较权威的热度搜索排行榜，至少对于一个想拓展百度搜索引擎流量的达人来说，百度搜索风云榜具有很重要的参考意义。

17.9　找准内容帖的发送位置

　　制作好了帖子内容，接下来考虑的就是去哪儿发布的问题。如果发帖的地方没选对很快就会被删除，所以最好的办法就是选好相应的贴吧。这里建议不要追大贴吧，大贴吧内规矩多，一不小心被举报、投诉，说不定就会被封号。

　　所以，最好的发帖技巧应该是将回复营销和发布主题帖分开来进行：

- 在热门贴吧中，尽量只在给其他网友的回复中夹带自己需要推广的信息，这样不会为自己的账号带来风险。
- 在一些相对冷门的贴吧中则可以发布主题，这样会最大限度地减少被删的概率。

17.10　贴吧发帖、回帖小技巧

　　在百度贴吧，发帖、回帖都需要掌握一定的技巧，才能让推广效果变得更好。对于没有回复的主题帖，一段时间后很容易被百度清除，而有回复的主题帖就能保存更久，所以发主题一定要消灭零回复，没人回复可用自己的其他账号进行回复。

　　下面就一起来看看有哪些常见的发帖、回帖技巧：

- 自编自导。在热门和相关的贴吧细心写一篇内容翔实的软文，然后用马甲号抢占沙发位置发个外链，之后没事就拿各种小号上去顶一下；有时这种"自导自演"的营销效果还很不错。
- 勿回旧帖（精品帖除外）。所谓"旧帖"，是指15天以前的帖子，顶了旧帖会被百度扣分，对贴吧排名很不利。
- 满15字。在回帖时一定要满15字，注意是汉字，标点和英文只算半个字。不够15字的回帖等于没回。如果回帖带图，则不满15字也可算数，如果满15字且带图就是两个帖子的分。

■　鱼目混珠。将自己的产品、或网站混在知名的同类产品、品牌或网站中进行推荐，引导网友关注。常见的做法如：写一篇《盘点 2019 年十大优秀短视频原创者》这样的文章，将知名短视频原创者列出来进行点评，顺便把自己的短视频信息穿插在其中。如果读者没有见过，就会忍不住搜索去了解，这就达到了推广的目的。

17.11　内容中如何带链接和信息而不被系统默认删除

在贴吧中进行直播间或商品推广时，会需要将一些链接放在内容中。但是百度贴吧其实对于帖子中带链接查得比较严格，百度贴吧后台有一个垃圾链接收集系统，一些经常被删除的链接会进入这个系统，以后发任何带有这个链接的帖子都会被自动删除。这就妨碍了发推广帖。不过，通过一些方法可以让链接不被检测出来。

1. 使用第三方短域名跳转

第三方短域名跳转其实不用过多去理解它的意义，知道操作原理即可。将要宣传的网站地址通过短域名的方法"伪装"起来，可以预防被百度过滤和加入黑名单。短域名的生成方式如下：

第 1 步，如图 17-7 所示，步骤如下：①在百度的搜索栏中输入"短网址"；②点击"百度一下"按钮，在跳转的页面中会出现很多结果；③选择其中一个链接进行点击，这里以选择"新浪短网址"为例。

图17-7　在百度中搜索"新浪短网址"

第 2 步，如图 17-8 所示，跳转新的页面，步骤如下：①选择短网址后缀；②点击"由此进入短网址缩略"按钮。

第3步，如图 17-9 所示，步骤如下：①在长网址栏中输入长网址；②点击"压缩一下"按钮。

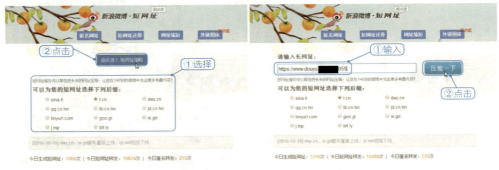

图17-8 选择短网址后缀　　　　　　图17-9 输入长网址，进行压缩

第4步，如图 17-10 所示，短网址生成，发布成功。

图17-10 生成短网址

🎤 **金话筒提示** 短网址生成的方式多种多样，大家可尝试生成不同后缀的短网址，减小在贴吧中发网址后被删帖的风险。

2. 巧用全角输入网址

将输入状态切换为全角输入，然后再将网址输入，即可被百度贴吧识别为文本内容而不是链接，这样也就不会被百度自动删除。全角、半角切换组合键是 Shift+Space，中、英文切换组合键是 Ctrl+Space；在搜狗输入法开启状态下，直接按 Shift 键即可切换拼音和中文。

例如，"www.abc.com"会被贴吧识别为链接，但是"www．abc．com"就不会被识别为链接。不过后者也无法直接单击访问，需要将其复制到浏览器的地址栏，这多少有些不方便，因此，发全角字符的链接时，最好使用较短的域名，让用户输入起来轻松些。

3. 用二维码或联系方式的宣传方式

在贴吧推广营销时，不是非使用链接不可，也可以委婉地留下直播间的二维码、抖音二维码或带有抖音号的截图。总之，让广大网民看到有关于达人推广的信息即可。如图17-11中，达人在回复中公布自己的手机号码，就能将自己的联系信息进行曝光。

图17-11　在贴吧中曝光自己的电话号码

17.12　快速找到符合推广方向的贴吧

贴吧是一个以兴趣为聚合的社区平台，在推广时，可以使用百度的搜索功能，快速找到与推广方向相关的贴吧，解决"感兴趣的人在哪里"的推广难题。如图17-12所示，通过在百度贴吧的搜索栏中输入"直播"，下方会出现和直播相关的贴吧。选择其中合适的贴吧进行推广，会比盲目推广效果好很多。

图17-12　与"直播"相关的贴吧

17.13　设计贴吧活动吸引更多人关注

在各种推广方式中，活动是一种比较有效的方法，因此，在贴吧用户量很大的基础上，设计一个好的活动可以让推广效果大大增加。有人可能担心，通常在贴吧里举办活动的都是企业，如小米手机等，个人可以举行活动吗？答案是肯定的。企业的资金、人力资源等方面比较雄厚，可以轻松举办大型活动，而个人则可以根据自己的实际情况举行小型甚至微型活动，一样能起到推广的作用。举办一个成功的活动，应做到以下几方面：

1. 确定活动的主题

不管做什么活动都需要一个主题，也就是说，想通过活动达到什么目的。常见的主题如"新年好礼抽奖""盖楼选取幸运用户"等，确定了主题才能制作相应的活动海报。

2. 准备活动文案

对于比较简单的活动而言，文案工作的具体内容无非就是设置奖品、撰写活动描述内容以及制定规则。百度贴吧对该描述内容有字数的限制，通常在100字左右，所以应在100字内详细描述活动及其意义。

3. 抽奖规则的设置

没有规矩不成方圆，在设计活动时一定要将活动的规则表述清晰。如果网友们感到这个规则很合理，就会加入到活动中来。例如一个抽奖活动的举行应注意以下两点：

（1）为了起到推广作用，设置规则时可以要求必须先加达人为好友，才有资格参加活动；

（2）为保障公平性，抽奖频率应该设有限制，例如一天只能抽一次。

4. 活动奖品的设置

在举行活动时应该考虑，凭什么吸引用户来关注和参与呢？这就需要看给出的奖品是否有足够的吸引力。在经济条件允许的情况下，可找到一些性价比较高的商品作为奖品。

🎙 **金话筒提示** 如果实在不想费心去找商品，也可以直接将话费、红包等作为奖品。另外，在设置奖品时应拉出一、二、三等奖之间的差距。

5. 线上线下的相辅相成

在贴吧中举行活动时，可以邀请已有的粉丝和生活中的好友一起来参加。这样做可以营造出该活动有较高人气的假象，让其他陌生网友也踊跃参加。

🎙 **金话筒提示** 在活动结束时应对获奖名单进行公布，让所有关注活动的网友都看到这个活动是真实有效的，这样就能树立起诚信形象，在下次活动中吸引更多人参与。

别放过微信 第18章
朋友圈与公众号

本章导读

　　微信已经是继 QQ 后的又一社交神器，如今几乎成为人们手机上必备的软件了。既然它的覆盖面如此之广，为什么不利用好这一神器来推广直播间和短视频呢？

　　微信推广主要分为个人微信号和公众号两大部分。在个人微信号中推广，首先通过各种方法获取更多好友，有了一定数量的好友，就可以通过建立微信群以及在朋友圈发布消息的方式推广自己的直播间。另外，还可以申请自己的专属公众号，在公众号中发布有趣的内容来吸引粉丝，经营自己的人脉，扩大自己的粉丝圈。

18.1　设置一张好的微信名片

在微信上，个人资料就是一张用于推广的名片。如图 18-1 所示，它包括名字、头像、个人签名等信息。达人将自己的资料填写得越详细，越能得到网友的认可，才能更好地推广自己。

图　18-1

1. 名字

一个好听好记的微信名称，有助于让大众接受并记住，因为名称是吸引关注者的"第一印象"，犹如人的脸面，好的脸面谁都爱看，好的名字大家都喜欢。达人在申请新的微信号之前，就一定要想好名称。对于达人而言，微信名最好和直播或短视频的元素有关联，如短视频中常用来称呼自己的代号，或直播间名称等，让粉丝一看就知道这个微信账号和某某主播或某某短视频相关。

2. 头像

生活中很多网友会找各种有趣搞怪的头像吸引他人注意，当前的热门漫画、电影中都有很多的头像素材。不过对于达人而言，最重要的还是宣传自己，因此在设置头像时，尽量选取自己日常生活中的照片。可以适当地对照片进行修饰，使之看起来更加赏心悦目，但不要过度修饰，让照片与真人相差过大。

3. 个性签名

个人签名用好了同样是一个比较有效的宣传窗口。很多从事微商工作的人会将产品信息＋联系方式（或最新优惠活动）等信息设置在个性签名栏里。达人同样可以借鉴该方法，将自己直播信息设置在个性签名里。

🎤 **金话筒提示**　后期需要考虑公众号推广的达人，还可以将自己的微信号和公众号进行联系，便于粉丝识别。

18.2　用微信的功能插件来拓展达人的人脉

好友是微信推广的基础，其数量是越多越好。那么如何才能得到更多的好友呢？利用微信中的"附近的人""摇一摇"等功能可以查找五湖四海的微信用户。

1. 通过附近的人来添加好友

如图 18-2 所示，微信的"发现"标签里有一个"附近的人"功能插件，用户可以查找自己所在地附近的其他微信用户。可以通过该功能向附近的人打招呼或发起添加好友请求，以此来丰富自己的微信好友数量。

图18-2　微信"附近的人"功能

在图中可以看到，微信里不仅显示附近用户的姓名等基本信息，还会显示用户签名档内容。因此达人应将自己签名档的信息设置好，当别人使用"附近的人"功能查找到达人时，达人的签名档就能起到宣传推广作用。

2.摇一摇，摇出更多粉丝

微信"摇一摇"是一个可以极大丰富和拓展人际关系的平台。在微信里打开此功能后，轻轻动摇动手机，微信会搜索同一时间并显示其他正在使用该功能的用户，这样两个用户就可能因此建立联系，如图 18-3 所示。

图18-3　微信"摇一摇"功能

主播可以利用好上述两种微信自带的功能，添加更多的好友，便于以后的推广作用。

18.3 如何维护好微信粉丝群

在积累了一定微信好友之后，需要进行维护，一方面是减少好友的流失，另一方面还可以通过好友进行推广。维护粉丝群需要注意以下几点：

- 每个人原来应该是有一些粉丝好友的，在建立微信群初期可以将这群人拉来群里活跃气氛。
- 经常在群里分享一些穿搭技巧或旅游景点等对粉丝来说有价值的信息。
- 偶尔发发红包来活跃气氛。
- 自己都是推广员，就管管群里打广告的，能踢的就别留着。
- 在直播前或发布新的短视频前通知群里的成员。
- 截取自己直播视频、短视频分享在群里，活跃粉丝。

在经营好自己微信群的前提下，还可以考虑加入更多的群。在群里多发言，混个熟脸。时间久了，自然也会有粉丝主动加好友。

18.4 经营好朋友圈就是经营好人脉

利用微信朋友圈，通过一次简单的发布即可将信息传达给所有好友。不过，如果信息的吸引力不够，好友们不一定会查看，这样就起不到推广的作用。因此，要好好经营朋友圈，得到更多人的注意和喜欢，才能推广自己的直播间或短视频。

1. 多种多样形式的内容

微信朋友圈可供选择的内容包括视频、文字和图片。建议在发布朋友圈时尽量选取两两结合的方式，避免显得单一。例如，在发送一条自己直播视频时，如果仅仅是一段视频，则不点进去看就不会知道视频的内容。如果为这段视频加上一段引人注目的文字，就能勾起好友的好奇心，让更多人来观看这段视频。

除了"文字+视频"，还可以采取"文字+图片"的形式发送朋友圈。图片比文字更能抓住眼球，但是没有文字，图片想并不能很好地表达达人的意思。总之，就是不要单独用一种形式发送朋友圈信息。

2. 找到吸引粉丝的朋友圈内容

对症下药很重要，吸引粉丝要发布有趣的内容。最好不要频繁在朋友圈发布自己的广告消息，粉丝们会腻味。正确的做法是，可以将热门事件、生活琐事和趣闻段子等内容发布到朋友圈里来，并在这些内容中插入广告信息。

- 在早上发送励志、正能量的内容。俗话说"一日之计在于晨"，早上是需要激励的最好时机，在早上发布这样一条正能量的内容不仅激励自己，也激励着微信好友。
- 搞笑和自我推广相结合。例如在发送一条附有 8 张趣味搞笑的图片时，可以在第 9 张图片中放置自拍。既给粉丝们起了逗乐的作用，也推广了自己。

- 生活中的自己。可以在朋友圈发布一些关于自己练习舞蹈、吉他的照片，或是今天的晚餐、家里的宠物、植物等照片，让粉丝进一步看到达人的生活等。

🎤 **金话筒提示**　**微信朋友圈不像其他平台，不会将两个非好友之间的评论展现出来。例如，小王和小张是陌生人，但同为达人甲的微信好友，在达人甲的朋友圈中，小张是不能看到小王的评论的，反之亦然，但达人甲发送的朋友圈信息以及回复可以被两人同时看到。因此，在发布朋友圈信息后，可在下面对该条信息进行回复，能够被所有粉丝看到，营造出这条消息十分受欢迎、互动效果极佳的景象，从而吸引其他粉丝来阅读并回复。**

3. 可以互动的朋友圈内容

互动可以增加达人与粉丝之间的感情。达人可以在朋友圈中与粉丝进行互动，例如：

- 智力游戏。在朋友圈发布一条智力游戏，让粉丝都有想思考的欲望，不自觉地加入其中。
- 猜谜游戏。这个谜的选取和智力游戏相比要更贴近生活，但是要更少见，才让粉丝更有参与的兴趣。
- 抽取幸运儿。第多少位点赞的好友可以领取红包。
- 找好友要建议。可以在朋友圈发布几件衣服的图片，表达出想粉丝们帮忙挑选款式等。

🎤 **金话筒提示**　**掌握群发功能，能在给好友发送消息时更省力。通过对"设置"中"通用"中"功能"里的群发助手可以对多个好友发送同样的内容。**

18.5　公众号的类型

在积攒了一定的人气之后可以通过自媒体来为自己盈利，其实不仅是盈利，在自媒体上还能为自己进行推广。微信公众号是一个很好的自媒体平台。达人如果做好了公众号，能为自己积累更多粉丝，还可以通过广告或合作，赚取更多佣金。

自 2017 年小程序上线以来，微信公众平台的账号类型就包含了订阅号、服务号、企业号和小程序，如图 18-4 所示。

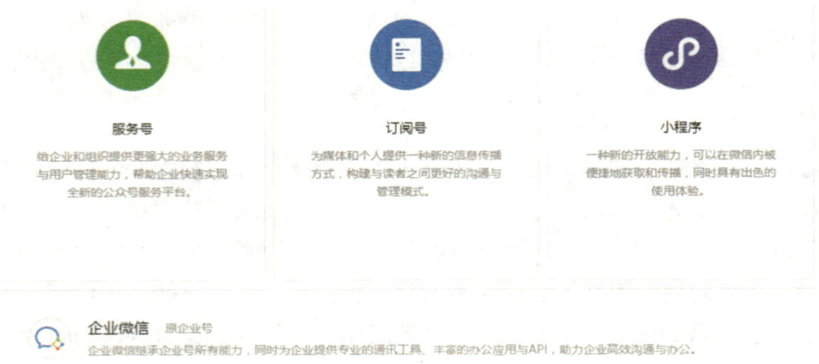

服务号
给企业和组织提供更强大的业务服务与用户管理能力，帮助企业快速实现全新的公众号服务平台。

订阅号
为媒体和个人提供一种新的信息传播方式，构建与读者之间更好的沟通与管理模式。

小程序
一种新的开放能力，可以在微信内被便捷地获取和传播，同时具有出色的使用体验。

企业微信 原企业号
企业微信继承企业号所有能力，同时为企业提供专业的通讯工具、丰富的办公应用与API，助力企业高效沟通与办公。

图18-4　微信公众号的类型

1. 订阅号

订阅号是公众账号的一种账号类型，为用户提供信息和资讯。订阅号每天可以发送一条群发消息。订阅号发给用户的消息，将会显示在用户的订阅号文件夹中。在发送消息给用户时，用户不会收到即时消息提醒。在用户的通讯录中，订阅号将被放入订阅号文件夹中。

优势：每天可以群发一组消息，可以发送消息的频率高。

建议：个人用户只能申请订阅号，不能申请服务号和企业号，这就需要用户有一定的原创能力，毕竟一个公众号不能全靠转载，必须得有一定数量的原创内容。如果是企业用户，不妨指派专人或团队，对订阅号内容进行原创，对转载的内容也可以进行精心选择。

2. 服务号

优势：所推送的内容都显示在微信聊天窗口，小红点标志提醒用户查看。因此，每次推送的内容都有足够长的时间准备，给到用户最优质的内容。

建议：服务号功能强大，服务用户是企业的关键和宗旨，能够应用好服务号的所有功能，为企业沉淀客户，不断地注入新的客源是企业的发展之道。对于没有企业信息的个人而言，不建议使用服务号。

3. 企业号

优势：发送信息数量不受限制，只有限定范围内的用户才可以关注对应的企业号。其主要的功能在于企业建立与员工、上下游供应链及内部系统间的链接，实现简化管理流程、提升整体管理能力。

建议：企业员工200人以下的企业均可申请注册微信企业号，实现移动办公便捷化。不适合个人开通使用。

4. 小程序

微信小程序是一种新的开放功能，开发者可以快速地开发一个小程序。小程序可以在微信内被便捷地获取和传播，同时具有出色的使用体验。

小程序的本质是工具，没有传播属性，而公众号的本质则是做内容。与商家合作的达人可以用小程序结合公众号内容运营来引流。例如，肯德基小程序与"科技每日推送"，通过公众号创作创意内容，给用户推荐小程序，吸引了不少潜在的用户群。小程序和公众号搭配，引流效果会更好。

　　综上所述，虽然服务号更具优势，但考虑到达人是个体，因此开通订阅号来为自己做推广是比较合适的。

18.6　开通公众账号

　　注册微信公众账号，需要用到用户的真实信息，包括身份证号码、电话号码、企业营业执照扫描件等。如图 18-5 所示，可以通过在浏览器中，步骤如下：①输入微信公众号主页的网址 mp.weixin.qq.com；②单击"立即注册"超级链接，根据相关提示完成操作即可注册一个微信公众号。

图18-5　注册公众号

　　公众账号申请成功后，应立即进行各种设置，如头像、名称、隐私、图片水印设置等。其中最重要的是头像与名称设置，因为头像是一个视觉标签，用户看见头像就可以识别出微信号；微信名称则是方便其他用户进行搜索及关注。如图18-6所示，打开微信公众号的后台，步骤如下：①单击左侧的"公众号设置"超级链接；②可对弹出的头像、名称、介绍等信息进行设置。

　　🎤 **金话筒提示**　**公众号的名字最好与自己的微信号或直播昵称、短视频昵称相关，这样更有利于粉丝记忆和搜索，也是一种推广的方式。**

图18-6 设置公众号

18.7 如何定位自己的公众号

在运营公众号之前，需要给自己的公众号正确定位，才便于日后的推广营销。定位简单来说包括以下几个方面：

- 这个账号的用途。首先需要问问自己，建立这个账号的初衷是什么？是吸引粉丝来直播间为自己送礼和涨人气还是在直播间之外扩大自己的知名度？
- 功能的定位。功能定位是指思考这个公众号能给粉丝带来什么样的内容。例如说能定期更新自己的创业之路，还是定期更新吃喝玩乐的游记、新鲜出炉的热门事件或是新鲜段子等。决定了这个账号的功能，沿着这个重心往下走，才有可能得到更多的收获。

总之，在经营一个微信公众号之前需要给自己的账号做一个全面的定位，才能让粉丝知道该账号的用途和功能，便于粉丝判断自己是否有必要关注该账号。

18.8 给粉丝做"画像"，确定粉丝的定位

对自己的账号有了一个正确的定位后，还需要给自己的粉丝做一个"画像"，确定粉丝群体，找到该群体的共同兴趣点，这样才能有的放矢，推送粉丝可能感兴趣的内容，得到粉丝的喜欢。

粉丝画像包括粉丝的年龄、职业、地域、性别、兴趣和爱好等等。例如一个短视频原创者在网上开启了女装店铺，该公众号的定位是用于推广自己的网店而非引进粉丝关注。就可以给自己店铺的粉丝做个画像：年龄25～35岁，以女性为主，

大多分布在一、二线城市，职业以上班族、白领居多，喜欢美食、旅游和网购，也乐于分享，常常把自己淘到的好东西进行分享，出没在微博、微信、美丽说、蘑菇街等地。

做好了这个粉丝画像，在推送公众号内容时，就可以在其中加入更多的穿搭技巧、旅游胜地、美妆技巧、时尚潮流等元素，这样自然会得到这些粉丝的喜欢，使粉丝对公众号感兴趣并自动转发分享。

因此，在做推广前，应该给自己的粉丝做画像，画像越清楚，越有利于准确地发送公众号内容。

18.9　公众号内容有技巧

在微信公众号发布消息，所有关注者都可以看到，这是微信营销最核心的部分，微信营销就是靠着公众账号发布的消息来吸引关注者，建立信任的。但是怎样的公众号内容才能深得粉丝们的喜欢呢？可以从以下几个方面出发：

- 当前热门事件和话题。为什么营销者最喜欢找热门话题？因为热门话题能为营销者带来很大的商机，便于营销者将自己想传播的信息加入在热门事件中，使信息传播的机会大大增加。
- 独具诱惑力。粉丝关注某公众号，很多时候是因为有利可图。例如关注某大型商场的公众号，就能知道该商场的打折优惠信息；关注某旅游公司的账号，就能知道近期旅游出行的优惠等。达人在经营公众号时，也可以加入一定的诱人元素在其中。例如，今晚直播间有大额红包等着粉丝来抢，或短视频推广的某款商品在近期搞买一送一的活动等。总之，就是让粉丝看到利益点。
- 对粉丝有价值或帮助。例如一个经营食品店铺的达人，在春节将至时，为粉丝们推送送礼佳品的内容，自然会得到很多粉丝的青睐；或者在情人节将至时，为粉丝们出谋划策，送上脱单小技巧等。

总之，在筹划公众号内容时一定要以粉丝为主，从粉丝的需求点和爱好出发。投其所好，才能得到更多忠实粉丝。

18.10　让你的标题锦上添花

公众号内容在被打开之前，呈现在粉丝面前的首先是标题。因此，一个醒目的标题能大大提高公众号内容的图文阅读量。一个好的公众号标题应该如何构成呢？

- 字数。在撰写内容标题时应注意标题字数，标题过长，则易被重叠，不能得到全面显示。通常，阅读量较大的标题通常为 14 ～ 16 个字。
- 特殊符号的使用。在公众号的标题中加【】、/ 等符号，能起到醒目的强化作用，在视觉上给粉丝带来强调的效果。

- 疑问式标题引发好奇心。如果在自己内容的标题中加入引人好奇的元素，引发粉丝的好奇心理，自然会点开内容一探究竟。
- 数据心理。人们对数字往往比较敏感，在标题中加入一定的数据，显得更有说服力和吸引力。
- 夸张标题。一个索然无味的标题，想必是没人想看的。但是给自己的内容加上一个稍微夸张的标题，是不是就立马给人新鲜感了呢？当然，标题不要夸张过分，否则就成了所谓的"标题党"了。
- 名人效应。人们往往会对名人产生一定的特殊情感，也会更加对名人感兴趣。在发布某款新品时，可以加上一些网络达人的名称，如"李佳琦推荐的爆款口红来了"，能够吸引到更多的人阅读正文。
- 传播知识。如果有某些知识想传达给粉丝，可在标题中将进行体现，让粉丝一看就知道能从中学习到知识，例如"巧用鸡蛋治疗久咳不愈"。

网上还有很多标题撰写的技巧，可以多去看一看、学一学，并应用在自己的公众号中。

18.11　排版技巧的使用能提升粉丝对内容的好感度

同一篇文章，不同的排版就会给人不同的效果。需要掌握一定的排版技巧来为自己的内容加分。排版的重点在于字体、颜色和结构。

字体。微信默认的字体是 16 号，但在撰写内容时应注意各级标题和正文的字体应该有大小的区分，才能让粉丝一眼看出整篇文章的重点。虽然说，各级标题之间需要差异，但是差异不能太大，且控制在 2 种或 3 种。例如，一级标题使用 20 号字体，二级标题可使用 18 号字体，正文可使用 16 号字体。而且，整篇文章需要把字体固定下来，不要换来换去。

颜色。整篇文章的背景颜色建议不要超过三种，过多的颜色易造成杂乱无章的感觉。而且，文章的颜色可以根据整篇文章的内容来决定，例如在推荐圣诞节的短视频，可使用红色喜庆的颜色来渲染内容。在给文字搭配底纹时，建议使用浅色，避免喧宾夺主。

结构。除了字体和颜色，首行缩进、图文搭配、分段和行间距等结构也是排版中尤为需要注意的问题。

- 首行缩进。在实际生活中，会发现段前需要空两个字符，但在微信公众号的内容里，手机显示问题，没有必要进行首行缩进。
- 图文搭配。图片并不是凭空而来的，更不要寻找千篇一律的美女来搭配内容，达人要根据整篇内容来搭配相关的图片。例如美食博主这篇文章内容主要想和粉丝们推荐一个咖啡馆，就应该搭配咖啡馆相应的图片。

- 分段。文章如果没有小标题和分段，会让粉丝看起来很累。所以在发送文章之前可对文章进行阅读、分析。尽量将文章分成小段，让粉丝在阅读文章时更清楚、更省力。
- 行间距。很多文章看起来很拥挤，是行间距的问题。最好的方法就是图片和文字之间加空行，段落之间加空行，将文章正文的"行间距"调整为1.5。

🎙 **金话筒提示**　在微信公众号平台提供的图文编辑毕竟有限，可在秀米编辑器、蚂蚁编辑器上将更多便捷的元素加入文章中，再将之复制到微信公众平台进行推送。

18.12　掌握好内容推送黄金时间

在发布公众号内容时，需要找到推送黄金时间。那么，这个黄金时间是什么时候呢？根据某调查研究发现如图18-7中，广告最为被接受的四个时间段为 0:00、8:00、12:00 和晚上 21:00 ~ 22:00。

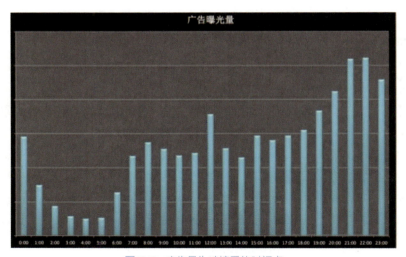

图18-7　广告最为被接受的时间点

因此，可以知道这四个黄金时间段：

- 0:00，是很多"夜猫子"活跃的时间，在这个时间段推送一些睡前故事和心灵鸡汤最易被接受。
- 8:00，是白领们上班的时间，这时候最适宜励志信息的推送。
- 12:00，是很多人完成了半天紧张、繁忙工作的时间，很多人会在这个时间点打开手机，看看当天的新鲜事。这个时候最适宜推送热门信息和段子等。

■ 21:00 ～ 22:00，在这个时段，不少人会躺在床上玩会手机，准备入睡。

达人在空余时间先将自己公众号内容编辑好，保存在后台。在合适的黄金时间进行推送，以免耽误自己的直播或短视频更新。

18.13　想要数据优化要学会看数据

微信公众号的推广中，最重要的是营销效果。如图 18-8 中，可根据微信公众平台中提供的"统计"，查看用户分析、图文分析、菜单分析、消息分析等。

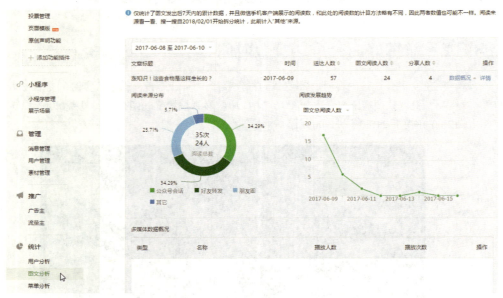

图18-8　微信公众号后台查看数据

可在推送完一篇内容后，查看其图文信息，根据给出的信息做出修改，以此来改进自己推送的内容，得到更多粉丝的关注。

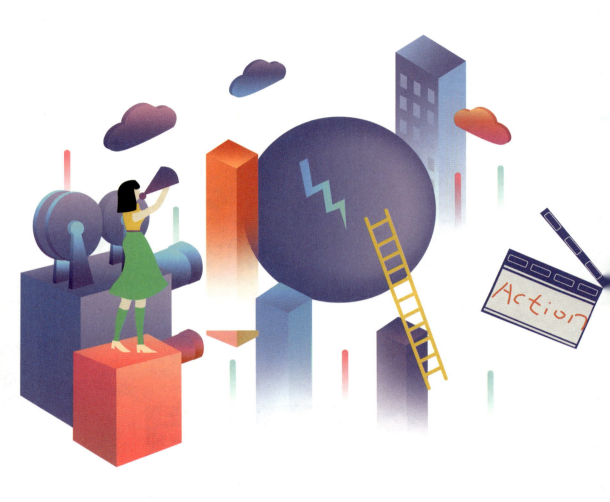

微博：圈粉&推广两不误 第19章

本章导读

　　微博作为一个活跃用户数亿的社交网络平台，是推广直播间和短视频的好去处。达人要想在微博中做好推广，首先要做好自我介绍，其次要发布有意思的微博内容，在短时间抓住粉丝们的眼球。除此之外，还应该主动去发现粉丝，多评论转发，争取得到更多的关注。另外，可以通过互粉小助手等应用来增加粉丝，通过微博后台自带的数据来分析推广效果，便于及时改善自身的不足之处。

19.1　微博的加成作用不可小觑

　　微博，是博客的一种，是微型博客的简称。微博是一种通过关注机制分享简短实时信息的广播式的社交网络平台。作为一个分享和交流信息的平台，微博注重时效性和随意性，能表达出人们每时每刻的心情和动态。微博作为新媒体，已经对人们生活的方方面面产生了影响。

　　微博发布的信息受到字数在 140 个字符以内的限制，它的评论、转发功能决定了其强大的参与性。如图 19-1 所示为网红 papi 酱在微博平台发布自己的短视频，得到 109737 次转发和 352039 个点赞。

图19-1　papi酱在新浪微博平台分享短视频内容

　　微博的种类繁多，有新浪微博、网易微博、腾讯微博等，其中新浪微博是最火热的。如果达人想要通过微博为自己的直播做宣传和推广，则新浪微博是首选。当然，其他微博也可以使用。

19.2　给你的微博取个好名字

　　在前面提到过，达人要为自己取一个好名字，便于粉丝识别。在微博中，同样需要一个好记又有识别性的名字，便于粉丝记住达人。为微博起名时，需要注意以下几点：

　■　易识别。说到易识别，很多人第一时间会想到一些比较接地气的、使用率高的名字。但其实微博名字不能这么取，这里的易识别，指的是不含生僻字或拗口的字符。特别要注意的是，很多火星文和特殊字符尽量不要使用在微博名字中。

- 名字的长短。微博名字数太多不便于粉丝的记忆，字数太少又易重复。所以达人在给微博取名时尽量避免使用十多个字或单个字来命名。字数通常在 2 ～ 5 个较为合适。

- 关联性。达人可以考虑取和直播间、短视频昵称等相关的微博名称。例如在抖音平台拍摄唱歌短视频的达人"沈虫虫"，其新浪微博名称为"沈虫虫"，便于粉丝识别和搜索。

19.3　头像，吸引粉丝的秘诀

身份证上需要一张免冠的照片，是为了更好地识别人像。在微博中，同样需要这样一张具有较强识别性的头像。

一个好的头像在第一时间就能传递很多有用信息，如图 19-2 中，头像和名称的结合，很容易被判断出该账号属于一个喜欢拍摄的人，该账号可能还从事约拍工作。因此，一个达人如果想用微博做推广，选好一个好的头像十分重要。

图19-2　某热爱拍摄的新浪微博账号

最直接的方法当然是将自己真实的照片作为微博头像。达人已经是一个公众人物，脸已经具有一定识别度，引来做微博头像最合适不过。

如果达人善于设计，可以在头像中加入一些引人注目的元素。例如，在拍头像照时，尽量选择颜色鲜艳的背景，通过强烈的对比，将自己的颜值衬托出来。有的达人为了寻求特色，故意在拍摄头像照时将光线调得比较朦胧，或使用人像的远景来做头像，其实这是不可取的，因为对达人而言，头像最重要的是有辨识度。

🎤 **金话筒提示** 不排除某些主播的节目类型是萌宠或美食，这就不一定使用达人本人的照片作为微博头像了。例如，某达人短视频以家里的宠物狗为主，粉丝们表示喜欢该宠物狗，就可以选取呆萌的狗照片作为头像。

除了头像外，微博的背景图片也很重要。头像和背景的搭配相得益彰，可让粉丝觉得美观、精致、大方，还能给粉丝留下深刻的印象，让粉丝一看头像和背景就知道这个微博是谁的。如图 19-3 所示就是一个较好的例子，该达人经常在短视频平台发布家里宠物的视频，在微博的背景图中应用了和萌宠相关的图片，很有识别率，让粉丝一看就能留下深刻的印象。

图19-3　某拍摄宠物为主短视频达人的微博背景墙

19.4　将最全面的信息体现在简介里

在微博资料设置的时候，有"简介"一栏，简介的字数限制为 70 字，这是展示自己的一个黄金区域。如图 19-4 中的账号，将自己账号的简介位置写上"企鹅电竞房间号以及电一钻"等信息，让网友一看就知道这是个游戏主播。

因此，达人们应该利用好简介，将最有用的信息展示在其中。由于有字数限制，所以应挑选最重要的信息来填写。例如，一个在虎牙直播的主播可以这样填写简介版块：虎牙主播 ***，直播间 ID：***，每日下午 14:00 ～ 16:00 直播，带你体验不一样的乡村生活。有兴趣的亲们都可以来看看哦。

图19-4　某游戏主播新浪微博简介栏

19.5　主播账号加V获取信任

微博账号加 V，是指微博官方对微博所有人的身份进行了核实，加 V 的账号通常来说更加值得信任，而且加 V 账号的权限会比普通账号更高，微博系统会给加 V 认证的账号更多推荐机会和功能。

对于希望通过新浪微博推广自己的达人而言，微博加 V 认证是一个不错的方法。加 V 成功后就相当于在新浪微博开设了一个个人专栏，能够享受到更多的个性化服务，例如更丰富的粉丝互动形式、方便行业交流等。如图 19-5 所示，微博的加 V 认证可访问网址 verified.weibo.com，并单击"金 V 认证"按钮，根据提示输入相关信息即可。

图19-5　新浪微博认证页面

需要注意的是，账号上的 V 字母如果是黄色，则为个人认证标志，如果是蓝色，则为企业、政府等组织机构的认证标志。

🎤 **金话筒提示**　新浪微博还附加了一种辅助认证方式：让已经通过橙 V 认证的微博好友帮忙认证。当自己的某些申请资料不足，无法通过加 V 认证时，可以采取这个方法。

19.6　搭乘热门话题的车，加大被搜索到的机会

如何才能将自己的内容做的更引人注目呢？搭热门话题的便车是最方便的。达人在发布微博内容时，可包含当下热门话题的关键词，当他人在搜索这些热门关键词时，就可能会看到自己的微博，无形中就扩大了这条微博内容被看到的机会。

如图 19-6 所示，在微博首页中可以看到一个热搜框，单击热搜框，下面将弹出当天热搜排名前 10 的话题。主播可以选取和热门话题相关的内容进行微博内容发布，加大被其他网友看到的机会。

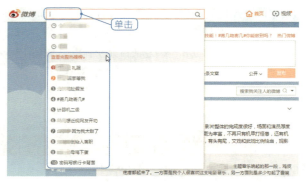

图19-6　微博热搜框

　　《复仇者联盟4》是2019年上映的美国超级英雄电影，于2019年4月24日在中国上映，在网络上炒得火热的同时也拿下高票房。如图19-7所示，一个自由作家在微博上发表对电影的影评，得到了31392个赞和4538人的评论互动。

图19-7　关于《复仇者联盟4》的微博内容截图

　　该账号的主人通过在内容中加入当下热门话题的元素，瞬间就加大了被网友看到的机会。如果网友阅读后认为作者的文笔不错，就会关注作者。如此一来，作者的粉丝不就变多了吗？

　　达人们同样可以在发布微博内容时加上热门话题的元素，加大被网友看到的机会，吸引更多的粉丝。如果能将热门事件和微博内容相结合，则更是宣传的大好途经。

　　🎙 **金话筒提示**　达人在找热门话题时，需要注意话题的积极性。最好不要找负面消息进行传播，以免对自身带来不良影响。

19.7 巧用标签紧跟热门话题吸引人气

标签是一种简单的词语，用来标注一条微博的特点。例如发表了一条关于教育儿童的微博，则可以在微博中带上"育儿"的标签；或者发表了一条关于美食的微博，则可以带上"美食"的标签。

其他人在搜索标签"育儿"或"美食"标签时，带有相应标签的微博会被集中起来呈现给用户。

在新浪微博中规定，凡是夹在两个"#"号中间的均会被识别为标签，如图 19-8 所示。

热门话题	↻ 换一换
#毕业季之谁的青春不叛逆#	344万
#魔弦传说0113#	884万
#女总裁的贴身高手2#	822万
#少女日志#	5871万
#电影情圣#	2.6亿
#edsheeran新专辑#	503万
#▮▮▮报恩#	20万
#房产头条#	1.1亿
查看更多 ›	

图19-8 微博话题标签

达人在发送内容时，可插入各种标签。如图 19-9 所示，可以对热门话题"hi 二月"进行心情的抒发。如此一来，本来不太可能看到自己微博的用户，因为在其他微博中单击了该标签，从而跳转此页面，就有可能看到达人自己的微博，这就扩大了自己微博的接触面，受到关注的可能性也增大了。

图19-9 在微博内容中插入标签

🎤 **金话筒提示** 一条微博可以添加多个标签，标签和标签之间最好使用空格进行间隔。一条微博附带的标签不宜过多，一般 1 ～ 3 个即可，否则会让看到该条微博的粉丝觉得标签太多，视觉上很繁杂，影响阅读感。

19.8 多样化的微博内容引注目

微博的展现形式可以是文字、图片＋文字和视频等多样化的，因此在发布内容时需要考虑多样化内容的元素。

- 再好的文字，阅读时间长了也会腻，统一风格的图片看久了会视觉疲劳，因此，视频内容的风格应该是多种多样的。
- 图片的内容也是多种多样的，可以是静态图片、gif 图片或多张图片的拼图。

■ 文字内容决定了是否有人愿意阅读微博内容。因此，达人可在闲暇时间对文字功底较好的微博内容做一下研究，学习一些有用的经验。

在发布微博内容时，可以考虑图文的形式和视频的形式来回切换，尽量将不同的内容展现给粉丝，让粉丝对达人的微博保持新鲜感。如图 19-10 中主播考虑到很多微博好友并不是直播观众，便将自己直播中的精彩瞬间录制下来，作为视频放在微博的内容中。如此一来，看到直播内容的微博网友们，久而久之也可能发展成为直播现场的粉丝。

图19-10　某主播在微博分享直播视频

🎤 **金话筒提示**　达人在微博发布视频时，需要注意视频的长度。在快节奏的生活中，大家都不愿意看长达半小时甚至一小时的视频，而且很多网民在外面使用手机上网时，也不愿意花太多流量来看长视频。因此，通常一个视频控制在 10 分钟内就差不多了，3～5 分钟则更好。

19.9　主动出击，发现粉丝

除了通过发布优质的微博内容，以及与粉丝进行互动外，达人们还可以主动出击，去发现并关注粉丝。俗话说"礼尚往来"，粉丝看到达人都主动关注自己了，也有很大的可能会反过来关注达人，从而增加达人的粉丝量。

如图 19-11 所示，在新浪微博中，①点击"发现"选项卡；②点击"更多"按钮；③在弹出的文本框中点击"找人"超级链接，即可跳转相关的找人页面。

主动发现粉丝需要注意以下两点：

■ 达人应尽量在与直播有关联的行业中，或自己直播内容相关的行业中寻找粉丝。例如一个美食主播，找粉丝应该先从"美食"这个版块中着手，这样对方反过来关注主播的可能性也大一些。

■ 应主动关注当下的热门人物，也就是关注当前名人，能有更多借势传播的机会，传播效率也会显著提高。

图19-11　新浪微博找人页面

🎙 **金话筒提示**　新浪微博关注人数有上限（最多 2000），在主动加粉的过程中，应当有所节制，不要在短时间之内达到关注人数上限。增加粉丝数量是一个漫长的过程，需要循序渐进，应当做到：每天都关注，每次少关注。样远比短时间集中关注的效果要好。

19.10　转发评论，加大被看到的机会

达人通过主动去关注对方的微博，对方不一定就会关注达人。此时，达人也可以通过转发评论的方式引起对方的注意，最终让对方也成为自己的粉丝。

转发他人的微博，可以大大增加对方的好感度；而认真评论他人微博，同样可以增加互动，吸引更多人来关注正在营销的微博。这也是达人在微博中和非粉丝互动的方法。

1. 转发行业新闻

推广微博，每天要做的一件事就是有节奏地更新微博内容，但是每天的微博内容不可能都由自己逐条编写，有时也可以从其他微博中转发一些过来。这样一方面可以丰富自己微博的内容；另一方面也会大大增加对方的好感，对方可能会主动转发己方的微博内容，这样就可以增加互动的机会和曝光度。

如图 19-12 中，达人去转发和直播相关内容的同时，还可以巧妙地配上自己直播信息。这样的转发效果会比较好，因为有相当一部分微博用户很喜欢看热门微博中的评论，当他们看到转发中的点评，能知道该主播的直播信息，就有可能进行关注，这就增加了粉丝数量。

图19-12 转发他人微博

2. 评论的同时别忘了点赞

达人在微博给自己的评论点赞，这其实是一种评论的技巧，可以提升评论的排名名次。抓住眼下热门的微博事件进行评论（评论的内容不一定非要加入达人信息），只要言语犀利一点就可能引起注意；评论完了再为自己点一下赞，提升名次让更多人看到，这是成为热门微博中热门评论的一种有效方式。

19.11 混迹对的行业圈子才是王道

都说一个行业有一个圈子也不是没有道理的，因为气味相投才能惺惺相惜。达人在做微博推广时，需要注意找对圈子。并不是说主播就一定要混迹直播圈子，实际上能和直播有关联的圈子都是可以的，只要不是相差太远。

例如一位美食主播可以关注的圈子很多，如美食、旅游、萌宠等比较生活化的圈子都很不错，但没有必要在那些既不熟悉也对自己没有帮助的圈子里浪费时间和精力，如军事、政治等圈子就没必要花心思去经营。

19.12 发送对粉丝有价值的内容

想要让粉丝转发达人的信息，首先要让粉丝认为这则微博内容有价值。价值体现在很多方面，这里主要以干货信息和能引起共鸣的信息为例。

1. 干货信息

干货，是一种电子商务术语，指的是一些实用性较强，无虚假成分的内容。注意干货内容并不一定都是关于直播行业的，只要能够引起粉丝的转发就可以。

因此，例如各种软件操作技巧、求职简历模板、生活中实用技巧等内容都可以进行分享。例如图19-13中，一个"怎样挑选一双舒适的走路不累的高跟鞋"的微博，即使只有 119 人参与讨论，但有 4376 的转发量，也能说明这则微博内容被很多人判断为有价值。

图19-13　一则关于穿鞋干货的微博内容

若一位达人的微博经常受到转发，那么这位达人的知名度也就慢慢地提升上去了，将会有更多的粉丝关注他 / 她的微博。

2. 引发共鸣或争议

一则微博内容，被转发或回复的原因都在于有共鸣或争议，因此才会引起分享或讨论的欲望。例如一个爱唱歌的微博用户，在转发一首歌词时，可能就是想告诉别人自己也会唱这首歌，或者这首歌的歌词很符合现在的心情。

由此可见，达人发布的微博信息可以加入更多生活中的感触，如友情、爱情的感触等，这样会更受欢迎，如图 19-14 中，一则多种分手的微博内容引发 10281 次转发，也说明分手这个话题引发了很多网友的共鸣。

图19-14　关于分手的微博内容

从上述两则案例和重点中，达人应该可以知道，对粉丝有价值的信息并非就是直播行业或短视频行业的信息，更多的要贴近生活、贴近粉丝，才有可能得到转发，将自己的信息得到免费宣传。

有争议的信息容易受到回复，也能起到良好的推广作用，但要谨慎选择，不要发布明显违背公序良俗、道德伦理的信息，否则只会收获一堆责骂，粉丝量也会下降，非但得不到推广效果，反而有损达人的名声。

19.13 在微博中和粉丝们互动起来

和直播间的互动不一样，微博上的互动并不及时，不能在主播发问后马上得到粉丝的回答。这对达人来说有好有坏，因为对时间没有限制，所以有效期较长，粉丝哪怕隔几天再回答都可以，不足之处在于互动感没有直播强烈。

但是，总的来说，微博中的互动也可以加大粉丝的积极性，互动的人多，能加大达人的人气。微博中的互动也是多种多样的，常见的互动方式有奖征集、测试类游戏、寻找神评论、抽取幸运儿、有奖转发等。

以有奖征集为例，如果奖品诱人，则活动的参与度会更高。奖品的设置可由达人自己定位，例如近期比较火热、客单价又不是很高的商品就很合适，或者更直接的红包也不错。如图 19-15 中所示，该达人作为美妆博主，在微博分享短视频的同时给出 10 名送大牌口红的福利，吸引很多粉丝点赞、互动。

图19-15　分享短视频赠送礼物

有奖转发是微博上最常见的活动形式，类似于"转发此条微博并"@"五位用户即可获得抽奖机会"这样的活动，每天在微博上都能看到很多很多；对于有闲暇的微博用户而言，如果不反感转发的内容，且对奖品也比较感兴趣的话，也是乐于参与的。

- 转发赠送：发起方发出一条活动微博，要求用户按照一定格式转发，通常要求至少转发3人，这样的活动响应人数一般。

- 转发抽奖：活动发起方发出一条活动微博，要求用户按照一定格式转发，通常要求至少转发3人，并进行评论，最后在参与转发的用户中随机抽出一部分发放奖品。这样的活动会激起用户的一些兴趣，当奖品可观时，转发量也会很多。

- 抢楼活动：活动发起方发出一条活动微博，要求用户按照一定格式回复，通常要求至少转发3人，并进行评论。然后将特殊排位的用户抽出来发放奖品，例如排在第100位，200位……的用户，可以获得奖品。这样的活动通常会激起用户的疯狂回复，当然前提是奖品要足够吸引人。

发微博有时间讲究，在人潮涌动的时间发微博，其传播效果当然比夜深人静时要好得多。那么哪些时间段是微博用户在线的高潮时段呢？由于大多数网友的休息时间都类似，因此，微博用户的黄金推送时间和微信公众号推送的时间是差不多的，在前面已经讲解过。

提高转发率主要是提高粉丝的互动，让粉丝从互粉的心理转变到认可，从而主动转发消息，这才是提高转发率的真正目的。这个时候为自己打几个小广告，效果会很不错。提高微博转发也可以走点捷径，例如，找朋友帮忙转发、自己注册马甲转发以及花钱雇人转发等。

总之，在微博上能和粉丝互动的游戏多种多样，需要达人自己思量。

19.14　透过数据来看推广效果

新浪微博作为一个营销推广的平台，有其详细的数据供给用户们分析营销推广效果。微博用户每次登录新浪微博默认进入的页面就是管理中心，里面有"数据助手"功能，如图19-16所示，可从中看到近期的数据概览、粉丝分析、内容分析、互动分析等数据分析。

通过数据助手中的相关数据，可以让达人看到近期的涨粉量和互动量，进而根据自己的需要来查询不同时间段里的数据表现，从而看到近期的推广效果，对有改进空间的地方可做调整，便于实现更加详细、有效的推广。

图19-16　新浪微博"数据助手"页面